W0215667

Achim Bühl

Antisemitismus

Achim Bühl

Antisemitismus

Geschichte und Strukturen von 1848 bis heute

marixverlag

Inhalt

Einleitung

Jom Kippur ist der höchste jüdische Feiertag. Der jüdische Kalender, der ein Lunisolarkalender ist, d. h. 12 Mond-Monate umfasst und zur Angleichung an das Sonnen-Jahr alle drei Jahre einen dreizehnten Mond-Monat einfügt, legt das Datum des Versöhnungsfestes auf den 10. Tag des Monats Tischri fest. Im Jahr 2019 war dies der 9. Oktober. Der als strenger Ruhe- und Fastentag begangene Jom Kippur bildet Höhepunkt wie Abschluss der sogenannten „zehn Tage der Reue und Umkehr“. Gebete, Fasten, Wohltätigkeit oder Selbstreflexion füllen den Tag aus, der auch von nicht-religiösen Juden begangen wird.

Am 9. Oktober 2019 befinden sich gegen Mittag 51 Personen in der Synagoge in Halle, als der 1992 in Eisleben geborene Stephan Balliet, welcher der Tat bezichtigt wird, diese mit der Absicht erreicht, sich mit Waffengewalt Zugang zur Synagoge zu verschaffen und einen Massenmord an den dort versammelten Juden zu begehen. Die antisemitischen Motive für seine Tat hatte er eine Woche zuvor in einem in Englisch verfassten Bekennerschreiben im Internet bekannt gegeben. Dort heißt es: »Geh rein und töte alles … Improvisiere, wenn etwas schief geht. Fahr weg. Töte noch mehr. Wiederhole, bis alle Juden tot sind …«

Das Pamphlet von Balliet steht in der Tradition der „Fourteen Words“, eines vor allem in den USA weitverbreiteten Bekenntnisses von Neonazis sowie von weißen Rassisten. Die vierzehn Wörter lauten auf Englisch: »We must secure the existence of our people and a future for White children.« Als Erfinder der „14 Wörter“, die der rechten Szene auch als Zahlencode dienen, gilt der US-amerikanische Rechtsextremist David Eden Lane (1938–2007), der an der Ermordung des jüdischen Radiomoderators Alan Berg (1934–1984) im Juni 1984 beteiligt war. Der liberal gesinnte Berg, den die rechtsextreme Szene hasste, wurde von der neonazistischen Terrorgruppe „The Order“ vor seinem Haus erschossen. Die Terrororganisation „The Order“, der Lane angehörte, teilte die Ideologie der White Supremacy-Bewegung, raubte Banken sowie Geldtransporter aus und verübte einen Bombenanschlag auf eine Synagoge. „The Order“ erstellte Todeslisten, auf denen auch Berg stand. Gründungsmitglieder von „The Order“ wie Lane, der im Alter von 68 Jahren in einem US-amerikanischen Staatsgefängnis im Jahr 2007 starb, werden bis heute von der White-Power-Bewegung als Helden verehrt. Lane, der 1981 der „Aryan Nations" beitrat, machte 1983 das politische Schlagwort von den USA als „Zionist Occupied Government" (ZOG) in rechtsextremen Kreisen populär. ZOG-Graffitis sind bis heute an US-amerikanischen Garagen- wie Häuserwänden zu erblicken. Die Erzählstruktur der zugrundeliegenden antisemitischen Pamphlete ist dabei stets die gleiche geblieben. In verschwörungstheoretischer Manier wird die Behauptung von einer angeblich von Juden kontrollierten US-amerikanischen Regierung aufgestellt, ist von einer jüdischen Weltverschwörung die Rede, welche die Absicht verfolge, ein Waffenverbot in den USA durchzusetzen, um „Weiße" wehrlos zu machen und um so den „Tod der weißen Rasse" zu bewirken. Terrorismus erscheint auf diese Weise als adäquates Gegenmittel, als legitimer Akt der Notwehr, um die USA von ihrer „jüdischen Regierung" zu befreien und den Sieg der „arischen Rasse" einzuleiten, die in den „14 Words" als »our people« bezeichnet wird. Zwar sei die „weiße Rasse" allen anderen überlegen, befände sich indes in einem Überlebenskampf gegen die „Rasse" der Juden, welche die „Rasse" der Schwarzen und der Latinos instrumentalisiere, um die Weißen von ihrem angestammten Platz („White Supremacy") zu vertreiben und zu vernichten.

Offensichtliches Vorbild für den Attentäter auf die Synagoge von Halle war der Terroranschlag auf zwei Moscheen in Christchurch (15. März 2019) gut ein halbes Jahr zuvor. Der Australier Brenton Tarrant, welcher der Tat bezichtigt wird, veröffentlichte gleichfalls ein Manifest im Internet und versah sein Pamphlet mit dem Titel *The Great Replacement*. Tarrant und Balliet wie auch der norwegische Attentäter Anders Behring Breivik teilen den Verschwörungsmythos vom „Großen Austausch", der ein zentrales Schlüsseltheorem der neuen Rechten darstellt und sich in ausgeprägter Weise ebenso in Reden des ungarischen Ministerpräsidenten Victor Orbán (vgl. Kap. 4.4) findet. Der verschwörungstheoretische Mythos vom „Bevölkerungsaustausch" unterstellt die Existenz eines geheimen Plans, um in den USA sowie in Europa die weiße Mehrheitsbevölkerung gegen nichtweiße, migrantische Einwanderer auszutauschen. Das rassifizierende Konstrukt vom vermeintlich „mächtigen Juden" sowie die Langlebigkeit der gefälschten *Protokolle der Weisen von Zion* (vgl. Kap. 1.9) machen sich in diesem Kontext dahingehend bemerkbar, dass zumeist „die Juden" für den bevölkerungspolitischen Geheimplan des „Großen Austausches" als Urheber ausfindig gemacht werden. Bei Victor Orbán ist dies der in Ungarn geborene US-amerikanische Philanthrop George Soros. „Die Juden", welche angeblich „die Globalisierung" und „die Wirtschaft" steuerten sowie den Gedanken des Multikulturalismus propagierten, verfolgten mittels ihres Einflusses auf Parteien, die Europäische Union sowie die Vereinten Nationen unerbittlich das Konzept des „großen Genozids", welches den Untergang von „White America", „White Europe" sowie der „White People" intendiere. Ideologische Bezüge zum dt. Nationalsozialismus sowie zu „rassentheoretischen" Werken eines Madison Grant (1865–1937) und dessen Hauptwerk *The Passing of the Great Race* (1916) – von Adolf Hitler als »seine Bibel« bezeichnet – sowie zu Lothrop Stoddard (1883–1950) und dessen Standardwerk *The Rising Tide of Color Against White World-Supremacy* (1920) sind unübersehbar und offenbaren die lange Tradition rechtsextremistischen Gedankenguts. Nicht zuletzt das Attentat von Halle verdeutlicht den Sachverhalt, dass der „klassische Antisemitismus" nach 1945 nie verschwunden war und diesbezügliche Annahmen sich nunmehr als reine Illusion erweisen.

Wie stark der Attentäter von Halle judenfeindliches US-amerikanisches Gedankengut adaptierte, wird auch daran ersichtlich, dass er sich englischsprachiger Termini bediente, die hierzulande eher unbekannt sind, indes auf neonazistischen Seiten im Internet Verwendung finden. So benutzte er in seinem Hasspamphlet an mehreren Stellen für Juden den Terminus „Kikes", ein Wort, das in den USA zu Beginn des 20. Jh.s als diffamierender Begriff für Juden aufkam und vermutlich auf der Insel Ellis Island entstand, die als Sitz der Einreisebehörde sowie als zentrale Sammelstelle für Einwanderer in die USA diente. Jüdische Einwanderer, die Analphabeten oder der lateinischen Buchstaben nicht mächtig waren, sollen sich dort geweigert haben, Formulare mit dem üblichen „X" zu zeichnen, weil sie dies für ein christliches Kreuz hielten, und stattdessen mit einem Kreis signiert haben, sodass das jiddische Wort „kikel" für Kreis in diskriminierender Absicht für Juden benutzt wurde. Vermutlich handelt es sich bei dieser Erklärung indes eher um eine antisemitische Legende im Kontext christlicher Judenfeindschaft als um eine ernsthafte Klärung der Herkunft des Wortes. Etymologisch wahrscheinlicher dürfte es sein, dass der Terminus benutzt wurde, um im Sinne eines rassistischen Rankings deutsche Juden von osteuropäischen Juden zu unterscheiden und letztere mit dem Terminus als „das Allerletzte" zu kennzeichnen, wobei man hierfür an die bei osteuropäischen Namen geläufige Endung -ki bzw. -ky anknüpfte. Unabhängig von der ungesicherten etymologischen Herkunft des Wortes, benutzt der Attentäter von Halle den Terminus, um deutlich zu machen, dass Juden für ihn Nicht-Deutsche sind, Einwanderer, die hier nicht hingehören, ungebildete Menschen, um sich so seiner „eigenen Höherwertigkeit" als „weißer Mann" im Kontext der Verarbeitung eigener Minderwertigkeitskomplexe zu vergewissern.

Seine Tat streamte der Attentäter von Halle; der Massenmord sollte in Echtzeit im Internet zu sehen sein. »Hello my name is anon [gemeint ist anonymous, d. Verf.], and I think the holocaust never happened.« Antisemitische Verschwörungstheorien mischen sich so mit Holocaustleugnung, antimigrantischem Rassismus sowie dem seit Friedrich Hollaenders Couplet »An Allem sind die Juden schuld« bekannten Wahn, im Juden den Schuldigen an einfach allem zu erblicken, an gesellschaftlichen Umbrüchen, prekären sozialen Lagen ebenso wie an rein privaten Problemen. Nur durch ein Wunder gelang es dem Angreifer nicht, die Tür der Synagoge aufzuschießen bzw. aufzusprengen. Wie ernst es ihm bei seinen Mordabsichten indes war, wird nicht zuletzt daran ersichtlich, wie kaltblütig er zwei unbeteiligte Personen aus purer Wut, da er nicht in die Synagoge gelangte, erschoss, um seinen Blutrausch ersatzweise zu befriedigen.

Unverzüglich nach der Tat wird vom »Täter aus dem Nichts« gesprochen, von »nichtvorhersehbar«, es sei schwer für die Polizei, einen solchen »Einzelgänger«, der sich einzig und allein im Netz radikalisiert habe, auf dem Schirm zu haben. Die Tat wird deklariert als eine, die von ungefähr gekommen sei. In Maybrit Illners Talkshow *Anschlag in Halle – tödlicher Judenhass in Deutschland* vom 10. Oktober 2019 bemühte sich Rainer Erich Haseloff, Ministerpräsident des Landes Sachsen-Anhalt, nach Kräften darum, das Attentat von Halle zu externalisieren. Als Ursachen machte er die Gamer-Szene aus sowie das Darknet, mit dem der „gute Bürger" nicht in Verbindung zu bringen sei. Die Tat kommt auf diese Weise nicht mehr aus der Mitte der Gesellschaft – in der Antisemitismus sowie weitere Varianten des Rassismus beängstigend angestiegen sind, was Holger Münch, Präsident des Bundeskriminalamtes, noch unmittelbar vor Halle bestätigte –, sondern aus dem „Dunklen Netz", dem „Ort des Bösen". Statt sich dem gesellschaftlichen Problem Antisemitismus zu stellen, wird nach Halle eine Nach-Außen-Verlagerung, eine Abwälzung auf das Internet betrieben, so als wenn dieses nicht Teil unserer Gesellschaft wäre. Die Tat kommt indes alles andere als von ungefähr.

Zu klären ist nicht zuletzt, warum das Anwachsen des Antisemitismus in den letzten Jahren derart unterschätzt wurde. Zu konstatieren ist, dass das Geschwafel vom „vergessen sie den guten, alten Antisemitismus", da dieser angeblich tot und unbedeutend geworden sei, eine höchstgefährliche, naive Einschätzung war, die davon abgelenkt hat, dass die Polizeistatistik eine eindeutige Sprache spricht und die Täter antisemitischer Taten in Deutschland noch immer überwiegend der rechtsextremen Szene zuzuordnen sind. Zu debattieren ist darüber, dass die aus der Mitte der dt. Gesellschaft entsprungene deutsche Beschneidungsdebatte (vgl. Kap. 4.4) viel mit der nationalsozialistischen Vergangenheit im Sinne des sekundären Antisemitismus (vgl. Kap. 4) zu tun hatte wie mit dem „guten, alten Antisemitismus", insofern ein Verbot der Beschneidung ein religiöses Ritual kriminalisiert hätte, welches auf eine lange Tradition als Zielscheibe der Judenfeindschaft zurückblicken kann.

Der Rechtsextremist, der einen antisemitischen Terroranschlag durchführt, stellt dergestalt betrachtet nur die Spitze des gesellschaftlichen Problems dar und dies reicht von unbelehrbaren Altlinken und ihrem israelbezogenen Antisemitismus, der sogenannten Schlussstrich-Debatte, des sich Verweigerns eines Großteils der dt. Historiker angesichts der Goldhagen-Debatte, der nach wie vor existenten Bereitschaft in großen Teilen der dt. Bevölkerung sich die NS-Zeit „schön zu reden" und die Zahl der Mörder niedrig zu schätzen, über die mit antisemitischen Untertönen randvoll bestückte Beschneidungsdebatte, den zu geringen Aktivitäten von Islamverbänden angesichts des Antisemitismus von Muslimen, dem Weghören von Lehrkräften bei judenfeindlichen antisemitischen Sprüchen ihrer Schüler (»Ex oder Jude«), dem Wegsehen gar beim Mobbing gegen jüdische Kinder bis hin zur AfD sowie der derzeit hohen Willigkeit, einer Partei seine Stimme zu geben, die tagtäglich Hass schürt und in entscheidendem Maß mit dazu beiträgt, unmittelbar gewaltbereite rechtsextremistische Täter zur Tat anzustacheln.

Der Täter von Halle war nicht allein, er war kein „einsamer Wolf", er hat u. a. virtuelle Kontakte gehabt, er hat mit konkreten Personen und nicht mit Sprachrobotern im Internet kommuniziert, die ihn durch ihre Ansichten weiter radikalisiert haben, er hat sich durch das Attentat in Neuseeland inspirieren lassen, dessen Täter zuvor in Österreich den Kontakt zur dortigen identitären Bewegung suchte und vermutlich auch fand. Ein Attentäter nimmt vor seiner Mordtat auf vielfältige Weise Signale der Gesellschaft auf, welche diese ihm vermittelt. In einer Gesellschaft, in der dt. Politiker noch immer weitgehend ungeächtet sagen dürfen „Mutter aller Probleme ist die Migration", sieht sich ein Attentäter auf dem Weg seiner weiteren Radikalisierung bestätigt. Am Ende eines längeren Prozesses lesen wir schließlich in seinem Bekennerschreiben: »*Zum Sterben auserwählt.* Töte einen Juden«, »*Anudda Shoa.* Töte 6 Juden«, »*Gleichstellung der Geschlechter.* Töte eine Jüdin«, »*Warum nicht beides?* Töte einen Moslem und einen Juden«, »*Das Feuer erhebt sich.* Brenne eine Synagoge nieder«, »*Krustiger Kebab.* Brenne eine Moschee nieder«, »*Kulturelle Aneignung.* Stich Sie in einen Moslem ab«, »*Mitternachts-Völkermord.* Töte 3 Nigger zwischen 23 und 1 Uhr«, »*Blau-gescreent.* Töte einen ZOG-Bot.« Es ist an der Zeit für eine neue Antisemitismusdebatte, die das Maß der Bedrohung für Juden und Jüdinnen zur Kenntnis nimmt, für die Entwicklung effektiver, gesamtgesellschaftlicher Konzeptionen gegen den Antisemitismus wie gegen jegliche Spielart des Rassismus. Es ist Zeit, entschieden Widerstand zu leisten.

Das erste Kapitel des Buchs widmet sich dem Antisemitismus von der Mitte des 19. Jh.s bis 1918. Es ist die Hochzeit der „modernen Rassenlehren", die wie der Philosoph Eugen Dühring zumeist „die Juden" als „Gegenrasse" zur „germanischen oder arischen Rasse" konstruierten sowie in der „Rassenvermischung" einen „Rassezerfall" der „qualitativ höherwertigeren Rasse" sahen. Zwar sind „Rassen" nichts als die Erfindung des Rassisten und konnten sich diverse Rassetheoretiker noch nicht einmal auf die Anzahl der vermeintlichen „Hauptrassen" verständigen, gleichwohl veränderte die Judenfeindschaft dadurch ihre Gestalt. Der Antisemitismus biologisierte sich indes nicht nur, er politisierte sich auch, insofern sich im Wilhelminischen Kaiserreich diverse Parteien im Kampf um Wählerstimmen des Antisemitismus bedienten. Das Jahr 1903 kann als das Ursprungsjahr moderner Verschwörungstheorien gelten, denen sich in ideologischer Hinsicht auch der Täter von Halle bediente, insofern im Russischen Kaiserreich erstmals eine Version der gefälschten *Protokolle der Weisen von Zion* erschien, die „das Weltjudentum" bezichtigte, in geheimen Treffen einen Plan für die Eroberung der Weltherrschaft erarbeitet zu haben, um ein kommendes „jüdisches Weltreich" zu errichten. In seiner Wirkung bezüglich des Antisemitismus nicht zu unterschätzen ist ebenso der Erste Weltkrieg, der sich als eine Art Katalysator eines sich radikalisierenden Antisemitismus bezeichnen lässt. Die durch den Ersten Weltkrieg in Gang gesetzte Brutalisierung des Antisemitismus verdeutlichen nicht zuletzt die Morde an Rosa Luxemburg, Kurt Eisner und Walther Rathenau.

Das zweite Kapitel des Buchs behandelt die Zwischenkriegszeit zwischen den beiden Weltkriegen. Die *Protokolle der Weisen von Zion* erlangten in den 1920-er-Jahren internationale Verbreitung und dienten der politischen Reaktion dazu, „die Juden" zu bezichtigen, Revolutionen wie die Oktoberrevolution in Russland entfacht zu haben, um die „jüdische Weltbeherrschung" zu verwirklichen. Die Legende vom Weltherrschaftsstreben der Juden in Gestalt der „Protokolle" verbreiteten in den USA der Autobauer Henry Ford (1863–1947) und in Deutschland der NSDAP-Ideologe Alfred Ernst Rosenberg (1892–1946), der mit seinen Propagandabroschüren auch das antisemitische Ideologem vom angeblich jüdischen Bolschewismus („Judäo-Bolschewismus") populär machte. Als Auslöser für einen militanter werdenden Antisemitismus dienten in der Zwischenkriegszeit neben der revolutionären Nachkriegskrise ebenso das Trauma der Kriegsniederlage, der erstarkende Nationalismus sowie die Weltwirtschaftskrise.

Das dritte Kapitel befasst sich mit dem Vernichtungsantisemitismus des dt. Nationalsozialismus, dessen Judenfeindschaft von Anfang an auf die Eliminatorik der dt. Juden zielte. Zwar war der Weg nach Auschwitz im Jahr der Machtübernahme der Nazis nicht vorprogrammiert, gleichwohl als potentielle Option immanent. Bereits mit dem Einmarsch der dt. Wehrmacht in Polen begannen die Massenmorde an den polnischen Juden. Im Jahr der Befreiung vom dt. Nationalsozialismus werden sechs Millionen Jüdinnen und Juden die deutsche Terrorherrschaft mit ihrem Leben bezahlt haben. Die Singularität der Shoah resultiert dabei nicht zuletzt aus der Vielzahl der involvierten Länder, der jüdischen Opfer aus nahezu ganz Europa sowie aus dem Sachverhalt, dass zwar Deutsche die Hauptschuld am Holocaust tragen, das Ausmaß des Genozids des deutschen Haupttäters indes nur durch ein Heer von Mittätern möglich war, durch Kollaboration, Schließen der eigenen Grenzen, Verweigerung der Aufnahme jüdischer Flüchtlinge, Schweigen der Kirchen sowie internationaler Organisationen und durch aktive Beteiligung an Deportationen mittels Verhaftungen und Bereitstellung von Zügen, die in Richtung der deutschen Vernichtungslager fuhren.

Das vierte Kapitel bespricht die historische Entwicklung des Post-Shoah-Antisemitismus nach 1945 und widmet sich den aktuellen Entwicklungstendenzen der Judenfeindschaft. Der Antisemitismus nach 1945 ist nicht zuletzt im Sinne Sigmund Freuds als Schuldabwehr zu interpretieren, die sich in zahlreichen dt. Debatten in Gestalt der Täter-Opfer-Umkehr, der Solidarisierung mit den Tätern des Völkermords oder gar dem unverhüllten Leugnen der Shoah offenbart. Neuartige Erscheinungen des sogenannten sekundären Antisemitismus mischen sich dabei mit traditionellen Varianten zumal der rechtsextremistische Antisemitismus bis auf die heutigen Tage alles andere als verschwunden ist. Zu den Erscheinungsformen des sekundären Antisemitismus zählt auch der sogenannte „umgelenkte Antisemitismus“, bei dem der antisemitische Akteur dasjenige, was er „dem Juden“ gerne sagen würde, im Kontext abstrakter Sachverhalte äußert oder gegenüber einer dritten Person artikuliert. Hierzu zählen „Wall-Street-Fantasien“, verkürzte Kapitalismuskritiken, Personifizierungen des Kapitalismus, die dt. Beschneidungsdebatte ebenso wie die sogenannte „Israelkritik“, die in jüngster Zeit einen deutlich wachsenden Stellenwert eingenommen hat. Zu den aktuellen Entwicklungstendenzen des Antisemitismus gehören gleichfalls höchst bedenkliche Tendenzen in den osteuropäischen, postkommunistischen Nationalstaaten, allen voran in Ungarn und Polen, der Antisemitismus von Migranten in Frankreich, die Judenfeindschaft von Muslimen und alles andere als zuletzt der Antisemitismus der sich in Deutschland etabliert habenden AfD, die mit dazu beiträgt, unmittelbar gewaltbereite Rechtsextremisten wie in Halle zu ihren mörderischen Taten zu motivieren.

1 Der Antisemitismus Mitte des 19. Jh.s bis 1918

Ab der Mitte des 19. Jh.s setzte die unheilvolle Verbindung von Antisemitismus, Sozialdarwinismus und modernen Rassenlehren ein. Das zwischen 1853 und 1855 erschienene Werk *Essai sur l'inégalité des races humaines* des frz. Schriftstellers Arthur Comte de Gobineau (1816–1882) postulierte die Existenz einer »nordischen Urrasse«. Diese »germanische oder arische Rasse« sei der »gelben« sowie der »schwarzen Rasse« überlegen. Gobineau behauptete ebenso die Schädlichkeit der »Rassenmischung«, die zur »Herabzüchtung« der qualitativ »höheren Rassen« führe. Gobineaus Postulat von der Überlegenheit der »arischen Rasse« stieß insbesondere in Deutschland auf fruchtbaren Boden und verband sich hier mit „Rassenlehren", die Juden als »vorderasiatisches Rassengemisch« diffamierten, deren Ziel es sei, den »Arier« nach Kräften zu übervorteilen und auszubeuten. Spätere Rassenlehren rückten das Konstrukt vom welthistorischen Gegensatz zwischen „Arier" und „semitischer Rasse" in den Vordergrund, imaginierten wie der Philosoph Eugen Dühring „den Juden" als wirtschaftlichen Ausbeuter und diffamierten ihn als »Schmarotzer«, als »Sozialparasit im Völkerleben« sowie als »Gegenrasse«.

Der Antisemitismus biologisierte sich indes nicht nur ab Mitte des 19. Jh.s, er politisierte sich auch, insofern relevante Kräfte des Wilhelminischen Kaiserreichs die seit der Reichsgründung in Deutschland existente rechtliche Gleichstellung der Juden ablehnten und die Parteipolitik sich verstärkt des Antisemitismus bediente, um Wählerstimmen zu gewinnen. Immer stärker zeigte sich, dass der Weg von der rechtlichen Gleichstellung zur gesellschaftlichen Akzeptanz weit und das Erringen der Bürgerrechte nicht identisch mit dem Schutz vor alltäglicher Ausgrenzung und Diskriminierung war. Außer in der Parteipolitik drang der Antisemitismus auch in Presse, Publizistik und Literatur vor und modernisierte sich, ohne dass seine christlich-antisemitischen Motive verschwanden. Für die betroffenen Juden nahm der Antisemitismus immer stärker alltäglichen Charakter an und reichte von einem Blick in die Tageszeitung, dem Lesen eines angesagten Buchs, dem Ausschluss aus Vereinen, der Beschränkung der beruflichen Karriere bis hin zu Pogromwellen in Russland.

Während zu Beginn des Jahres 1914 das „Augusterlebnis" bei den Juden die Hoffnung auf gesellschaftliche Akzeptanz beflügelte, zeigte sich rasch, dass der Erste Weltkrieg in Wahrheit die Rolle eines Katalysators des radikaler werdenden Antisemitismus spielte. Juden wurden als »Spione« der Gegenseite bezichtigt, als »Kriegsgewinnler«, als »Drückeberger« sowie als »Schieber«, deren Interesse darin bestehe, den Krieg auf Kosten des Volkes zu verlängern. Nicht zuletzt trug auch die Gewaltförmigkeit des Krieges dazu bei, dass der Antisemitismus sich brutalisierte.

Die rechte Agitation machte Juden nicht nur für den Ersten Weltkrieg und seinen Verlauf verantwortlich, sondern ebenso für die „Russische Revolution", in deren Kontext antisemitische Verschwörungstheorien wie die *Protokolle der Weisen von Zion* an Gewicht gewannen. „Der Jude" wurde als Bolschewist imaginiert, dessen Ziel es sei, revolutionäre Unruhen mit der Absicht zu schüren, dem „internationalen Judentum" zur Macht zu verhelfen und die „jüdische Weltherrschaft" zu errichten. Ein Jahr darauf wurden die Juden ebenso für die Novemberrevolution in Deutschland verantwortlich gemacht und von der politischen Rechten als „jüdische Novemberverbrecher" verleumdet. Die durch den Ersten Weltkrieg initiierte Brutalisierung des Antisemitismus belegen der Mord an Rosa Luxemburg am 15. Januar 1919, welche zuvor als »Judenhure« verunglimpft und misshandelt wurde, die Ermordung des bayerischen Ministerpräsidenten Kurt Eisner (USPD) am 21. Februar 1919, sowie die Ermordung des jüdischen Reichsaußenministers Walther Rathenau in Berlin am 24. Juni 1922.

1.1 *Von der Reichsgründung 1871 bis zur konservativen Wende*

In den 1860er-Jahren wurde den Juden in den ersten dt. Staaten die uneingeschränkte Gleichberechtigung gewährt. Das Großherzogtum Baden, welches von 1806 bis 1871 ein souveräner Staat war, erließ am 4. Oktober 1862 ein *Gesetz zur bürgerlichen Gleichstellung der Israeliten*. Der Erlass verwirklichte erstmals die volle

Emanzipation auf allen Ebenen. Den Juden wurden die volle Niederlassungsfreiheit sowie die volle Berufswahl einschließlich des Rechts gewährt, Beamte und Lehrer zu werden. Die verfassungsrechtlichen Grundlagen der im Jahr 1867 erfolgten Umwandlung des Kaisertums Österreich in die Doppelmonarchie Österreich-Ungarn sahen gleichfalls die rechtliche Gleichstellung der Juden vor. Der unter der Führung Preußens stehende Norddeutsche Bund, der von 1866 bis 1871 alle dt. Staaten nördlich der Mainlinie umfasste, stellte im Jahr 1869 das Judentum weitgehend mit allen anderen Konfessionen gleich. Mit der Reichsgründung des Jahres 1871 erhielt das *Gesetz, betreffend die Gleichberechtigung der Konfessionen in bürgerlicher und staatsbürgerlicher Beziehung* gesamtdeutsche Gültigkeit. Zwar schloss die Reichsverfassung von 1871 den rechtlichen Prozess der Gleichstellung ab, gleichwohl verschärfte sich der Antisemitismus. Die Antisemiten gedachten nicht nur die Umsetzung des Verfassungsrechts in Verfassungswirklichkeit zu behindern, sondern ebenso die gesellschaftliche Akzeptanz der 512 000 Juden im Deutschen Reich zu obstruieren. Nach der Reichsgründung beschwor der antisemitische Diskurs die Gefahr einer „jüdischen Allmacht" und lamentierte über die vermeintliche Dominanz der Juden in allen wirtschaftlichen, gesellschaftlichen wie kulturellen Sektoren, obwohl diese nur 1,25 % der Gesamtbevölkerung ausmachten.

Bedingt durch eine Spekulationsblase, hervorgerufen durch den wirtschaftlichen Optimismus der Gründerzeit, löste der Wiener Börsencrash 1873 eine wahre Kettenreaktion aus. Der 9. Mai 1873 erwies sich als „Schwarzer Freitag" der Wiener Börse, die gegen Mittag schließen musste. Insolvenzen in großer Zahl ließen sich nicht mehr verhindern, die sich ausweitende Wirtschaftskrise nahm ihren Lauf und stürzte zahllose Menschen ins Elend. Die Losung »Die sociale Frage ist die Judenfrage«, die Gleichsetzung von Wucher, Ausbeutung und Judentum, von moderner kapitalistischer Wirtschaft und „jüdischen Börsenspekulanten", die sich auf Kosten des schaffenden, arbeitenden Menschen selbstsüchtig bereicherten, machte der Journalist Otto Glagau (1834–1892) im Kontext des Gründerkrachs populär. In der zu seiner Zeit viel gelesenen Illustrierten *Die Gartenlaube* veröffentlichte Glagau Ende 1874 eine Artikelserie, die zwei Jahre darauf in erweiterter Fassung unter dem Titel *Der Börsen- und Gründerschwindel in Berlin* in Buchform erschien. Der Berliner Journalist bediente sich der Methode rassistischer Markierung. Immer dann, wenn es sich bei einem der Beteiligten am Börsencrash um einen Juden handelte, wurde dieser als »jüdischer Spekulant« bezeichnet, während bei einem „christlichen Spekulanten" die Markierung selbstredend unterblieb, sodass systematisch der Eindruck erweckt wurde, die Börse sei eine „jüdische Erfindung", die „das Judentum" ausgeheckt habe, um sich die Werte der „schaffenden Bevölkerung" anzueignen. Glagau führte so die vom dt. Nationalsozialismus propagierte Unterscheidung zwischen dem „schaffenden" und dem „raffenden Kapital" ein und kreierte die Figur des „Börsenjuden", der aus materialistischer Gier nur am eigenen Wohlstand interessiert sei, von Profitsucht getrieben Wirtschaft wie Gesellschaft ruiniere sowie durch Spekulationen zahllose Familien ins Elend stürze. Glagau schwadronierte von den miteinander verschworenen Juden, die einen Börsenkrach billigend in Kauf nehmen, da „der Jude" am Elend verdiene, während „der schaffende Mensch" leide.

Die eigentlichen wirtschaftlichen wie gesellschaftlichen Verhältnisse gerieten so völlig aus dem Blickfeld, für ein komplexes Wirtschaftsgeschehen, welches der Einzelne nicht mehr zu durchschauen vermochte und dem er sich hilflos ausgeliefert fühlte, bot Glagau einfache Erklärungen an und nannte zugleich den vermeintlich Schuldigen. Der „Börsenjude" war schlicht der „Börsenschwindler" und dieser trug die Hauptschuld an der Krise des Jahres 1873, so die Botschaft Glagaus in einer turbulenten Zeit, die nach einfachen Antworten nur so verlangte. In für jedermann verständlichen Worten hetzte Glagau:

> »Das Judenthum ist das angewandte, bis zum Extrem durchgeführte Manchesterthum. Es kennt nur noch den Handel, und davon auch nur den Schacher und Wucher. Es arbeitet nicht selber, sondern lässt Andere für sich arbeiten, es handelt und speculirt mit den Arbeits- und Geistesproducten Anderer. Sein Centrum ist die Börse [...]. Das Judenthum gedeiht am besten bei Krieg, Misswachs, Seuchen und anderen Calamitäten, sowie in armen Ländern. Es hält, selbst noch bei gesegneten Ernten, die Preise hoch, es vertheuert durch Speculation und Zwischenhandel alle Waren und Lebensmittel. Das Judenthum treibt beständig, in den verschiedensten Formen, Gründerei und Jobberei. Als ein fremder Stamm steht es dem Deutschen Volke gegenüber und saugt ihm das Mark aus. Die sociale Frage ist wesentlich Judenfrage, alles Uebrige ist Schwindel!« (Glagau 1878: 71)

Das Narrativ vom „mächtigen Juden" bildete bei Glagau in Verbindung mit dem Schüren von Sozialneid ein zentrales Motiv. Die Juden, so heißt es, vermehrten sich in Berlin heftig und seien durchgehend wohlhabende und reiche Leute, ihnen gehörten die schönsten Häuser und Villen in Berlin. Die Weltgeschichte kenne kein zweites Beispiel, »dass ein heimatloses Volk, eine physisch entschieden degenerirte Race, blos durch List und Schlauheit, durch Wucher und Schacher, über den Erdkreis gebietet.« Die Methode rassifizierender Kollektivierung („der Jude"), in Verbindung mit der Zuschreibung negativer Eigenschaften, findet sich bei Glagau bereits in dessen Skizzen *Littauen und die Littauer* aus dem Jahr 1869. Von einer Schiffsreise berichtet Glagau, das judenfeindliche Narrativ des „Ostjuden" bedienend, wie folgt:

> »Die Passagiere bestanden größtentheils aus polnischen Juden [...]. Das Hauptkleidungsstück der Juden war eine Art von Kaftan, und was sie darunter verbargen, sollte mir bald klar werden, als einer von ihnen ein Stück Zeug hervorholte und davon mitten auf dem Verdeck sich eine Hose zu schneidern begann. Er hatte sein Werk binnen kaum einer Stunde vollendet, aber es war auch das einfachste Beinkleid, das ich je gesehen. [...] Weit mehr [als andere Passagiere, d. Verf.] machten die Juden den Capitän zu schaffen. Er schwur, daß Gott sie nur zu seiner Qual habe geboren werden lassen und daß sie ihn noch zu Tode ärgern würden. [...] Jetzt begann er das Passagiergeld zu kassiren. Ein Jude nach dem andern suchte sich darum zu drücken, indem sie unter das Deck oder zwischen die Frachtgüter krochen oder doch beständig ihren Platz wechselten. Der Capitän, der ihre Manöver merkte und ihre Kniffe aus Erfahrung kannte, rannte hinter ihnen her; da ihm etliche aber wie Schlangen immer wieder zu entschlüpfen wußten, ward er wüthend und bot die Schiffsmannschaft zu seiner Hilfe auf. Eine allgemeine Treibjagd ging in Scene, die widerwilligen Juden wurden aus allen Winkeln hervorgeholt und gleich einer Heerde Schafe in eine Ecke zusammengetrieben, wo sie dann wohl oder übel den Beutel ziehen mußten.« (Glagau 1869: 45–47)

Vergleicht man die beiden Textpassagen Glagaus, so wird deutlich, dass der Antisemit den reichen Juden hasst, weil er reich ist und den armen Juden, weil er arm ist. Glagaus Hetze gegen den „assimilierten Westjuden" wie gegen den „Ostjuden" illustriert, dass der Antisemit den Juden hasst, „weil er Jude ist", einzig und allein deshalb, weil er existiert, unabhängig von den Eigenschaften und dem Agieren der konkreten Person, in welcher er „den Juden" sieht.

Das Motiv des „raffgierigen Juden" avancierte zu einem weitverbreiteten Topos und stützte sich auf das bereits bei Luther auftauchende Pejorativum vom „Wucherjuden" sowie auf Konstrukte des „betrügerischen Juden", der als Sujet im literarischen Antisemitismus kursierte. In der Erzählung *De Stadtreis* von Fritz Reuter (1810–1874) überlistet „der Jude" einen Bauern zu einer Wette, bei der ihm ein Geldstück zum ergaunerten Sieg verhelfen soll: »Smitts Du den Kopp, heww ick gewunnen, / Smittst Du de Schrift, hast du verluren.«

Das Bild vom „Wucherjuden" sowie das Narrativ vom einzig und allein am eigenen Vorteil und Gewinn orientierten Juden waren längst vor Glagau verbreitet, der Konnex zwischen dem Kapitalismus als aufstrebender Wirtschaftsordnung und dem Judentum stellt jedoch einen neuartigen Aspekt dar, dessen Verankerung in den nachfolgenden Jahrzehnten dafür sorgte, dass sämtliche modernen Erscheinungen des Kapitalismus wie die Börse, die Deregulierung der Märkte, Unternehmensverbindungen in Gestalt großer Konzerne, Warenhausketten etc. mit „dem Juden" in Verbindung gebracht wurden, um so von den wahren Ursachen und Triebkräften des Wirtschaftsgeschehens in Zeiten des Hochkapitalismus abzulenken. Existenzängste des Kleinbürgertums wie des Mittelstandes ließen sich so in gezielter Weise antisemitisch kanalisieren.

1.2 *Von der konservativen Wende bis zum Ersten Weltkrieg*

Die wirtschaftliche Depression sowie die konservative Wende Bismarcks in den Jahren 1878/79 veränderten die Konstellationen des Antisemitismus in entscheidendem Maß. Reichskanzler Otto von Bismarck (1815–1898) kündigte das Bündnis mit den Nationalliberalen, suchte den Schulterschluss mit den Konservativen sowie der katholischen Zentrumspartei und setzte auf protektionistische Schutzzollpolitik wie auf innerstaatliche Repression in Gestalt des Sozialistengesetzes. Diese sogenannte „innere Reichsgründung" stärkte autoritäre Kräfte, die Macht Preußens innerhalb des dt. Staatsgebildes sowie die Rolle der Schwerindustrie und des ostelbischen Agrarkapitals. Da der Antisemitismus u. a. als ideologische Waffe gegen den Liberalismus wie den Freihandel diente, stärkte die konservativ-reaktionäre Wende Bismarcks zugleich auch die antisemitischen Kräfte. Es ist folglich kein Zufall, dass der dt. Journalist Wilhelm Marr (1819–1904) den Terminus „Antisemitismus" erst um 1879 populär machte. Marrs Schrift *Sieg des Judenthums über das Germanenthum – Vom nichtconfessionellen Standpunkt aus betrachtet* kam im Erscheinungsjahr 1879 bereits auf zwölf Auflagen. Wie ihr Untertitel verdeutlicht, leistete die Propagandaschrift einen entscheidenden Beitrag zur Transformation des christlichen Antisemitismus in den „Rassenantisemitismus". Marr steht für einen Paradigmenwechsel in der antisemitischen Ideologie, da er als einer der ersten Schriftsteller gelten kann, der die bislang üblichen Differenzkriterien „Religion" und „Volk" durch den Rassebegriff ersetzte. In der Propagandaschrift heißt es:

> »Gerade darin besteht ja die ›Gloire‹ des Judenthums, dass es 1800 Jahre lang der abendländischen Welt den siegreichsten Widerstand leistete. Alle übrigen Einwanderungen in Deutschland sind spurlos im Germanenthum aufgegangen. Wenden und Slaven sind im germanischen Element verschwunden. Die semitische Race, stärker und zäher, hat sie Alle überlebt.« (Marr 1879a: 25)

Israel sei eine Weltmacht allerersten Ranges geworden und habe, so Marrs Kernthese, einen endgültigen und unumkehrbaren Sieg über das Germanentum davongetragen. Der deutsche Staat und seine Institutionen seien hoffnungslos „verjudet", kritische Stimmen seien durch die Allmacht des Judentums in der Presse verstummt. Nach einem jahrhundertelangen Kampf hätten die Juden in Deutschland unumstößlich die Macht übernommen, das Ende Germaniens sei das Unvermeidliche, in das sich die Deutschen schicken müssten. Während dem Germanentum die Vergangenheit und das Sterben blieben, gehöre dem Judentum die Zukunft und das Leben. Den schicksalhaften Erfolg der »zersetzenden Mission« des Judentums führt Marr auf die Effekte der Judenemanzipation zurück sowie auf den »ersten großen Sieg des Judentums« in Gestalt der 1848er Revolution. „Die Judenfrage" sei zur sozialen Kernfrage der Zeit geworden, da sich das Judentum zum sozialpolitischen Diktator über Deutschland aufgeschwungen habe. Immer wieder betont Marr, die Juden seien für ihren welthistorischen Triumph nicht verantwortlich zu machen. Die diesbezüglichen Ausführungen des Journalisten sollten indes keineswegs die Juden in Schutz nehmen, sondern umso stärker die Existenz ihrer „rassischen Wesenszüge" untermauern. „Der Jude" agiert bei Marr so, wie es seinem vermeintlichen Wesen entspricht. Die Aussage, dass kein Volk etwas für seine Spezialitäten könne, diente ebenso dazu, „das Germanentum" zu attackieren, das laut Marr wenig »geistige Widerstandskraft« gegen die »Verjudung« an den Tag gelegt habe. Das Bild des »deutschen Michel« bemühend beabsichtigte Marr, die nichtjüdische Bevölkerung gegen die Juden aufzustacheln. Der „Semitismus" habe leichtes Spiel gehabt, so dass der »jüdische Geist in alle Poren« der Gesellschaft eingedrungen sei. Millionen Juden würden denken: »Dem Semiten gehört die Weltherrschaft«.

Marr betont dabei, dass seine dystopische Sichtweise alles andere als ironisch gemeint sei, vielmehr vertrete er ernsthaft die Überzeugung, dass der »Sieg des Judentums« eine vollendete Tatsache darstelle. Folglich sei Resignation die einzig mögliche Haltung, da diese den irreversiblen Sieg der Juden in ihrem dauerhaften Kampf gegen alle Nichtjuden akzeptiere. Eine Interpretation der Schrift, welche die pessimistische Grundhaltung des Textes für die Sichtweise des Autors hält, leitet indes in die Irre. Der resignative Tenor diente Marr lediglich als literarisches Stilmittel, um den aufwallenden Hass seiner Leser noch zu steigern und diese zum Krieg für die „Germanenemanzipation" aufzurufen. Der vorgetäuschte Pessimismus zielte darauf ab, die Wirkung des indirekten Appells zu erhöhen, das Szenario des Pamphlets nie und nimmer Wirklichkeit werden zu lassen. Anders ließe es sich auch nicht erklären, warum Marr noch im selben Jahr die Antisemitenliga gründete. Die Interpretation der Schrift als agitatorischer Appell, der sich eines dystopisch-resignativen Szenarios bedient, wird durch die noch im selben Jahr erschienene Pendantschrift *Der Weg zum Siege des Germanenthums über das Judenthum* gestützt, in der Marr unmissverständlich zum »Kampf« aufruft:

> »So muss der Kampf gegen die Verjudung der Gesellschaft [...] weiter geführt werden. Möge uns Gott und das Christenthum dann helfen, die Verjudung der Gesellschaft weiter zu bekämpfen.« (Marr 1880b: 48)

Ein konkretes politisches Programm entwickelte Marr indes auch in dieser Schrift nicht. Entsprechend der zeitgleich erfolgten

Gründung der Antisemitenpartei lautet die Losung seiner zweiten Schrift:

> »Also muthig in den offenen socialpolitischen Parteikampf hinein, in den ›frischen, fröhlichen Krieg‹ einer wahrhaft deutschen Überzeugung mit der Losung: Wählen wir keinen Juden, weder in unsere Vereins- noch Communal-, Land- und Reichstagsvertretungen.« (Marr 1880b: 6)

Zwar war Marr mit der Gründung der „Antisemitenliga" kein Erfolg beschieden, insofern sich diese kaum gegründet bereits Ende 1880 wieder auflöste, doch seine Propagandaschriften waren von nachhaltiger Wirkung. Der dt. Nationalsozialismus übernahm Marrs dehumanisierende Sprache, die Bezeichnung der Juden als »Ratten«, wie etwa in dessen Schrift *Goldene Ratten und rothe Mäuse* aus dem Jahr 1880, in der Marr die Juden gleichfalls als »Vampyre« bezeichnete und die Juden bezichtigte, die »schwerwiegendste Mehrzahl der Vampyre der dt. Gesellschaft« zu stellen. Schule machte gleichfalls die benutzte Wortwahl von der »roten« und der »goldenen Internationale«. Mit »roter Internationale« meinte Marr die »Socialdemocratie«, mit »goldener Internationale« bezeichnete er die »Alliance israélite«, die nichts anderes im Sinn habe, als durch »fürchterlichen Wucher« ein »neues Jerusalem« zu errichten und alle Nichtjuden zu unterdrücken. Der politische Journalist benutzte bereits die vom dt. Nationalsozialismus in dessen Propaganda bemühte Gleichsetzung von Judentum und Kapitalismus sowie von Judentum und Sozialdemokratie bzw. Kommunismus.

Im Jahr 1878 gründete der Hofprediger Adolf Stöcker (1835–1909) in Berlin die Christlich-soziale Arbeiterpartei, die sich in der Arbeiterschaft indes nicht verankerte, ihre Wähler vielmehr aus der verunsicherten Mittelschicht sowie dem Kleinbürgertum gewann. Ein Jahr darauf hielt Stöcker die programmatische Rede *Unsere Forderungen an das moderne Judenthum*. Stöckers Rede illustriert, wie hochgradig der Rassebegriff Ende der 1870er-Jahre bereits den antisemitischen Diskurs bestimmte. So betonte Stöcker immer wieder, dass es sich bei den Juden »doch gewiss um eine fremde Race« handele und unterstrich, dass dieser Aspekt bei der „Judenfrage" keinesfalls übersehen werden dürfe. Israel sei ein fremdes Volk, welches »nie mit uns eins werden kann, außer wenn es sich zum Christenthum bekehrt«. Man dürfe nicht verkennen, dass Israel den Deutschen über den Kopf wachse. Es stehe »Race gegen Race«, es sei ein »Racestreit« entbrannt, der aufgrund der Positionen der Juden in der Wirtschaft eine große Gefahr darstelle. Stöcker knüpft in seiner Rede an Marr und Glagau an, insofern er gleich zu Beginn bekräftigt: »Die sociale Frage ist die Judenfrage.«

Die Schärfe der Rede Stöckers offenbart die Verwendung der antijüdischen Pathologisierung. Der protestantische Prediger spricht von »Krankheitssymptomen«, die den gesamten »Volkskörper in allen Gliedern« erfasst hätten sowie von einem »Krebsschaden«, der sich immer weiter fresse und »unsere Zukunft bedroht«. »Ehe diese Giftquellen nicht gereinigt sind«, so Stöcker, »ist an eine Besserung unserer Zustände nicht zu denken.« Der Hofprediger macht dabei unmissverständlich klar, dass er mit »Krebsschaden« das moderne Judentum meint. Verantwortlich für die drohende Gefährdung sei der »jüdische Mammonsgeist«, der das Volk verderbe sowie die Intoleranz der »Judenpresse«, welche gegen das Christentum hetze und die relevante Existenz der „Judenfrage" mit aller ihr zur Verfügung stehenden Macht verschweige. Die Anzahl von 45 000 Juden in Berlin sei schlicht und einfach zu viel, das Judentum stelle »eine große Gefahr für das deutsche Volksleben« dar:

> »Wenn sie wirklich mit uns verbunden wären, hätte die Zahl nichts Bedenkliches. Aber da jenes halbe Hunderttausend eine in sich geschlossene Gemeinschaft bildet, in guten Verhältnissen, in steigender Macht, mit einer sehr profitablen Verstandeskraft ausgerüstet, ohne Theilnahme für unsere christlich-germanischen Interessen, so liegt darin eine wirkliche Gefahr […] In ihrem Besitz sind die Geldadern, Bank und Handel; in ihren Händen ist die Presse und unverhältnismäßig drängen sie sich zu den höheren Bildungsanstalten.« (Stöcker 1880: 17)

Wie Marr, so entwirft auch Stöcker, um Sozialneid wie soziale Verdrängungsängste zu schüren, das Bild vom „allmächtigen Juden", der die Wirtschaft beherrscht und die Arbeit des »schaffenden Arbeiters« ausbeute, betont indes im Unterschied zu Marrs erster Schrift stets, dass Deutschland noch nicht verloren, das Ende noch nicht gekommen sei. Im Unterschied zu Marr skizziert Stöcker ein Programm, das sich unmittelbar an den Gesetzgeber richtet, der dafür Sorge zu tragen habe, dass dem »jüdischen Capital« der »nötige Zaum angelegt« werde. Stöcker fordert diesbezüglich die Beseitigung des Hypothekenwesens im Grundbesitz sowie:

> »Eine Aenderung des Creditsystems, welche den Geschäftsmann von der Willkür des großen Capitals befreit; Aenderung des Börsen- und Aktienwesens; Wiedereinführung der confessionellen Statistik, damit das Mißverhältnis zwischen jüdischem Vermögen und christlicher Arbeit festgestellt werden kann; Einschränkung der Anstellung jüdischer Richter auf die Verhältniszahl der Bevölkerung; Entfernung der jüdischen Lehrer aus unseren Volksschulen, zu dem Allen Kräftigung des christlich-germanischen Geistes.« (Stöcker 1880: 20)

Dies alles, so Stöcker, seien durchaus geeignete Mittel, »um dem Überwuchern des Judentums im germanischen Leben, diesem schlimmsten Wucher, entgegenzutreten.« Wie Marr, so setzte auch Stöcker den »zügellosen Capitalismus« mit dem »modernen Judenthum« gleich, wodurch das reale Wesen der Verhältnisse verschleiert und „der Jude" zum Sündenbock eines Kapitalismus erklärt wird, dessen Auswüchse in der Epoche des Hochimperialismus zu existentiellen Verunsicherungen führten. Den Anteil der Juden an der Berliner Bevölkerung bezeichnete Stöcker als den »übelsten Faktor des hauptstädtischen Treibens«. Die krude Mischung aus nationalistischen, antikapitalistischen, antifortschrittlichen, antiliberalen wie antisozialistischen Positionen verschaffte der von Stöcker gegründeten „Berliner Bewegung" in den 1880er-Jahren eine nennenswerte kleinbürgerliche Massenbasis. Die antisemitische Sammlungsbewegung imaginierte den Juden dabei zumeist als mächtige, das ökonomische wie das politische Geschehen steuernde Instanz. Der »gute Berlin Bär« tanze, so heißt es beispielsweise bei Stöcker »bereitwillig nach der Pfeife seiner drei Herren, des Fortschritts, der Sozialdemokratie und des eigentlichen Bärenführers, des Judentums.«

Der politische Einschnitt des Jahres 1879 spiegelte sich im Sachverhalt, dass der preußische Historiker Heinrich von Treitschke (1834–1896) im November in den *Preußischen Jahrbüchern* einen Aufsatz mit dem Titel *Unsere Aussichten* veröffentlichte, der den Berliner Antisemitismusstreit eröffnete. Das zeitliche Zusammentreffen der konservativen Wende Bismarcks und des Aufsatzes von Treitschke war keineswegs zufälliger Natur. Vielmehr beabsichtigte Treitschke mit seinen antisemitischen Attacken offensiv für den Kurswechsel des Kanzlers Partei zu beziehen. Bismarck sollte dazu ermutigt werden, am Projekt der „inneren Reichsgründung" festzuhalten. Treitschke, der gemeinsam mit Eduard Lasker (1829–1884) und Ludwig Bamberger (1823–1899) zu den führenden Politikern des frühen Nationalliberalismus gehörte, vollzog im Unterschied zu seinen Parteikollegen die konservativ-reaktionäre Wende Bismarcks mit. Der Riss ging folglich durch die Nationalliberalen, sodass Treitschke ab 1878 als Abgeordneter ohne Parteizugehörigkeit im Reichstag saß. Treitschkes Aufsatz in den *Preußischen Jahrbüchern* ist folglich auch als Rachefeldzug gegen die jüdischen Abgeordneten Bamberger und Lasker zu werten, die sich der Angriffe Bismarcks auf die Prinzipien des politischen Liberalismus widersetzten. Treitschke verfolgte gewissermaßen die Absicht, den verlorenen politischen Streit bezüglich der Ausrichtung des Nationalliberalismus posthum auf publizistischem Sektor zu gewinnen.

Im Laufe der 1880er-Jahre gelang es dem Antisemitismus, sich in der Parteienlandschaft zu etablieren. Im Jahr 1882 blieb zwar der „Internationale antijüdische Kongress" in Dresden ohne Ergebnisse wie ebenso der im Jahr darauf folgende Kongress in Chemnitz, doch zog erstmals im Jahr 1887 der Marburger Bibliothekar Otto Böckel (1859–1923) in den Reichstag als Abgeordneter der antisemitischen „Deutschen Reformpartei" ein, zu der sich die „Deutsche Antisemitische Vereinigung" des Publizisten und Verlegers Theodor Fritsch (1852–1933) gesellte, dessen 1887 erschienener *Antisemiten-Katechismus* größere publikatorische Erfolge erzielen konnte (ab 1907 *Handbuch der Judenfrage*). Während der Hofprediger Stöcker und Max Liebermann von Sonnenberg (1848–1911) im Jahr 1889 die „Deutschsoziale Partei" gründeten, der sich auch Fritsch anschloss, bildeten Gruppierungen um Otto Böckel ein Jahr darauf die „Antisemitische Volkspartei". Zusammengenommen gelang es in den 1890er-Jahren den antisemitischen Parteien, 18 Reichstagsmandate zu erobern. Im Jahr 1894 schlossen sich die „Deutsche Reformpartei" und die „Deutschsoziale Partei" zur „Deutschsozialen Reformpartei" zusammen. Zwar war der Anteil der Reichstagsmandate der Antisemitenparteien, der über mehrere Wahlperioden betrachtet die 5 Prozent-Marke nie deutlich überstieg, nicht gerade hoch, doch täuscht dies darüber hinweg, dass es ihnen gelang, eine Art Agenda-Setting zu betreiben, d. h. andere Parteien dazu zu bewegen, ihrerseits antisemitische Programmpunkte aufzunehmen. Übersehen werden darf ebenso nicht, wie hochgradig der Antisemitismus in den 1890er-Jahren in der Vereins- und Verbändestruktur des Wilhelminischen Kaiserreichs etabliert war.

1.3 Der Berliner Antisemitismusstreit

Der den Berliner Antisemitismusstreit (1879–1881) eröffnende Artikel Heinrich von Treitschkes mit dem Titel *Unsere Aussichten* kam einem Frontalangriff auf die dt. Juden gleich. Für den preußischen Historiker bildeten die Juden das Haupthindernis auf dem Weg der »inneren Reichsgründung«, welche sich durch ein »gekräftigtes Nationalgefühl« auszuzeichnen habe. Der Zorn des Volkes auf die Juden sei mehr als verständlich, zumal zu berücksichtigen sei, dass sich im Unterschied zu anderen westeuropäischen Ländern Deutschland aufgrund der quantitativen Größe der Einwanderung einer realen Gefahr ausgesetzt sehe:

> »Über unsere Ostgrenze aber dringt Jahr für Jahr aus der unerschöpflichen polnischen Wiege eine Schar strebsamer hosenverkaufender Jünglinge herein, deren Kinder und Kindeskinder dereinst Deutschlands Börsen und Zeitungen beherrschen sollen; die Einwanderung wächst zusehends, und immer ernster wird die Frage, wie wir dies fremde Volksthum mit dem unseren verschmelzen können.« (Treitschke 1929: 479)

Der Text des Artikels ist geprägt von einer aggressiven Assimilationsaufforderung, die sich stets der antagonistischen Gegenüberstellung einer Wir-Gruppe und einer Fremdgruppe im Geiste des Satzes „Was wir von unseren israelitischen Mitbürgern zu fordern haben" bedient. Den Juden wird in kollektivierender Weise unterstellt, dass sie sich nicht recht als Deutsche fühlen, überheblich seien, in »verstockter Verachtung« auf Christen herabblickten, »an der frechen Gier des Gründer-Unwesens einen großen Anteil« hätten, »eine schwere Mitschuld an jenem schnöden Materialismus unserer Tage« trügen, die Presse beherrschten, das Christentum journalistisch schmähten und lästerten sowie ein »fremdes Element« bildeten, das »einen allzu breiten Raum« eingenommen habe. Die Juden stellten, so Treitschke, eine »schwere Gefahr« dar, von ihnen drohe ein »hochbedenklicher Schaden des neuen deutschen Lebens«:

> »Bis in die Kreise der höchsten Bildung hinauf, unter Männern, die jeden Gedanken kirchlicher Unduldsamkeit oder nationalen Hochmuths mit Abscheu von sich weisen würden, ertönt es heute wie aus einem Munde: die Juden sind unser Unglück!« (Treitschke 1929: 481)

Die Art und Weise der Präsentation des Schlüsselsatzes »Die Juden sind unser Unglück!« weist auf den Stil des Artikels hin, das sich Verstecken hinter der öffentlichen Meinung, das sich Inszenieren als Tabubrecher, als der Einzige, der es wage, unbequeme Wahrheiten auszusprechen. Treitschke stellt sich als Person dar, die dem »erwachten Gewissen des Volkes« eine Stimme verleiht. Außer dem Motiv der Fremdheit der Juden, welches in dem Satz gipfelt »es wird immer Juden geben, die nichts sind als deutsch redende Orientalen«, der Behauptung ihrer Schädlichkeit für den nationalen Einigungsprozess sowie dem Schüren von Ängsten vor einer massenhaften Einwanderung aus dem Osten, bedient sich Treitschke ebenso der klassischen Stereotype des Wuchers, der gesellschaftlichen Machtübernahme des Judentums sowie des vermeintlichen Christenhasses der Juden. Das Perfide des Artikels besteht darin, dass Treitschke sich immer wieder als „Judenfreund" stilisiert, so heißt es etwa:

> »Von einer Zurücknahme oder auch nur einer Schmälerung der vollzogenen Emancipation kann unter Verständigen gar nicht die Rede sein; sie wäre ein offenbares Unrecht, ein Abfall von den guten Traditionen unseres Staates und würde den nationalen Gegensatz, der uns peinigt, eher verschärfen als mildern.« (Treitschke 1929: 481)

Das scheinbar „Judenfreundliche" diente Treitschke als Stilmittel, damit er die judenfeindliche Attacke umso schärfer fahren konnte; so bejahte Treitschke verbal die Emanzipationsgesetzgebung, was indes lediglich vorgetäuscht war. Treitschkes Aufsatz erlangte hohe Beachtung und rasch erschienen Gegenstellungnahmen u. a. vom Rabbiner Manuel Joël (1826–1890), vom liberalen Politiker Ludwig Bamberger, vom Mediävisten Harry Breßlau (1848–1926) sowie vom Historiker Heinrich Graetz (1817–1891). In der ersten Phase des Berliner Antisemitismusstreits handelte es sich bei den Antagonisten indes fast ausnahmslos um Gegenreden jüdischer Personen.

Wie offenkundig Treitschke die Lehre von der Existenz vermeintlicher „Rassen" vertrat, verdeutlichen seine Politik-Vorlesungen an der Universität zu Berlin, in denen „Rassen", Stämme und Nationen die Schlüsselbegriffe bilden:

> »Die gelbe und rothe Rasse sind am letzten Ende Geschwister. Ihnen gegenüber steht die weiße Rasse, die in zwei Klassen zerfällt, die arischen Völker und die Semiten. Das sind ungeheuer scharfe und tiefe Gegensätze. […] Wenn aber die Natur die Differenzierung einmal vollzogen hat, so will sie bekanntlich nicht, daß eine Rückbildung erfolgt. Sie rächt sich, indem sie die Vermischung verschiedener Arten bestraft damit daß die höhere herabgedrückt wird durch die niedere. Wie aus der Vermischung von Pferd und Esel ein Geschöpf hervorgeht, das die Eigenschaften der niederen Art an sich trägt, so bei den Menschen.« (Treitschke 1899: 274)

In den Jahren 1880/1881 initiierten der Publizist Max Liebermann von Sonnenberg, der Agitator Ludwig Bernhard Förster (1843–1889) sowie der Politiker Ernst Henrici (1854–1915) die sog. Antisemitenpetition. Zu den Erstunterzeichnern der Petition zählte der Berliner Hofprediger Adolf Stöcker. Die „zweite Version" der „Antisemitenpetition" wurde am 16. November 1880 im *Reichsboten* veröffentlicht, der als Tageszeitung den konservativen Mittelstand sowie pastorale Kreise ansprach. Der Text der Petition ist im Stil des völkischen Rassismus gehalten und stellt dem »deutschen Volk«, das explizit als christlich charakterisiert wird, „die Juden" gegenüber, bei denen es sich um einen »fremden Stamm« handele, um ein »semitisches Element«, welches »uns aber seinem Fühlen und Denken nach ferner steht, als irgend ein Volk der gesamten arischen Welt«. In antagonisierender Weise werden »Arier« und »Semiten« kontrastiert und letztere als eine ernste Gefahr »für unser Volkstum« bezeichnet. Während die »Arier« schwer körperlich arbeiteten, eigneten sich die »Semiten« die Früchte ihrer dienstbaren Arbeit an und wohnten in den »stolzesten Palästen« der Großstädte. Der Sozialneid wird verkoppelt mit dystopischen Szenarien, die mit den Worten »Überwuchern des jüdischen Elementes« sowie »massenhaftes Eindringen semitischer Elemente in allen Stellungen« beschrieben werden. Das »semitische Element« erobere systematisch alle Positionen, die mit Macht und Herrschaft verbunden seien. Dem müsse auf der Stelle Einhalt geboten werden. Um der »Gefahr im Verzuge« zu begegnen, lauten die Forderungen der Petition:

»1. dass die Einwanderung ausländischer Juden, wenn nicht gänzlich verhindert, so doch wenigstens eingeschränkt werde;
2. dass die Juden von allen obrigkeitlichen (autoritativen) Stellungen ausgeschlossen werden und dass ihre Verwendung im Justizdienste – namentlich als Einzelrichter – eine angemessene Beschränkung erfahre;
3. dass der christliche Charakter der Volksschule, auch wenn dieselbe von jüdischen Schülern besucht wird, streng bewahrt bleibe und in derselben nur christliche Lehrer zugelassen werden, dass in allen übrigen Schulen aber jüdische Lehrer nur in besonders motivierten Ausnahmefällen Anstellung erlangen;
4. dass die Wiederaufnahme der amtlichen Statistik über die jüdische Bevölkerung angeordnet werde.« (Reichsbote Nr. 269, 16. November 1880)

Am 20. und 22. November 1880 wurde die Antisemitenpetition im Preußischen Abgeordnetenhaus debattiert. Der Antrag stammte von den Linksliberalen, von denen Rudolf Virchow (1821–1902) eine diesbezügliche Grundsatzrede hielt, in der er die Kampagne mit den Worten tadelte:

»Wir, meine Herren, wir glauben allerdings, dass für uns der Augenblick eingetreten ist, hindernd einzutreten, wenn unmittelbar an die Regierung gegangen wird, wenn eine Bewegung im Lande inszeniert wird, welche darauf ausgeht, nicht nur die schwer erworbenen Grundlagen unserer Verfassung zu alterieren, sondern auch Gesetze, welche schon vor derselben bestanden. [...] Es handelt sich gar nicht mehr bloß um die Rechte, welche durch die Verfassung erworben sind, es handelt sich gegenwärtig auch schon darum, dass man Rechte in Frage stellt, welche durch die Gesetzgebung des Jahres 1812 für die Juden gewonnen worden sind. Ich habe das Gesetz vom 11. März 1812 vor mir, in welchem die Juden für Einländer und preußische Staatsbürger erklärt werden und in welchem genau festgestellt worden ist, was ihnen zusteht; das steht schon in § 8, dass sie ›akademische Lehr-, Schul- und Gemeindeämter, zu welchen sie sich geschickt gemacht haben, verwalten können‹, und im § 9 ›inwiefern die Juden zu anderen öffentlichen Verwaltungs- und Staatsämtern zugelassen werden können, behalten wir uns vor, gesetzlich zu bestimmen.‹ Das war ein bestimmtes Versprechen, und wenn noch eine so lange Zeit vergangen ist, von 1812 bis 1848, ehe das Wort eingelöst hat, so müssen Sie doch nicht sagen, dass das ein besonderes Entgegenkommen gewesen ist, und dass nun die Juden in Folge dieses Entgegenkommens nach mehr als zwei Menschenaltern in tiefste Bescheidenheit sich zurückziehen sollten.

[…] Wie kann man jetzt dahin kommen, den Juden vorzuhalten: euch sind im Jahre 1848 Rechte gegeben worden, ihr solltet euch wohl hüten, diese Rechte voll anzuwenden?« (Protokoll der Sitzung des Preußischen Landtags vom 20. November 1880. Sonderdruck: Die Judenfrage vor dem preußischen Landtage, Berlin 1880, S. 26/27)

Virchows Agieren im Abgeordnetenhaus brachte die Antisemiten auf den Plan, die ihn in ihren Flugblättern nunmehr als »Jude Virchow« bezeichneten, was fälschlicherweise auch in einem medizinhistorischen Werk aus dem Jahr 1931 übernommen wurde. Zu den Befürwortern der antisemitischen Petition gehörte auch der Kulturwissenschaftler Jacob Burckhardt (1818–1897), in dessen Briefen an seinen Freund Friedrich Adolf Philipp Karl von Preen es heißt:

»Dem Semiten würde ich gegenwärtig große Klugheit und Mäßigung anraten und glaube selbst dann nicht mehr, dass die gegenwärtige Agitation wieder einschlafen werde. […] Dass aber diejenigen neun Zehntel der deutschen Presse, welche von Juden produziert werden, laut über unser Referendum schimpften, ist sehr begreiflich, denn wenn es im Deutschen Reich zu einem solchen Referendum über Weiterexistenz der Juden käme, so garantiere ich dafür, dass eine noch viel größere Stimmenquote als die unsrige […] für Austreibung der Juden stimmen würde.« (Burckhardt 1934: 89/90)

Bereits unmittelbar vor der Debatte im Berliner Abgeordnetenhaus war in der Berliner Presse die von 75 Personen gezeichnete Notablen-Erklärung erschienen, welche von der Wiederbelebung eines alten Wahns sprach, der die gesellschaftlichen Verhältnisse vergifte. Die Notablen-Erklärung endete mit einem Aufruf zur Gegenwehr der Zivilgesellschaft:

»Noch ist es Zeit, der Verwirrung entgegen zu treten und nationale Schmach abzuwenden; noch kann die künstlich angefachte Leidenschaft der Menge gebrochen werden durch den Widerstand besonnener Männer. […] Vertheidiget in öffentlicher Erklärung und ruhiger Belehrung den Boden unseres gemeinsamen Lebens: Achtung jedes Bekenntnisses, gleiches Recht, gleiche Sonne im Wettkampf, gleiche Anerkennung tüchtigen Strebens für Christen und Juden.« (Rickert 1890: 20)

Erstunterzeichner der Notablen-Erklärung waren u. a. der Historiker Johann Gustav Droysen (1808–1884), der Pathologe Rudolf Virchow und der Althistoriker Theodor Mommsen (1817–1903).

Mommsen hatte Treitschke bereits zuvor in einer Akademierede kritisiert ohne ihn namentlich zu erwähnen. Nach Veröffentlichung der Notablen-Erklärung wurde die Debatte „Mommsen contra Treitschke" zunächst in Gestalt diverser Leserbriefe in Berliner Zeitungen geführt, bevor Mommsen im Dezember 1880 mit seinem Aufsatz *Auch ein Wort über unser Judentum* unmittelbar eingriff. Treitschke, der seine Stellung als Universitätsprofessor dafür missbrauchte, Studenten zum Unterschreiben der Antisemitenpetition zu bewegen, dementierte auf Nachfrage Mommsens diese unterzeichnet zu haben, was zur „Treitschke-Dulon-Affäre" führte, da der Leipziger Jurastudent und Organisator des *Komitees zur Verbreitung der Petition unter der Studentenschaft* Paul Dulon dies als Falschaussage bezeichnete.

1.4 Die „Rassenlehre" und der Manichäismus

Versteht man den Antisemitismus als Form des Rassismus, so erübrigt sich damit nicht die Antwortsuche nach dem Wesen seiner Spezifik. Die Besonderheit der Judenfeindschaft liegt im mörderischen Agieren des Antisemiten, was im 11. Jh. bereits die Kreuzzugsbewegung offenbarte. Fragen ließe sich diesbezüglich, ob der Kern der antisemitischen Ideologie vom ideologischen Gehalt anderer Spielarten des Rassismus abweicht, inwieweit der spezifische Gehalt der antisemitischen Ideologie mit dazu beitrug, dass es immer wieder zu gewalttätigen Exzessen im Verlauf der Historie kam, die auf singuläre Weise in der Shoah kulminierten. Zwar ist die Substanz der antisemitischen Ideologie qualitativen Änderungsprozessen unterworfen, essentielle Grundzüge blieben indes über Jahrhunderte hinweg unverändert. Dieser konstante Charakter der antisemitischen Ideologie lässt sich als Manichäismus bezeichnen und verleiht dieser den Charakter einer Weltanschauung.

Unter Manichäismus zu verstehen ist nicht einfach nur ein dualistisches System von „Licht-" und „Schattengestalt", insofern der konstruierte Antagonismus zwischen Wir-Gruppe und Fremdgruppe allen Rassismen zu eigen ist, sondern ein binäres System, welches sich dadurch auszeichnet, dass sich die Prinzipien des Lichts („Arier") und der Finsternis („Semiten") in einem permanenten Kampf miteinander befinden.

> »Das Menschengeschlecht aber teilte sich bald in zwei gegensätzliche Parteien, weil die einen die Sakramente des Teufels, die anderen aber die Sakramente Christi annahmen. Es bildeten sich zwei Familien, Christi Familie und die Familie des Teufels.« (Hugo von St. Viktor: De sacramentis, Sp. 312B, zitiert nach Althoff 1998: 207)

Dieser immerwährende Kampf wird erst in einer heilsgeschichtlich als Erlösung der Menschheit wie des einzelnen Individuums gedachten Endzeit überwunden. Die Vernichtung der Essenz des „Fremden“ – sei diese religiös, kulturell, ethnisch oder physisch konstruiert – gilt im manichäistischen Diskurs als unumgänglich. Im Konzept des Manichäismus stehen sich folglich nicht nur zwei Kräfte unversöhnlich gegenüber, sondern sind die binären Größen vielmehr auf Leben und Tod eschatologisch miteinander verbunden, sodass die Vollendung der gesamten Schöpfung an die Extermination des Prinzips der Finsternis gekoppelt ist. Ohne die endgültige Überwindung des Gegenpols ist der Anbruch einer besseren Welt blockiert.

> »So gibt es zwei Staaten oder Städte, Jerusalem und Babylon, zwei Völker, die Gott liebenden Bürger Jerusalems und die die Welt liebenden Bürger Babylons, und zwei Könige, Christus als König Jerusalems und den Teufel als König Babylons. Zwischen diesen beiden Staaten und zwischen den beiden Völkern und Königen aber herrscht immerfort Krieg, Zwietracht und Kampf; und jeder der beiden kennzeichnet seine Soldaten, Christus die Seinen und der Teufel die Seinen, damit jeder seinen König erkennt und von ihm erkannt wird. […] Die Soldaten Christi aber folgen ihrem König, und die Soldaten des Teufels folgen ihrem König.« (Hugo von St. Viktor: Miscellanea, Sp. 496A, zitiert nach Althoff 1998: 208)

Das manichäische System umfasst das Motiv einer totalitären Deutung der Welt sowie die heilsgeschichtliche Maxime eines mörderischen Kampfes gegen das Prinzip der Finsternis. Im Vortrag des Hofpredigers Adolf Stöcker mit dem Titel *Der Kampf des Lichtes gegen die Finsternis, der Charakter und die Aufgabe der Gegenwart* aus dem Jahr 1880 heißt es:

> »Der Kampf zwischen Licht und Finsternis wird nicht an einem Abend oder in einem Jahre ausgekämpft, er dauert so lange, bis wir die müden Augen zur Ruhe senken; wer ein tapferer Kämpfer sein will, der muss sich geloben, getreu zu sein bis in den Tod, den guten Kampf des Glaubens zu kämpfen, bis ihm beigelegt wird die Krone

> der Gerechtigkeit. Für das Licht kämpfen ist nicht leicht, denn die Finsternis ist schlecht, aber schon das Bewusstsein, für die gute Sache zu streiten und hin und wieder doch einen Sieg zu gewinnen, erhebt und begeistert.« (Stöcker 1890: 101)

Die säkulare Adaption des Manichäismus führt zu einer Pseudoreligion, welche die Erlösung der Welt durch die Vernichtung des „Fremden" verheißt. Der Manichäismus potenziert die im rassistischen Verständnis angelegten Dualismen in ein mörderisches System, welches nur noch das Überleben oder den Untergang kennt. Die Historie durchläuft im manichäistischen Weltbild drei Phasen: Im Anfangszustand sind die Prinzipien der Finsternis und des Lichts vollständig getrennt, im Lauf der Geschichte befinden sie sich in einem ununterbrochen währenden Kampf miteinander, während die Endzeit auf eine endgültige Trennung per Vernichtung des Fremden hinausläuft.

> »Am Ende aber werden die Bürger Jerusalems mit ihrem König am himmlischen Hof triumphieren, die Bürger Babylons aber werden mit ihrem König im Gefängnis der Hölle mit ewigen Strafen gemartert.« (Honorius Augustodunensis: Speculum, Sp. 1093 D, zitiert nach Althoff 1998: 208)

Überdeutlich erkennbar ist der Manichäismus beim pangermanistischen Historiker und Schriftsteller Ewald Banse (1883–1953), welcher der NSDAP 1933 beitrat und dessen Publikationen wie das im Jahr 1926 erschienene Werk *Abendland und Morgenland* dem nationalsozialistischen Rassismus den Weg ebnen halfen. Gleich zu Beginn heißt es hier:

> »Tragik in jedem Menschenleben ist, dass Gut und Böse, helles und dunkles Prinzip, […] mit einem Worte: Gott und Teufel gegeneinander zu Felde liegen und um die Oberhand ringen. […] Gut sein, das heißt, das Böse abtöten. Schlecht werden, heißt das Böse nicht überwinden können. […] Diese Unterscheidung […] findet sich wieder zwischen Rasse und Rasse. Es gibt gute und es gibt schlechte Rassen. Die guten, d. h. schöpferischen Rassen sind die hellen, insbesondere die nordische oder germanische; die schlechten, d. h. nur empfangenden Rassen sind die farbigen, am meisten die schwarze. Nirgends aber auf Erden tritt das Gegenspiel zwischen Schwarz und Weiß, Gut und Böse, Schaffen und Nachahmen so auffallend, so fesselnd und so lehrreich zutage wie in den beiden Nachbar-Erdteilen Abendland und Morgenland. Beide sind Gegensätze und einander feindselig seit Jahrtausenden. […] So sind Abendland und Morgenland mehr als zwei

> geographische Begriffe – sie sind schicksalhaft aneinander gefesselt und suchen einander zu überwinden. Es ist der lautlose Kampf von Rasse gegen Rasse, zwischen Herr und Knecht, zwischen Ordnung und Chaos, zwischen Weiß und Schwarz, zwischen Gut und Böse – nun eben zwischen Gott und Teufel.« (Banse 1926: 7/8)

Die antisemitische Ideologie adaptierte das manichäistische System nicht erst in den Schriften des dt. Nationalsozialismus, sondern bereits im 4. Jh. nach Christi in Gestalt der Konzeption des Antichristen, der das Prinzip der Finsternis bzw. der Antigöttlichkeit verkörpert, für dessen Existenz die Ermordung Christi verantwortlich gemacht wurde. In der Vorstellungswelt der mittelalterlichen Judenfeindschaft bekämpfte der Antichrist als apokalyptische Figur gemeinsam mit den „roten Juden“ als den Mächten der Finsternis Christus bei dessen Wiederkunft. Erst der Sieg Christi beendet die weltliche Gemengelage von Gut und Böse und führt schließlich zur Verheißung.

In Abrede gestellt werden soll damit nicht, dass in der zweiten Hälfte des 19. Jh.s der Antisemitismus seinen ideologischen Charakter, seine politischen Erscheinungsformen, seine Träger als auch seine Funktionalität veränderte, aber es ist bemerkenswert, dass die moderne Rassenideologie dem manichäistischen Weltbild verhaftet blieb und der „Rassenkampf“ als Endzeitkampf zwischen dem Prinzip des Bösen in der Person des „Semiten“ und dem Prinzip des Guten in Gestalt des „Ariers“ im Mittelpunkt der pseudobiologisch gestützten nationalsozialistischen Weltanschauung und ihres Vernichtungsantisemitismus stand. An die Stelle von Christus trat nunmehr der „Arier“ als Lichtgestalt, als Weltenretter, der die Menschheit vom „Semiten“ erlöst.

Die Kontinuität derlei manichäistischer Denkmuster auf säkularer Grundlage verdeutlicht das klassische Werk des „Rassenantisemitismus“ nämlich Eugen Dührings im Jahr 1881 erschienene Schrift *Die Judenfrage als Racen-, Sitten- und Culturfrage*. Erst dem dt. Nationalsozialismus und Autoren wie Hitler und Rosenberg gelang es, Dührings Manichäismus noch zu steigern, insofern in ihren Schriften „der Jude“ als Sinnbild alles nur erdenklich Bösen sowie als »Urstoff alles Negativen« erscheint. Der 1833 geborene Berliner Philosoph Dühring war zu Lebzeiten einer der einflussreichsten Antisemiten des Wilhelminischen Kaiserreichs. Die sogenannte „Judenfrage“ stellte sich für Dühring als Eigenheit eines elementaren Rassengegensatzes dar, der aus dem Tatbestand resultiere, dass es sich beim Judentum um den Feind aller Kulturvölker handele. Bereits bei Dühring stellen die Juden das „Prinzip der Finsternis" dar, gegen das sich alle anderen Völker, die das „Prinzip des Lichts" verkörpern, zu wehren hätten. Bei Dühring handelt es sich um einen endzeitlichen Kampf, der über Untergang oder Überleben entscheidet. Die „jüdische Rasse" verfolge die Absicht, die Weltherrschaft zu erobern, alle anderen Völker zu unterdrücken wie auszubeuten und sei ein schädlicher „Parasit", dessen „Wirt" auf absehbare Zeit absterben werde, wenn es ihm nicht gelinge, den Überlebenskampf aufzunehmen und sich des tödlichen Feindes mittels eines Notwehraktes zu erwehren. Der Manichäismus liegt bei Dühring in aller Klarheit vor, obwohl dieser die Definition des Judentums als einer Religion für irrig hielt. Der Berliner Philosoph sah die jüdische Religion vielmehr als Ausdruck »jüdischer Rasseeigenschaften« und verstand den Monotheismus in antichristlich gewendeter Intention als Eigenheit »jüdischer Intoleranz«. Da der Rassebegriff bei Dühring zentral ist, lehnte dieser folglich eine Taufe bzw. die Konversion entschieden ab, da es so zur »Rassenmischung« komme.

Das »praktische Programm« Dührings sah die »völkerrechtliche Internierung« der Juden vor, die »Ausgliederung« von Juden sowie ihre »Deportation« bei Landesverrat, die Kontrolle ihres Vermögens sowie die Beseitigung ihres Einflusses auf dem Gebiet des Staatsapparats, der Presse und der Erziehung sowie ein Verbot von Mischehen. Als Endziel der von ihm gewünschten Politik bezeichnete Dühring explizit die »Ausscheidung des Judentums«, so heißt es etwa:

> »Darum kann auch für die bis jetzt absehbaren Verhältnisse nicht auf die Anwendung jenes leitenden Grundsatzes verzichtet werden, Ausnahmeschädlichkeiten auch mit Ausnahmemitteln zu behandeln. […] Der allgemeine Weg zu einer nicht halben, sondern ganzen Lösung der Judenfrage […] kann kein blos geistiges Princip und auch kein Princip der Judenbesserung sein. Er muss in Einschränkungen von Ausnahmenatur bestehen, die allein für die Angehörigen des Judenstammes gültig sind. […] Der letzte Erfolg systematischer Einschränkungsmassregeln muss nothwendig das verhältnissmässige Zusammenschrumpfen des Judenwesens in Bevölkerungszahl und

> Reichthum sowie überhaupt in der Theilnahme an Staat und Gesellschaft sein.« (Dühring 1892: 136/137)

Dühring ist als einer der maßgeblichen Propheten des dt. Nationalsozialismus zu bezeichnen, insofern bei ihm der Rassenantisemitismus ganz und gar im Vordergrund steht und selbst die jüdische Religion als solche nur noch als Ausdruck von Rasseeigenschaften erscheint.

Gleichfalls zu den Propheten der Nazis zu zählen ist der Theologe und Orientalist Paul de Lagarde (1827–1891). Lagarde propagierte ein völkisches Christentum, welches von allen jüdischen Elementen zu reinigen sei, so etwa in seiner im Jahr 1873 erschienenen politischen Schrift *Über das Verhältnis des dt. Staates zu Theologie, Kirche und Religion*. Wie bei so manchem Judenfeind, radikalisierte sich auch der Antisemitismus des Kulturphilosophen Lagarde, der im Jahr 1881 zum Schluss gelangte »wer Beschneidung, Speisegesetze, jüdischen Monotheismus und Aehnliches als eine Forderung der Religion ansieht, gehört nach Palästina, aber nicht in den deutschen Staat.« Die Juden bildeten für Lagarde das Haupthindernis auf dem Weg zur »inneren Reichseinheit«. Zwar war die völlige Assimilation der Juden auch vor Lagarde das Ziel antisemitischer Autoren, doch der Berliner Gymnasiallehrer verband diese Sichtweise mit der Forderung nach einer unerbittlichen Aussiedelung der Juden, falls diese nicht »vom Judenthume geheilt werden« könnten. Bereits in einem Vortrag aus dem Jahr 1853 heißt es:

> »Bleiben die Juden in Mitteleuropa, so müssen sie ihr Judenthum (auch ihre Religion) so aufgeben, dass sie als Juden gar nicht mehr erkennbar sind. Aber um Gottes willen, ganz herein mit ihnen, oder ganz hinaus.« (Lagarde 1903: 35)

Die fortschreitende Radikalisierung Lagardes wird am Tatbestand deutlich, dass dieser in den kommenden drei Jahrzehnten die Position der Rassentheoretiker übernahm und nunmehr von den Juden als »fremder Rasse« sprach. So heißt es in der Schrift *Die Stellung der Religionsgesellschaften im Staate* von 1881, die sich der Begrifflichkeit des „Semiten“ bedient und verdeutlicht, warum Lagarde als Prophet des dt. Nationalsozialismus zu betrachten ist:

> »Die Alliance Israeélite ist nichts als eine dem Freimaurerthume ähnliche internationale Weltherrschaft, auf semitischem Gebiete dassel-

be was der Jesuitenorden auf katholischem ist: ihr bloßes Dasein erhärtet, daß die in Deutschland, Frankreich, England wohnenden Juden nicht Deutsche, Franzosen, Engländer, sondern Juden sind. […] Jeder fremde Körper in einem lebendigen anderen erzeugt Unbehagen, Krankheit oder sogar Eiterung und Tod. […] Die Juden sind als Juden in jedem europäischen Staate Fremde, und als Fremde nichts anderes als Träger der Verwesung.« (Lagarde 1903: 255/256)

In Lagardes Spätschriften wird bereits der Vernichtungsantisemitismus des dt. Nationalsozialismus sichtbar, insofern die Juden hier stets aufs Neue mit Termini wie »Krankheit«, »Eiterung«, »Fieber«, »Bazillen«, »Trichinen« sowie »Ungeziefer« konnotiert werden:

»Ich habe längst […] Haarsträubendes über die Wucherjuden […] gehört. […] Es handelt sich übrigens nicht allein um den Geld- und Kreditwucher, sondern auch um den Viehwucher, den Grundstückswucher, den Warenwucher. Die Praktiken der Wucherer sind überall dieselben […]. Erkunde oder beobachte man doch, wieviel Prozent dieser Wucherer Juden sind! […] Es gehört ein Herz von der Härte einer Krokodilhaut dazu, um mit den armen, ausgesogenen Deutschen nicht Mitleid zu empfinden, und – was dasselbe ist – um die Juden nicht zu hassen, um diejenigen nicht zu hassen und zu verachten, die – aus Humanität! – diesen Juden das Wort reden, oder die zu feige sind, dies wuchernde Ungeziefer zu zertreten. Mit Trichinen und Bazillen wird nicht verhandelt, Trichinen und Bazillen werden auch nicht erzogen, sie werden so rasch und so gründlich wie möglich vernichtet.« (Lagarde 1924: 209)

Neben überkommenen Motiven des Judenhasses treten hier im Kontext dehumanisierender Pathologisierung der Juden (»Trichinen«, »Bazillen«) die Tötungsfantasien des Autors offen zu Tage. Der manichäistische Antagonismus zwischen Licht und Finsternis, zwischen Gut und Böse, zwischen Ordnung und Chaos wird bei Lagarde durch die endgültige Trennung per Vernichtung der Juden gelöst. Binäre Konstrukte, die einen strikten Antagonismus zugrunde legen, gibt es zwar auch bei anderen Spielarten des Rassismus, der Manichäismus besitzt indes in seiner Heilserwartung eine weltweite Dimension, insofern er eine „globale Welterlösung" propagiert. Dergestalt betrachtet offenbart das Wannsee-Protokoll den manichäistischen Charakter der ideologischen Seite des Antisemitismus, insofern es den spätimperialistischen Weltherrschaftsanspruch des dt. Nationalsozialismus enthüllt, der den finalen Kampf gegen die Finsternis global dimensioniert und einfach alle Juden zu töten beabsichtigt. Das Gerede vom „Weltjudentum", das die „arische Rasse" auf dem Weg zur „jüdischen Weltherrschaft" vernichten wolle, stellt dergestalt betrachtet lediglich eine inversive Projektion der manichäistischen Seite des Antisemitismus auf das Opfer dar.

1.5 *Die Dreyfus-Affäre in Frankreich*

Es war das Jahr 1886 als der frz. Journalist Édouard Drumont sein Werk *La France Juive* veröffentlichte. Bereits nach wenigen Wochen wurden über 100 000 Stück verkauft. Noch im selben Jahr erschien eine dt. Ausgabe mit dem Titel *Das verjudete Frankreich*. Drumonts eklektizistische Mischung aus christlichem und anthropologisch-biologistischem Antisemitismus prägte maßgeblich den frz. wie den dt. antisemitischen Diskurs. Kaum ein anderes judenfeindliches Werk erreichte über 200 Auflagen, wie dies für *La France Juive* im Jahr 1945 galt. Der rassenbiologische Manichäismus Drumonts wird deutlich, wenn es gleich zu Beginn heißt:

> »Vom Anbeginn der Geschichte waren die Arier im Kampf mit den Semiten. Troja war eine ganz semitische Stadt, der Zweikampf der beiden Menschenrassen hat im trojanischen Krieg einen eigentümlichen Widerhall gefunden. Dieser Zwist hat sich durch alle Jahrhunderte fortgesetzt, fast immer haben die Semiten ihn begonnen, um dann darin zu unterliegen. Der Semiten höchster Wunsch, sozusagen ihre fixe Idee, war und bleibt die Rasse der Arier zu Sklaven und zu Leibeigenen zu machen. Sie haben versucht diesen Zweck durch Kriege zu erreichen, [es ist] mit Schärfe und Klarheit nachgewiesen, wie charakteristisch für dieses Volk dies stete gewaltsame Drängen ist, durch das sie bestrebt waren, die Weltherrschaft zu erreichen.« (Drumont 1886: 4/5)

„Arier" und „Semiten" sind durch ihre biologisch immanenten Charakteristika für Drumont zum steten Kampf gegeneinander bestimmt. Zwar ist das Werk noch vom christlich geprägten „Gottesmord-Vorwurf" geprägt, doch dieser erfährt beim katholischen Monarchisten eine weitgehend säkulare Wendung. Drumont imaginierte den Juden als politischen Attentäter, der u. a. für den Tod Karls des Großen die Verantwortung trägt. Der Jude verkörperte für ihn das politische Gegenteil der herbeigesehnten Wiedereinführung der Monarchie. Der Jude ist der Demokrat, der „Revoluzzer", der Unruhestifter mit gesellschaftlich zersetzender Wirkung. Sein zweibändiges Werk *La France Juive* verwandelte den Antisemitismus endgültig von einem Ressentiment in eine Ideologie, in ein Welterklärungsmodell, das mit dem Anspruch auftrat, den historischen Prozess, politische Ereignisse wie wirtschaftliche Krisen kausal zu deuten. Neben dem manichäistischen Konstrukt besteht der in Deutschland stark rezipierte ideologische Kerngehalt Drumonts in der Verschwörungstheorie, die Juden in Zusammenarbeit mit Freimaurern und Jakobinern bezichtigt, die politische Herrschaft über Frankreich anzustreben, hierfür bereits vielfältige Netzwerke gebildet wie die Presse und die frz. Öffentlichkeit unter ihre Kontrolle gebracht zu haben. Die im dt. Nationalsozialismus ausgeprägte antisemitische Pathologisierung findet sich auch bei Drumont, der »Gelbsucht« wie »Anämie« als von Juden eingeschleppte Krankheiten bezeichnet. Die „Semiten" verfolgten den Plan, den „arischen Körper" medizinisch zu schwächen, um auf diese Weise ihre Herrschaftsziele zu erreichen.

Seine schriftstellerische Tätigkeit verband Drumont mit seiner Rolle als politischer Agitator. Er trat maßgeblich bei der Dreyfus-Affäre auf der Seite der Antidreyfusards in Erscheinung, die er mit diversen Ausgaben seiner im Jahr 1892 gegründeten antisemitischen Zeitung *La Libre Parole* tatkräftig unterstützte. Zu einer der bekanntesten Karikaturen auf der Titelseite der Zeitung gehört die Abbildung einer zum Juden konstruierten Person, die mit greifvogelähnlichen Füßen und klauenähnlichen Händen die Erdkugel umklammert. Die Karikatur ist mit dem Text »Ihr Vaterland« versehen. Einen solchen vaterlandslosen Gesellen wie Verräter wollte Drumont im frz. Artillerie-Hauptmann Alfred Dreyfus (1859–1935) ausgemacht haben, den am 22. Dezember 1894 ein Kriegsgericht in Paris des Landesverrats für schuldig befand. Der in Karikaturen als »Verräter« titulierte sowie als drachenförmiges Ungeheuer mit medusenförmigem Kopf dargestellte Dreyfus wurde bezichtigt, geheime Informationen über die frz. Artillerie dem dt. Militär ausgeliefert oder die Tat zumindest geplant zu haben. Im Januar 1895 wurde Dreyfus nach militärischer Degradierung auf die berüchtigte Teufelsinsel verbannt. Obwohl bereits im Sommer 1896 die Haltlosigkeit der Anschuldigungen zutage trat, hielten die Antidreyfusards an der Verurteilung des jüdischen Offiziers fest, was zunehmend zur innenpolitischen Spaltung Frankreichs führte. Hintergrund der Blockadepolitik des von den Dreyfusards angestrebten Revisionsverfahrens bildete die Angst vor einer Blamage der Generalität und der frz. Regierung ebenso wie die in Frankreich erstarkte Judenfeindschaft. Der Antisemitismus hatte durch Drumont kräftig Aufwind erhalten, sodass sich im Jahr 1898 die antisemitische und rechtsextreme Gruppierung „Action française“ bildete, die Dreyfus als Heuchler im Sinne der Verschwörungstheorien Drumonts betrachtete. In Frankreich war das „Fin de Siècle“ von einer antisemitischen Stimmung geprägt, welche die bürgerliche Gleichstellung der Juden rückgängig zu machen gedachte. Für die monarchistisch-nationalistische Gruppierung „Action française“ bildeten die Juden typische Vertreter der verhassten Französischen Revolution, die als Verschwörung von Juden, Freimaurern und ausländischen Mächten betrachtet wurde.

Hintergrund der Dreyfus-Affäre bildeten nicht zuletzt die ökonomischen Krisenprozesse in den 1880er-Jahren in Frankreich. Dem Pariser Börsenkrach von 1882 folgte der Zusammenbruch der „Bank Union Générale“, den Émile Zola zum Gegenstand seines im Jahr 1890 erschienenen Romans *Das Geld* machte. Der Bankrott der katholischen Bank bedeutete vor allem den Ruin kleinerer Sparer. Obwohl für das Missmanagement der Bank allein der Gründer sowie die Leiter der Bank die Schuld trugen, machte die katholische Presse den Bankier Rothschild verantwortlich und sprach vom »jüdischen Kapital«, welches sich gegen das »katholische Kapital« verschworen habe. Im Jahr 1889 musste die zur Finanzierung des Panamakanals gegründete „Compagnie de Panama“ Konkurs anmelden. Obwohl sich die unvermeidliche Pleite bereits deutlich abzeichnete, beteiligte sich die frz. Politik an einem dubiosen Rettungsversuch mittels einer Lotterie und verschwieg der Öffentlichkeit das drohende Ausmaß der Verluste für die Aktionäre. Große Teile der Bevölkerung verloren ihr Vertrauen in Wirtschaft und Politik, sodass Verschwörungstheorien um sich griffen.

Drumont bediente mit seinem Werk *La France juive* die wachsende Aufnahmebereitschaft für einfache Erklärungsansätze und nutzte die zahlreichen Neuauflagen seines Buchs sowie seine Zeitung *La Libre Parole,* um seine Verschwörungstheorien zu erweitern, indem er jeweils das aktuelle Tagesgeschehen einarbeitete.

Stets blieben für Drumont die Drahtzieher des Übels „die Juden", die aus seiner Sichtweise in trauter Eintracht mit den Freimaurern sowie den Protagonisten der Französischen Revolution agieren. Sein Werk beabsichtige zu zeigen, so der frz. Journalist im Vorwort von *La France juive*, »welche Rolle bei der Zerstörung Frankreichs die Aufpfropfung eines fremden Körpers in den bis dahin gesunden Organismus spielte«. Drumonts diesbezügliche Methode bestand wie bei Glagau darin, jüdische Personen dezidiert zu markieren und so den Eindruck zu erwecken, Handel und Börse seien vom Judentum »unterwandert«. Im Fall der katholischen Bank „Union générale" griff Drumont den Sachverhalt auf, dass es sich bei ihrem Gründer um einen ehemaligen Angestellten Rothschilds handelte, bei der „Compagnie de Panama" reichte ihm bereits der Sachverhalt, dass auch jüdische Geschäftsleute im Skandal verwickelt waren. Bezüglich der Presse vermerkte er:

> »Da nun in Frankreich fast alle Zeitungen und Organe der öffentlichen Meinung in den Händen der Juden sind, oder doch indirekt von ihnen abhängen, so ist es vollständig erklärlich, daß die Bedeutung und die Tragweite dieser ungeheuren antisemitischen Bewegung, wie sie sich jetzt allerorten gestaltet, todtgeschwiegen wird.« (Drumont 1890: VIII)

Die Dreyfus-Affäre kam Drumont insofern wie gerufen, als er sich durch den Fall des jüdischen Offiziers eine Auflagenstärkung seiner Zeitung erhoffte, die er zum Sprachrohr der Antidreyfusards machte und dergestalt mit einer neuerlichen Verschwörungstheorie aufwarten konnte. Nachdem die Juden bereits die Börse und den Handel unter ihre Kontrolle gebracht hätten, so ließ Drumont verlauten, beabsichtigten sie nunmehr das frz. Militär zu unterwandern. Der „Fall Dreyfus" belege, dass die Juden nicht davor zurückschreckten, Frankreich an den dt. Feind auszuliefern. „Der Jude" als „Feind im Inneren" wurde so zugleich zum außenpolitischen Gegner konstruiert. In einer Zeit, die nach dem Deutsch-Französischen Krieg von 1870/71 bedingt durch die Gebietsverluste von Elsass und Lothringen sowie durch auferlegte Reparationen in Höhe von fünf Milliarden Franc von Hass wie tiefem Misstrauen gegenüber Deutschland geprägt war, verschmolzen „Jude" und „Deutscher" nahezu zu einem Synonym. Spionage und Verrat bildeten höchst aufgeladene Themen und wurden von nationalistischen Politikern und Journalisten wie Drumont antisemitisch aufgeladen.

Zu Beginn waren es nur wenige Personen, die von der Unschuld des frz. Artillerieoffiziers überzeugt waren. Unterstützung erhielt Dreyfus anfänglich nur aus dem engsten Kreis der Familienangehörigen. Immer mehr Ungereimtheiten gelangten indes ans Licht der frz. Öffentlichkeit. Erst der am 13. Januar 1898 in der Tageszeitung *L'Aurore* veröffentlichte offene Brief des Schriftstellers Émile Zola (1840–1902) mit dem Titel *J'Accuse ...!* leitete jedoch die entscheidende Wende im Fall Dreyfus ein. Zola griff in seinem Artikel die frz. Generalität wegen Vertuschung, Beweisfälschung sowie Rechtsbeugung an und sprach mit deutlichen Worten vom Antisemitismus der Generäle sowie der Journalisten der »Schmutzpresse«. Zwar führte Zolas Brief zunächst zu dessen Verurteilung wegen „Verleumdung", doch aus dem „Fall Dreyfus" war längst ein Kampf um die weitere politische Ausrichtung der Republik geworden, der die frz. Gesellschaft in zwei Lager spaltete. Erst bei den frz. Parlamentswahlen gelang es dem republikanischen Block, sich gegen die monarchistisch-klerikalen Kräfte durchzusetzen. Nach erfolgter Begnadigung wurde Dreyfus im Jahr 1906 endgültig freigesprochen. Die Resonanz von Drumont auch in intellektuellen Kreisen verdeutlicht ein privater Brief Jacob Burckhardts, in dem es heißt:

> »Bode erzählte mir, einer der Pariser Rothshilds habe für Tizians Amor sacro e profano 6 Millionen geboten. Auf diese Kunde habe ich wieder ein paar Bände Drumont vorgenommen.« (Burckhardt 1934: 90)

Auch nach Beendigung der Dreyfus-Affäre, die maßgeblich zur Entwicklung einer laizistischen Verfassung in Frankreich beitrug, blieb Drumont sowohl diesseits wie jenseits des Rheins einer der meistgelesenen antisemitischen Autoren.

1.6 *„Die Linke" und „die Juden"*

Am 27. Oktober 1893 hielt August Bebel auf dem Kölner Parteitag der Sozialdemokratischen Partei ein Grundsatzreferat, welches das Verhältnis der Sozialdemokratie zum Antisemitismus klären sollte. Seit drei Jahren war das Sozialistengesetz, das zwischen 1878 und 1890 galt und sozialdemokratische bzw. sozialistische Vereine, Versammlungen und Schriften verbot, nicht mehr in Kraft. Am 15. Juni 1893 war der Reichstag gewählt worden und der vom Sozialistengesetz befreiten Sozialdemokratischen Partei war es gelungen, 23,3% der Stimmen zu erzielen, womit sie einen Stimmengewinn verbuchen konnte und nach Stimmenanteil stärkste Partei war. Zulegen konnten auch die antisemitischen Parteien, die zwar nur auf 3,7% der Stimmen kamen, was einem Plus von 2,7% entsprach, doch mit 16 Abgeordneten (SPD: 44) alles andere als unbedeutend waren, zumal der Antisemitismus keineswegs auf die Antisemitenparteien beschränkt war, so vertrat etwa auch die Deutschkonservative Partei (DKP) antisemitische Positionen. Die DKP hatte bereits bei früheren Reichstagswahlen auf antisemitische Ressentiments gesetzt und stellte im Jahr 1893 mit 72 Abgeordneten die stärkste Fraktion. Als sich gegen Ende der 1880er-Jahre im dt. Kaiserreich eine zweite Welle des Antisemitismus abzeichnete, reagierten auf diese Entwicklung liberal- und humangesinnte Personen, die 1890 den „Verein zur Abwehr des Antisemitismus" gründeten.

Auch die deutsche Sozialdemokratie erkannte nunmehr die Bedeutung des Antisemitismus, sodass im Vorfeld des Kölner Parteitags der Parteivorstand den Punkt „Antisemitismus und Sozialdemokratie" auf die Tagesordnung setzte. Das von August Bebel gehaltene Grundsatzreferat stellte die erste offizielle Beschäftigung der Sozialdemokraten mit der Thematik dar und lässt sich als konfuser Mix aus antirassistischen, antisemitischen wie philosemitischen Positionen bezeichnen, der die Relevanz des Antisemitismus gründlich unterschätzte. Der Vortrag Bebels dürfte zur Klärung der Thematik kaum etwas beigetragen haben, zumal eine Debatte über das Referat per Abstimmung verhindert wurde, was weniger dem Zeitregime des Parteitags als vielmehr der Befürchtung geschuldet war, die Diskussion könne höchst unterschiedliche Positionen offenbaren. Bebel definierte Antisemitismus als »Feindschaft gegen die Juden mit dem Ziel ihrer Vernichtung oder wenigstens ihrer Vertreibung«, die eine »mehr als anderthalbtausend Jahre« alte Erscheinung sei. Der aktuelle Judenhass müsse ernst genommen werden, da er »Widerhall in den Massen« finde, und sei auf seine Ursachen hin zu untersuchen. Die Problematik der Ausführungen des Parteivorsitzenden tritt spätestens bei der affirmativen Übernahme des um 1890 allgegenwärtigen Rassebegriffs zutage:

> »Dazu kommt die Abneigung, die zwischen Menschen verschiedener Rasse, namentlich bei Menschen auf niedriger Kulturstufe, allgemein vorhanden ist. Und eine Verschiedenheit der Rasse besteht zwischen den Juden und der übrigen Bevölkerung. Wir sehen ja, wie noch heute der Nationalhass, der milder als der Rassenhass ist, von der Bourgeoisie geschürt, tief eingewurzelt ist, da begreift sich umso leichter das Vorhandensein des Rassenhasses. Es handelt sich eben um zwei in ihrem Charakter und ihrem ganzen Wesen grundverschiedene Rassen, deren Grundverschiedenheit durch 2.000 Jahre hindurch bis heute aufrechterhalten worden ist. Hat denn gar der unter einem anderen Volke lebende Jude das Malheur, durch sein Äußeres aufzufallen, so dass man ihm gewissermaßen schon an der Nase ansieht, dass er ein Jude ist (Heiterkeit), also im bösen Sinne des Wortes als ein Gekennzeichneter angesehen wird, so begünstigt dies noch die Rassenfeindschaft.« (Parteitagsprotokoll des Kölner SPD-Parteitags von 1893, S. 226/227)

Wie die völkische Rechte, so definiert auch Bebel die Juden als biologische „Rasse“, was durch den Tatbestand der sich anschließenden rassifizierenden Physiognomisierung (»Judennase«) noch verstärkt wird, die rassistische Lacher (»Heiterkeit«) erzeugte. Die Imagination Bebels von zwei antagonistischen Rassen, deren Eigenschaften unveränderbar seien, da sie in ihrem Wesen ruhten, sowie von den Juden als kulturell niedrigstehender „Rasse“ könnte durchaus auch der Rede eines völkischen Politikers entstammen. Rassistische Lacher des Parteitags vermerkt das Protokoll ebenso bei der folgenden philosemitisch gehaltenen Passage:

> »Ich gestehe, ich kann eine gewisse Bewunderung nicht unterdrücken für eine Rasse, die trotz all dieser furchtbaren Verfolgungen sich dennoch in ihrer Art weiter entwickelt und selbständig erhalten hat; eine Erscheinung, die außer bei den Juden nur noch bei einem Volke in der Geschichte, den Zigeunern, sich zeigte (Heiterkeit).« (Parteitagsprotokoll des Kölner SPD-Parteitags von 1893, S. 227)

Nachdem Bebel die jahrhundertewährende Entrechtung der Juden geschildert sowie die Aufhebung der staatsbürgerlichen Beschränkungen für die Juden begrüßt hat, charakterisiert er die antisemitische Bewegung als Reflex auf die ökonomische Krise und den Börsencrash von 1873. Zwar erkennt Bebel ökonomische wie soziale Ursachen für das Aufkommen des Antisemitismus, verbindet diese Ansicht jedoch mit der fatalen These, die antisemitische Bewegung werde revolutionierende Effekte zeitigen, da sich diese letztendlich gegen das Kapital wenden müsse und dann

»die Stunde der Ernte« für die Sozialdemokratie käme. In der vom Parteitag angenommenen Resolution heißt es gar, trotz ihres reaktionären Charakters werde die antisemitische Bewegung gegen ihren Willen revolutionär wirken. Betont wird zwar, dass die Sozialdemokratie den Antisemitismus bekämpfe, doch da die Lösung aller Probleme in der Aufhebung des Kapitalismus gesehen wird, wodurch der Antisemitismus absterben würde, bleibt das Postulat wirkungslos, insofern eine Eigenständigkeit des Kampfes gegen den Antisemitismus auf diese Weise de facto negiert wird. In dieser Negation lag eine fatale Unterschätzung des Antisemitismus seitens „der Linken", die dessen weiteren Siegeslauf mit ermöglichte.

Das von Bebel adaptierte Rassendenken führt im weiteren Verlauf seines Vortrags dazu, dass der sozialdemokratische Parteiführer sich der rassistischen Markierung bedient, sodass es fortwährend „der Jude" heißt. Auch für Bebel ist „der Jude" so „der Fremde", dessen prozentualer Anteil auf wichtigen ökonomischen wie kulturellen Feldern zu erfassen sei und dessen anteilige Relevanz zur Ursache des Antisemitismus wird, wenn es heißt:

> »Wenn heute der Bauer seine Produkte verkauft, Kartoffeln, Getreide, Hopfen, Tabak, Wein, wer sind seine Käufer? Juden. Wer leiht ihm die Kapitalien, wer kauft und verkauft sein Vieh? Juden. [...] Und nun tritt auch auf dem Gebiet der Industrie der Jude in Konkurrenz. Die fabrikmäßige Schuhmacherei, die Schneiderei, der Handel mit Kleidern, neuen und alten, die Tuchfabriken etc. liegen mehr oder weniger in den Händen der Juden. Der Jude, der als Großhandelstreibender eine Menge kleiner Handwerker beschäftigt, der als Kapitalist en gros, als Ausbeuter auch auf diesem Gebiete auftritt, muss natürlich auch unter seinen Konkurrenten den Antisemitismus hervorrufen.« (Parteitagsprotokoll des Kölner SPD-Parteitags von 1893, S. 227)

Einmal in die Falle des Rassenkonstrukts und der damit verbundenen rassistischen Markierung getappt, generiert „der Jude" bei Bebel immer mehr zum eigentlichen Verursacher des Antisemitismus. Während beim Geldverleih der „Wucherjude" die Schuld trägt, ist es an den Universitäten im Geiste eines philosemitischen Konstrukts der fleißige, strebsame jüdische Student, der nicht bummelt und nicht säuft, der den Neid seiner Kommilitonen entfacht.

Die höchst problematische Beziehung zwischen „der Linken" und „den Juden" war indes schon älter als Bebels Rede, die als gedruckte Broschüre stark rezipiert wurde. Wirkung auf sozialdemokratische Intellektuelle hatte ebenso die im Jahr 1844 veröffentlichte Schrift *Zur Judenfrage* von Karl Marx. Die antisemitischen Töne, Stereotype wie Intentionen des Verfassers sind in dieser Abhandlung unverkennbar und veranlassten bereits Hannah Arendt dazu, von einer Schrift zu sprechen, die für den »Antisemitismus der Linken« als »klassisch« gelten könne. Deutlicher noch als bei Bebel kommt bei Marx der antisemitische Kern zum Ausdruck, der die sozialistischen Debatten bezüglich der „Judenfrage“ im 19. Jh. prägte. Für den Sozialisten Marx besitzt das Judentum keine perspektivische Existenzberechtigung und zwar weder als Religion, noch als Volk bzw. Nation. Die Lösung der „Judenfrage“ besteht hier im Sozialismus, mit dem das Judentum verschwände und zugleich der Antisemitismus absterbe, so Marx und dessen Epigonen. Derweil der Antisemitismus indes noch nicht verschwunden ist, reproduziert auch Marx dessen Pejorativ, d. h. abwertenden Stereotype, nach Kräften, so heißt es etwa:

> »Welches ist der weltliche Grund des Judentums? Das praktische Bedürfnis, der Eigennutz. Welches ist der weltliche Kultus der Juden? Der Schacher. Welches ist sein weltlicher Gott? Das Geld. […] Wir erkennen also im Judentum ein allgemeines gegenwärtiges antisoziales Element, welches durch die geschichtliche Entwicklung, an welcher die Juden in dieser schlechten Beziehung eifrig mitgearbeitet, auf seine jetzige Höhe getrieben wurde, auf eine Höhe, auf welcher es sich notwendig auflösen muss. Die Judenemanzipation in ihrer letzten Bedeutung ist die Emanzipation der Menschheit vom Judentum. […] Der Jude hat sich auf jüdische Weise emanzipiert, nicht nur, indem er sich die Geldmacht angeeignet, sondern indem durch ihn und ohne ihn das Geld zur Weltmacht und der praktische Judengeist zum praktischen Geist der christlichen Völker geworden ist. Die Juden haben sich insoweit emanzipiert, als die Christen zu Juden geworden sind.« (MEW Bd. 1, Berlin 1977, S. 372/373)

Die antijüdische Assoziierung von Geld und Judentum wird bei Marx in einer Weise betrieben, dass „der Jude“ kausal für die Globalisierung des Geldverkehrs verantwortlich gemacht wird. „Der Jude“ mutiert bei Marx zum Protokapitalisten, sein Finanzgebaren, sein ihm wesensmäßiger Schachergeist hätten die „christlichen Völker“ infiziert und aus dem Christen den „Geldbesessenen“ gemacht. Mit dem „christlichen Kapitalisten“ müsse folglich auch der „jüdische Protokapitalist“ verschwinden. Angesichts der

Schärfe der Passagen, die dem Judentum offen seine Existenzberechtigung absprechen, ist es verharmlosend, wenn betont wird, Marx sei lediglich ein Antisemit des Wortes aber nicht der Tat gewesen. Es ist schlicht Hass, wenn Juden in generalisierender Weise bei Marx als Personen charakterisiert werden, die nicht davor zurückschreckten, das eigene Weib zu verschachern. Der Übergang vom Wort zur diskriminierenden Tat ist zumal fließend, wenn Marx seinen Kontrahenten Ferdinand Lassalle als »jüdischen Nigger« bezeichnet, als »Jüdel Braun«, »Ephraim Gescheit« und »Itzig«. Die rassistische Markierung auf die Spitze treibend, schreibt Marx über Lassalle 1862 in einem Brief an Friedrich Engels:

> »Der jüdische Nigger Lassalle, der glücklicherweise Ende dieser Woche abreist, hat glücklich wieder 5000 Taler in einer falschen Spekulation verloren [...] Es ist mir jetzt völlig klar, dass er, wie auch seine Kopfbildung und sein Haarwuchs beweist, von den Negern abstammt, die sich dem Zug des Moses aus Ägypten anschlossen (wenn nicht seine Mutter oder Großmutter von väterlicher Seite sich mit einem Nigger kreuzten). Nun, diese Verbindung von Judentum und Germanentum mit der negerhaften Grundsubstanz müssen ein sonderbares Produkt hervorbringen. Die Zudringlichkeit des Burschen ist auch niggerhaft.« (Marx an Engels im Jahr 1862, MEW Bd. 30, S. 257)

Gleichwohl dürfen die Unterschiede zwischen Marx und Bruno Bauer, auf dessen 1843 erschienene Schrift *Die Judenfrage* sich die Marx'sche Abhandlung bezog, nicht übersehen werden. Während Bauer mit linkshegelianisch-sektiererischen Argumenten die Judenemanzipation im christlichen Staat ablehnte, schrieb Marx in einem Brief an Arnold Ruge am 13. März 1843:

> »Soeben kömmt der Vorsteher der hiesigen Israeliten zu mir und ersucht mich um eine Petition für die Juden an den Landtag, und ich will's tun. So widerlich mir der israelitische Glaube ist, so scheint mir Bauers Ansicht doch zu abstrakt. Es gilt so viel Löcher in den christlichen Staat zu stoßen als möglich und das Vernünftige, soviel an uns, einzuschmuggeln. Das muß man wenigstens versuchen – und die Erbitterung wächst mit jeder Petition, die mit Protest abgewiesen wird.« (MEW Bd. 27, S. 418)

Marx unterstützte also die Petition der jüdischen Gemeinde, wenngleich seine Aversion auch hier im Terminus »widerlich« zum Ausdruck kommt und seine Unterstützung weniger grundsätzlicher als vielmehr taktischer Natur ist.

Bereits der Historiker Edmund Silberner wies darauf hin, dass der von Marx diskriminierte Lassalle seinerseits ebenso nicht mit judenfeindlichen Bemerkungen sparte und sich bei nahezu allen sozialistischen wie anarchistischen Stammvätern des 19. Jh.s erschreckende Passagen finden lassen, so u. a. bei Charles Fourier, Pierre-Joseph Proudhon, Johann Baptist von Schweizer, Beatrice Webb und Michael Bakunin.

1.7 *Pangermanismus in Österreich*

Jahrelang dauerte die Debatte um die Umbenennung des Dr.-Karl-Lueger-Rings in Wien. Nicht zuletzt die Universität Wien wünschte eine Änderung ihrer Adresse angesichts des historisch belasteten Namens. Im Jahr 2012, drei Jahre vor der 650-Jahr-Feier der Alma Mater, war es soweit. Der Abschnitt der Ringstraße, an dem die Universität wie das Burgtheater liegen, wurde in Universitätsring umbenannt. Eine Umbenennung erfuhr ebenso die Dr.-Karl-Lueger-Gedächtniskirche auf dem Wiener Zentralfriedhof (Friedhofskirche zum heiligen Karl Borromäus). Bestehen blieben indes der Dr.-Karl-Lueger-Platz sowie mehrere Gedenktafeln des ehemaligen österreichischen Politikers und Wiener Bürgermeisters von 1897 bis 1910.

Der als Rechtsanwalt tätige Karl Lueger (1844–1910) entschied sich bereits früh für die Politik. Als Mitglied des Wiener Gemeinderats gab er sich den Gestus eines Kämpfers für die Interessen der „kleinen Leute". Im Jahr 1893 etablierte sich in Österreich die von Lueger angeführte Christlichsoziale Partei, die um das Kleinbürgertum sowie um das durch die Hochindustrialisierung verunsicherte mittlere Bürgertum warb, wobei die Christlichsozialen die soziale Frage rhetorisch mit der vermeintlichen „Judenfrage" verbanden. Antikapitalistische Rhetorik verknüpfte sich mit antisemitischer Agitation zu einem höchst populären Gemisch, das relevante Wählermassen zu mobilisieren vermochte. Der Antisemitismus stellte eine gezielte politische Strategie dar, mit der die Christlichsozialen im multikulturellen Wien der Jahrhundertwende die verschiedenen Ethnien sowie Migrantengruppen gegeneinander ausspielten sowie Sozialneid auf Kosten der Juden entfachten. In den Hetzreden Luegers erschienen die Juden in generalisierender Weise als skrupellose soziale Aufsteiger, die ihren Wohlstand auf den Rücken einfacher Handwerker erworben hätten und die in systematischer Weise gesellschaftliche Schlüsselstellungen eroberten, um die mit ehrlicher Arbeit ihren Lebensunterhalt verdienende katholische Bevölkerung zu unterjochen. Das Großkapital stellte Lueger als eine „jüdische Erfindung" dar, die das Kleinbürgertum zu Bettlern mache und das mittlere Bürgertum in den Ruin treibe.

Bei der Nationalratswahl 1920 zeigte das Wahlplakat der Christlichsozialen Partei das Staatswappen der Ersten Republik (1919–1934), d. h. den schwarzen „Bundesadler" mit den Emblemen Hammer und Sichel, der von einer blutroten Schlange erdrosselt wird, deren Kopf mit sogenannter „Judennase", Schläfenlocken und Kippa sowie einer gespaltenen Zunge zum Juden konstruiert ist. Das Plakat propagiert die Losung: »Deutsche Christen – Rettet Österreich!« „Der Jude" beherrsche das arbeitende christliche Volk, das von der Herrschaft des jüdischen Großkapitals befreit werden müsse, so die Message. Anklänge zur antisemitischen Propaganda der NSDAP der 1920er-Jahre sind alles andere als zufälliger Natur, zumal es das Wien Luegers war, das den jungen Adolf Hitler politisierte, der sich im Jahr 1910 in die endlosen Schlangen derjenigen einreihte, die dem Wiener Bürgermeister die letzte Ehre erwiesen. In Hitlers *Mein Kampf* heißt es wenige Jahre später: »Heute sehe ich in dem Manne mehr noch als früher den gewaltigsten Bürgermeister aller Zeiten.« Im Jahr 1926 wurde für Karl Lueger, der neben Georg von Schönerer (1842–1921) und Karl Hermann Wolf (1862–1941) den österreichischen Antisemitismus prägte, an der Wiener Ringstraße ein übergroßes Denkmal enthüllt, das im Jahr 2016 mit einer Informationstafel versehen wurde, um auf den Antisemitismus des Führers der Christlichsozialen hinzuweisen.

Die *Berliner Illustrierte Zeitung* druckte am 5. März 1942 auf ihrem Cover ein Foto des Schauspielers Rudolf Förster in seiner Rolle als Dr. Karl Lueger ab und schrieb dazu: »Der Film ›Wien 1910‹ wird von dem mutigen Kampf dieses großen Mannes um die Lösung sozialer Probleme erzählen.« Zur Besetzung des 1943 erschienenen NS-Propagandafilms gehörten ebenso Lil Dagover und O. W. Fischer, den österreichischen Antisemiten Georg Ritter von Schönerer spielte Heinrich George. Die Handlung des Films setzt wenige Tage vor dem Tod Luegers ein. Die in Wien kursierende Nachricht vom bevorstehenden Ableben des Bürgermeisters kommentieren die Juden der Stadt mit klammheimlicher Freude. Der Film präsentiert Lueger als Person, die sich selbstlos wie aufopferungsvoll für das Gemeinwohl einsetzt. Lueger erscheint als Kämpfer gegen profitgierige Kapitalisten, die dem einfachen Volk durch ihre Spekulationen schaden, wie gegen die mit ihnen verbündeten Juden. Um das Ableben Luegers zu beschleunigen, schließt sich Kommerzialrat Lechner mit dem jüdischen Chefredakteur Dr. Victor Adler zusammen, der das Versprechen abgibt, einen Leitartikel zu schreiben, der Lueger „den Rest geben" werde. Über die Schlagzeilen des folgenden Tags gerät nicht nur Lueger sich körperlich gefährdend in Rage, sondern ebenso der „gesunde Volkszorn". Die aufgebrachte Wiener Bevölkerung verwüstet daraufhin die Redaktion der jüdischen Zeitung. Angesichts der Zerstörung schwört Adler abgrundtiefe Rache zu nehmen. Zwar huldigt der Film Lueger als dem einstigen Idol Hitlers, attackiert den Zeichen der Zeit entsprechend den Wiener Bürgermeister indes ebenso aus dem Blickwinkel eines noch radikaleren Antisemitismus, der von Georg Ritter von Schönerer verkörpert wird. Schönerer wirft Lueger vor, dem »morschen Gebilde« der Doppelmonarchie Österreich-Ungarn die Treue gehalten zu haben. Lueger habe seine wahre Mission verfehlt, die Schönerer mit den prophetischen Worten »Es wird einmal ein Reich sein aller Deutschen« beschreibt. Die Zeit, so verkündet der dt. Schauspieler George, »ist reif, überreif, wer sich ihr entgegenstellt wie Vieh, der hat die Opfer zu verantworten, die unnötig fallen.« Der Antisemitismus Schönerers war dem dt. Nationalsozialismus insofern adäquater, als er sich radikaler gebärdete als der Luegers sowie mit ausgeprägten biologistisch-rassistischen Positionen einherging. So heißt es beispielsweise in einer Rede Schönerers im österreichischen Reichsrat:

> »Unser Antisemitismus richtet sich nicht gegen die Religion, sondern gegen die Rasseneigentümlichkeiten der Juden, die sich weder unter dem früheren Drucke, noch unter der jetzigen Freiheit geändert haben; vielmehr zeigen sich die Juden bekanntlich seit der Emanzipation übermütiger, hartherziger, ausbeutungssüchtiger und schadenfroher als je, und überall sehen wir sie im Kampfe gegen die bestehenden staatlichen Ordnungen, überall im Bunde mit den Elementen des Umsturzes und bemerkenswerterweise auch in jenen Ländern, wo sie es zu einem enorm schnellen materiellen Emporblühen gebracht haben.« (Oomen 1978: 109)

Schönerer beeinflusste Hitler in der Wiener Zeit in erheblichem Maße, sodass die cineastische Huldigung des Führers der Deutschnationalen sowie der späteren Gallionsfigur der Alldeutschen Vereinigung die des Wiener Bürgermeisters im „Lueger-Film" noch übertrifft.

Von 1848 bis zu seinem Tod im Jahr 1916 herrschte in Österreich-Ungarn Franz Joseph I. (1830–1916). Alles andere als frei von Antisemitismus, war dem Kaiser gleichwohl der „Radau-Antisemitismus" eines Lueger zuwider, sodass er dessen Ernennung zum Wiener Bürgermeister mehrfach verhinderte. In der komplexen Konstellation der österreichisch-ungarischen Doppelmonarchie setzten die Gegner der Liberalen – der Bismarck'schen Wende von 1878/79 vergleichbar – auf den Antisemitismus, den sie erfolgreich als politische Waffe im Kontext der Nationalitätenprobleme in der Doppelmonarchie benutzten.

In Prag entfachte August Rohling (1839–1931), der an der dortigen Universität eine Professur für Theologie bekleidete, seine Hetze gegen den jüdischen Talmud, wobei er sich maßgeblich auf das Werk *Das enthüllte Judentum* von Eisenmenger stützte. Stets aufs Neue betonte Rohling, »die von Eisenmenger aus klassischen jüdischen Schriftstellern gelieferten Auszüge« seien mit einer Treue geliefert und übersetzt, »die jede Probe aushält.« In seinem im Jahr 1871 erschienenen Werk *Der Talmudjude* behauptete Rohling, der Talmud lege allen Juden auf, Nichtjuden zu schädigen und wenn möglich diese gar zu töten. Das Gesetz »Du sollst nicht stehlen«, so der Prager Kanonikus, bezöge sich einzig und allein auf das jüdische Eigentum, das Besitztum der Christen gelte den Juden hingegen als verlassenes Gut, »als der Sand im Meer«, dessen erster Besitzergreifer der wahre Eigentümer sei. Rohlings Behauptung, die jüdische Religion gestatte es dem Juden, den Christen nach Herzenslust zu bestehlen, geht mit antijüdischer Kriminalisierung Hand in Hand, wenn es heißt: »Unter 12 Diebstählen oder Betrügereien, welche zu Leipzig abgeurtheilt wurden, waren 11 von Juden begangen.« Das Volk Gottes, so Rohling, sei eine »parasitische Pflanze«, die auf den anderen Völkern und ihrem Boden schmarotzend gedeihe. Der Prager Professor für katholische Theologie stellte gleichfalls die Behauptung auf, das Gebot »Du sollst nicht töten« bezöge sich nur auf Juden. Der Talmud, so Rohling, lehre den Juden, dass es rechtens sei, den Nichtjuden umzubringen. Derjenige Jude, der das Blut eines Nichtjuden vergösse, bringe aus der Sicht des Talmuds Gott ein Opfer dar; so heißt es in der Schrift *Der Talmudjude* hetzerisch:

> »Es ist Recht, sagt der Talmud, den Minaeer d. i. Ketzer mit den Händen umzubringen. Wer das Blut der Gottlosen (d. h. der Nichtjuden) vergießt, sagten die Rabbiner, bringt Gott ein Opfer dar. [...] Das Gebot, du sollst nicht tödten [...] bedeutet, daß man keinen Menschen von Israel tödte: - Gojim [...] und Ketzer sind aber keine Israeliten. Wer aber eine Seele aus Israel umbringt, sagt der Talmud, dem wird es angerechnet, als ob er die ganze Welt umgebracht hätte; und wer eine israel. Seele erhält, als wenn er die ganze Welt erhalten hätte.« (Rohling 1872: 41)

Im Jahr 1882 trat Rohling in einem ungarischen Ritualmordprozess als Gutachter auf. Der vermeintliche Ritualmord von Tiszaeszlár folgte weitgehend dem klassischen mittelalterlichen Muster. Das Verschwinden eines vierzehnjährigen Bauernmädchens am 1. April 1882 wurde den Juden angelastet. Antisemitische Abgeordnete verbreiteten die Beschuldigung, das Kind sei anlässlich des jüdischen Pessachfestes geopfert worden. Am 19. Juni 1883 schrieb Rohling an den Abgeordneten Geza Onody in Tiszaeszlár:

> »Nachdem ich in meinen ›Antworten an die Rabbiner‹ gesagt habe, daß ich im Talmud, soweit wir denselben im Druck kennen, keinen Beweis für den rituellen Mord der Juden gefunden habe, so discutiren die Juden darüber, daß derartiges in ihrer Litteratur überhaupt nicht vorkomme. Ich erachte es für meine Pflicht, jetzt, wo ein solcher Fall gerade vor Gericht verhandelt wird, Euer Hochwohlgeboren zu verständigen, daß ich nach Verfassung meiner obigen Schrift in den Besitz eines durch die Jerusalemer Unternehmung des Moses Montefiore noch im Jahre 1868 hinausgegebenen solchen hebräischen Werkes gelangt bin, auf dessen Seite 156a geschrieben ist, daß das Vergießen des Blutes einer nicht jüdischen Jungfrau für die Juden eine überaus heilige Handlung, daß das so vergossene Blut dem Himmel sehr angenehm und den Juden Gottes Erbarmen verschaffe. Dies ist ein kurzer Auszug der ganzen Stelle, welche ich wortgetreu binnen kurzem der Oeffentlichkeit übergeben werde. Auf die Wahrheit des Obigen bin ich, wenn es nothwendig ist, bereit, hier vor Gericht auch einen Eid zu leisten.« (Kopp 1886: 16)

Eisenmenger blieb für Rohling der große Lehrmeister und so folgte er ihm bedingungslos auch bei dessen mörderischen Anklagen und abscheulichsten Behauptungen, indem er betonte, es sei deshalb so schwer Belege für den „jüdischen Ritualmord" zu erbringen, da es sich um eine von den Rabbinern mündlich tradierte Geheimlehre handele.

Obwohl die Leiche des Bauernmädchens kurze Zeit darauf im Fluss gefunden und Tod durch Ertrinken diagnostiziert wurde, ließ sich die emotionale Erregung der Volksmassen nicht eindämmen, zumal die Akteure der Kampagne an ihrer Version festhielten, die auf die Vertreibung der örtlichen Juden zielte. Als sämtliche jüdischen Angeklagten im August 1883 freigesprochen wurden, entwickelte sich die „Affäre von Tiszaeszlár" zu einer „Affäre Rohling". Der Prager Kanonikus war während des Prozesses von einem Rabbiner der Falschaussage bezüglich des Talmuds sowie des Meineids bezichtigt worden, was Rohling dazu verleitete, Anzeige zu erstatten. Im weiteren Verlauf der Auseinandersetzung zeigte es sich, dass Rohling das Hebräische nicht beherrschte und außerstande war, den Talmud im Original zu lesen. Rohling verlor daraufhin seine Lehrerlaubnis für katholische Theologie. Seine Bewunderer hielt dies jedoch nicht davon ab, ihm die Treue zu halten. Die „Affäre von Tiszaeszlár" illustriert, dass der Antisemitismus massenhysterischen Charakter annahm und die Antisemiten sich mitnichten von rationalen Argumenten überzeugen ließen. In Österreich-Ungarn schreckte das Bündnis aus Klerikalen und Konservativen nicht einmal davor zurück, die mittelalterliche Ritualmordlegende zu revitalisieren und zum Gegenstand offizieller Prozesse zu machen. Die antisemitischen Parlamentsabgeordneten, die hinter der Kampagne steckten, wussten sehr wohl, was sie taten, insofern sie die Affäre zur Stärkung ihrer Parlamentsposition zu nutzen gedachten. Nicht nur in der Doppelmonarchie war der Antisemitismus zu einem Instrument geworden, um die Wählergunst zu gewinnen. Der politische Antisemitismus erwies sich zunehmend als gefährliche Spielart im Kontext parlamentarischer Systeme.

1.8 Pogrome im zaristischen Russland

Unter den von Franz Kafka (1883–1924) verfassten und von ihm zur Verbrennung vorgesehenen Schriften befand sich auch seine Erzählung *Odessaer Ritualmordprozess gegen Beilis*. Anklänge dieser verbrannten Schrift finden sich noch in Kafkas unvollendeter Erzählung *Der Process*, wenn beispielsweise der Angeklagte starr danieder liegt und sein Körper von Nadeln zerstochen wird. Es handelt sich hierbei um die inversive Projektion eines Bildes des 13-jährigen Jungen Andrei Juschtschinski, der auf einem antisemitischen Flugblatt abgebildet mit geschlossenen Augen im Totenhaus liegt und an dessen Schläfenseite feine Einstiche erkennbar sind. Bei der „Beilis-Affäre" handelte es sich um einen Ritualmordprozess des Jahres 1911. Anlass bildete die Ermordung eines Kiewer Jungen, den man nachdem er vermisst wurde schließlich in einer Höhle fand und dessen Körper zahllose Stichwunden aufwies. Teile der russischen Rechten und Konservativen beabsichtigten den Fall zu nutzen, um gegen die geplante Abschaffung judenfeindlicher Gesetze wie der „Maigesetze" sowie des sogenannten „Ansiedlungsrayons" zu opponieren. Bei den „Maigesetzen" handelte es sich um ein ganzes Bündel antijüdischer Maßnahmen, die 1882 nach dem Attentat auf Alexander II. (1818–1881) erlassen wurden und welche die Freizügigkeit der Juden einschränkten. Die antisemitische Stimmung im damaligen Russland belegt der Tatbestand, dass die Ermordung des Zaren, für welche die Untergrundorganisation Narodnaja Wolja die Verantwortung trug, in verschwörungstheoretischer Manier den Juden angelastet wurde. Die Geschichte des Ansiedlungsrayons geht auf einen Ukas von Katharina II. (1729–1796) zurück, die im Jahr 1791 festlegte, dass Juden nur im äußersten westlichen Teil des Russischen Reiches leben und arbeiten durften. Beim Ansiedlungsrayon handelte es sich um diejenigen russischen Gebiete, die durch die polnischen Teilungen Ende des 18. Jh.s an das russische Kaiserreich gefallen waren. Das Gebiet erstreckte sich von der Ostsee bis zum Schwarzen Meer. Da alle russischen Juden mit wenigen Ausnahmen zwangsweise hier zu leben hatten, stieg ihre Anzahl im dortigen Raum bis zum Ende des 19. Jh.s auf knapp fünf Millionen, was einem Bevölkerungsanteil von 12 Prozent entsprach.

Die Verbindung des russischen Innenministeriums zu den örtlich agierenden Kräften verdeutlicht in der Beilis-Affäre der Tatbestand, dass die Absetzung des lokalen Polizeiinspektors, der seine Ermittlungen auf eine kriminelle Bande konzentrierte, von der zentralen Obrigkeit gedeckt wurde. Der Weg war auf diese Weise frei, um den Fall in Richtung eines Ritualmordprozesses zu wenden, was schließlich zur Anklage gegen den Juden Mendel Beilis im Jahre 1913 führte, obwohl keine Beweise vorgelegt werden konnten. Die Anklage agierte mittels eines katholischen Priesters, der als vermeintlicher „Talmud-Experte“ wie einst Rohling sich des Hebräischen im Verlauf des Prozesses als nicht mächtig erwies. Zwar wurde Beilis durch diesen Fauxpas sowie wegen fehlender Beweise freigesprochen, der Urteilsspruch hielt jedoch die Behauptung aufrecht, es habe sich um einen „jüdischen Ritualmord“ gehandelt. Hierzu trug ein antisemitisches Gutachten des Medizinprofessors Iwan Sikorskyj (1842–1919) bei, welches die geläufigen Narrative der Ritualmordlegende reproduzierte und mit medizinischen Bemerkungen verknüpfte. So behauptete der russische Mediziner, dass die langsame Entblutung des Körpers nur dem Zwecke der Blutentnahme gedient haben könne und heizte so bewusst die Atmosphäre auf. Sikorskyj zählte zu den organisierten nationalistischen Kräften Russlands, welche die Liberalisierung der zaristischen Judenpolitik mit aller Macht zu verhindern versuchten.

In den Jahren zwischen 1903 und 1906 ereignete sich im Russischen Reich eine wahre Pogromwelle, die mehreren Tausend Juden das Leben kostete. Im Jahr 1903 traf es zu Ostern die Juden von Kischinjow als sich eine Gruppe von Personen zusammenrottete, welche örtliche Geschäfte und jüdische Häuser plünderte sowie zahlreiche Personen ermordete. Wieweit die antisemitische Pogromwelle behördlicherseits unterstützt oder zumindest geduldet wurde, ist umstritten. Fest steht indes, dass die zentrale Obrigkeit zumeist zu spät einschritt und relevante Kräfte der russischen Geheimpolizei zu den Antisemiten zählten, welche die Bewegung schürten und Täter deckten. Im Jahr 1903 war auch die weißrussische Stadt Gomel von einem heftigen Pogrom betroffen.

1.9 Die Protokolle der „Weisen von Zion“

Die *Protokolle der Weisen von Zion* sind eine antisemitische Schmähschrift, die erstmals im Jahr 1903 auf Russisch erschien und die Anfang der 1920er-Jahre als Fälschung entlarvt wurde, da nachgewiesen werden konnte, dass für ihre Erstellung diverse ältere, fiktionale Texte als Vorlage bemüht wurden, wie u. a. die im Jahr 1864 erschienene Satire *Dialogue aux enfers entre Machiavel et Montesquieu* des frz. Schriftstellers Maurice Joly (1829–1878). Der oder die Fälscher der *Protokolle der Weisen von Zion* bedienten sich ebenso des im Jahr 1869 erschienenen Romans *Biarritz* des dt. Schriftstellers Hermann Ottomar Friedrich Goedsche (1815–1878), der unter dem Pseudonym Sir John Retcliffe publizierte. Eine Schlüsselszene des Romans schildert ein fiktives Geheimtreffen von Juden auf dem Friedhof von Prag im Jahr 1860. Ein solches Treffen von Vertretern der zwölf Stämme Israels findet gemäß der Erzählung Goedsches alle hundert Jahre mit dem Ziel statt, über die Welteroberungspläne der Juden zu debattieren, den Stand des Abhängigmachens einzelner Länder zu bilanzieren sowie die nächsten Schritte festzulegen. Die Zusammenkunft der Juden sei zwar streng geheim, doch zwei Personen sei es gelungen, die jüdischen Weltverschwörer bei ihrem nächtlichen Treffen zu belauschen. Die Reden der zwölf Stammesvertreter offenbarten die Methoden, die das Judentum benutze, um diverse Nationalstaaten in ihre Abhängigkeit zu bringen. Es handele sich u. a. um folgende Mittel, mit deren Hilfe die Macht sukzessive erobert werden solle: Kontrolle über die Goldvorräte, Staatsverschuldung, ethnisch gemischte Ehen, Trennung von Kirche und Staat, Förderung von Revolutionen, Judenemanzipation, Destabilisierung der innenpolitischen Lage, Eroberung der Presse, Beherrschung des kulturellen Lebens, jüdische Dominanz beim Warenverkehr. Im Kapitel »Auf dem Judenkirchhof in Prag« heißt es:

> »Wie gewinnt Israel die Macht und die Herrschaft über alle Völker der Erde, die ihm gebührt? […] Alle Fürsten und Länder Europas sind heute verschuldet. Die Börse regelt diese Schulden. Solche Geschäfte macht man aber nur mit mobilem Kapital; deshalb muß alles mobile Kapital in den Händen Israels sein. […] Indem wir die Börse beherrschen, beherrschen wir das Vermögen der Staaten. Deshalb muß man den Regierungen das Schuldenmachen erleichtern, um immer mehr die Staaten in unsere Hand zu bekommen. Womöglich muß das Kapital sich dafür Institute des Staates: Eisenbahnen, Einkünfte, Bergwerke, Domänen verpfänden lassen. – Weiter ist die Börse das Mittel, das Vermögen und die Ersparnisse der kleinen Leute in die Hände der Kapitalisten zu bringen, indem man jene zum Börsenspiel verleitet.« (Retcliffe 1924: 154/155)

Die im Jahr 1903 in einer russischen Zeitschrift erschienene Fassung der „Protokolle“ wurde im Jahr 1905 vom russischen Schriftsteller Sergei Alexandrowitsch Nilus (1862–1929) im Erstlingswerk *Das Große im Kleinen* als zwölftes Kapitel in abgewandelter und erweiterter Form hinzugefügt. Nilus verknüpfte die „Protokolle“

mit der mittelalterlich-christlichen Legende vom Antichristen und wertete die Versammlung der Juden als »Kirche des Satans«, die das Ziel verfolge, die Christenheit zu zerstören. Der religiöse Antisemit Nilus behauptete, dass bei der „Weltverschwörung der Juden" die Kooperation von Juden und Freimaurern eine Schlüsselrolle spiele und war sich gewiss, dass die Ankunft des Antichristen sowie die Wiederkunft Christi unmittelbar bevorstünden. Im Unterschied zum Werk von Goedsche sollte es sich beim Zusammentreffen der Juden indes nicht mehr um ein nächtliches Treffen auf dem Prager Friedhof handeln, sondern um Geheimsitzungen, die neben den öffentlichen Sitzungen des 1. Zionisten-Kongresses in Basel 1897 stattgefunden hätten. Eine Abschrift des angefertigten Protokolls dieser Sitzungen sei der russischen Geheimpolizei in die Hände gefallen, so behauptete Nilus. Da der Baseler Zionistenkongress erst im Jahr 1897 tagte, erwies sich der Nachweis der Entnahme von Textstellen, Motiven sowie des Sprachstils aus bereits zuvor erschienenen Werken der Jahre 1864 sowie 1869 als höchst relevant und trug Anfang der 1920er dazu bei, die „Protokolle" als Fälschung zu entlarven.

Auch in der Fassung von Nilus war den *Protokollen der Weisen von Zion* zunächst kein großer Erfolg beschieden. Ihre Bedeutung als Schlüsselwerk antisemitischer Verschwörungstheorien erlangten die „Protokolle" erst, als sie nach der Oktoberrevolution zur „Frontlektüre" der Weißen im Russischen Bürgerkrieg wurden und antibolschewistische Exilanten wie Alfred Rosenberg (1892–1946) die Fälschung in zahlreichen westeuropäischen Ländern verbreiteten. Die sowohl auf Deutsch wie zahlreichen weiteren Sprachen publizierten Ausgaben der „Protokolle" weichen zwar textlich leicht voneinander ab, basieren indes allesamt auf der zweiten Auflage des Buchs von Nilus aus dem Jahr 1911, was auch für die vom antisemitischen Publizisten Ludwig Müller von Hausen (1851–1926) unter dem Pseudonym Gottfried zur Beek im Jahr 1919 herausgegebene dt. Fassung gilt. In der Einführung schreibt der antisemitische Publizist, dass die in den „Protokollen" zutage tretenden Strategien der Juden mit der »bolschewistischen Schreckensherrschaft« übereinstimmten. Des Weiteren heißt es:

> »Die Kulturvölker wollten die Judenfrage häufig lösen, es konnte ihnen aber nicht gelingen, weil sie die jüdische Eigenart nicht verstanden. Sie glaubten, jedes Volk könne die Judenfrage für sich lösen, wäh-

rend nur ein gemeinsames Verfahren aller Länder, in die jener Spaltpilz eingedrungen ist, Erfolg haben kann. Die Wirtsvölker glaubten unter dem Einflusse der Geistlichkeit, der Jude verlöre seine gefährlichen Eigenschaften mit der Taufe. Dieser Glaube wurde Spanien und Portugal einst verhängnisvoll! Die Wirtsvölker begreifen nicht, daß das Alte Testament der Hebräer niemals als Grundlage für eine christlich-sittliche Weltanschauung gelten darf, daß der Jude durch die Übernahme seines Gesetzbuches in der christlichen Kirche einen Schutzbrief erhalten hat. Die Wirtsvölker haben ferner unter dem Einflusse der freimaurerischen Humanität und Aufklärung den Juden die Emanzipation ohne jede Sicherheit gewährt! Die Wirtsvölker erkennen nicht, daß es nicht nur gilt, die jüdische Überhebung zu bekämpfen, sondern mehr noch den jüdischen Geist, der in breite Schichten ihres Volkskörpers eingedrungen ist. Wer aber wachsamen Auges die Vorgänge in anderen Ländern verfolgt, muß erkennen, daß das Verständnis für die jüdische Gefahr in allen Kulturstaaten wächst.« (Beek 1922: 29)

Obwohl die „Protokolle“ erst Anfang des 20. Jh.s erschienen und sich in deutschnationalen, völkischen sowie nationalsozialistischen Kreisen alsbald großer Beliebtheit erfreuten, sind ihre antisemitischen Ideologeme noch nicht anthropologisch-biologistisch fundiert. Im Vordergrund der antisemitischen Ressentiments steht vielmehr die Imagination einer religiös verankerten, wesensmäßigen Boshaftigkeit der Juden und deren vermeintlicher Hass auf alle Christen, der sie dazu bewege, alles nur Erdenkliche zu unternehmen, um die Welt zu beherrschen und „die Gojim“ zu unterjochen. Die Juden erscheinen als verschworenes, monolithisches Kollektiv von „Gottesmördern“, das weltweit von einer Handvoll Personen dirigiert wird, um das gemeinsame Ziel der Welteroberung zu erreichen. Für Wirtschaftskrisen wie politische Krisen bieten die „Protokolle“ sozialdeklassierten, von Abstiegsängsten heimgesuchten wie verunsicherten Bevölkerungskreisen einen Sündenbock an, der kausal für jegliche Form von Katastrophen die Verantwortung trägt. Bezüglich der Geld- und Steuerpolitik führen die „Protokolle“ aus:

»Um die Nichtjuden zu schädigen, haben wir umfangreiche Krisen im Wirtschaftsleben hervorgerufen. Wir bedienten uns dabei des einfachen Mittels, alles erreichbare Geld aus dem Verkehre zu ziehen. Riesige Summen wurden in unseren Händen aufgespeichert, während die nichtjüdischen Staaten mittellos dasaßen und schließlich gezwungen waren, uns um Gewährungen von Anleihen zu bitten. Mit diesen Anleihen übernahmen die nichtjüdischen Staaten bedeutende Zinsverpflichtungen, die ihren Staatshaushalt wesentlich belasteten und sie schließlich in völlige Abhängigkeit von den großen Geldgebern brachten. Der Übergang der handwerksmäßigen und mittleren Betriebe zur Großindustrie sog alle gesunden Volkskräfte und schließlich auch die Staatskräfte auf.« (Sammons 2007: 99)

Die „Protokolle" bilden eine relevante Schnittstelle zwischen der christlichen Dämonisierung der Juden in Gestalt der mit dem Antichristen verbündeten „roten Juden", der Juden als Brunnenvergifter, Hostienschänder sowie Entführer und Mörder christlicher Kinder sowie der nationalsozialistischen Dämonisierung des Juden als Kriegstreiber, Kriegsgewinnler und zersetzendem Element staatlicher Ordnung. Die „Protokolle" entsprechen dem Wesen der antisemitischen Ideologie der Nazis als synkretistisches Amalgam, das auf ein Sein oder Nichtsein Szenario hinausläuft, welches den kollektivierten Juden zum Todfeind aller Nichtjuden in einem existentiellen Endzeitszenario imaginiert. In seiner im Jahr 1923 erstmals erschienenen Schrift *Die Protokolle der Weisen von Zion und die jüdische Weltpolitik* kommentiert Rosenberg die „Protokolle" u. a. mit folgendem Vermerk:

»Wenn Europa so unterhöhlt ist, dass es keine Persönlichkeiten mehr gibt, welche für wirkliche völkische Besinnung und Freiheit zu kämpfen in der Lage sind, dann wird zum letzten Schlage mit Hilfe des aufgepeitschten Pöbels ausgeholt und die bolschewistische Diktatur errichtet. Wie in Russland, wo über 40 Millionen Russen durch den Judenterror zugrunde gingen, ohne dass das ›Weltgewissen‹ die Völker zur Empörung gegen die Trotkys und Sinowjew aufrief. Im Gegenteil, diese Henker wurden als Messiasse von allen Judenblättern begrüßt und unterstützt.« (Rosenberg 1924: 81/82)

Rosenberg stellt die revolutionäre Nachkriegsentwicklung als Bestätigung der Echtheit sowie des Wahrheitsgehalts der „Protokolle" dar und verknüpft so antisemitische und antikommunistische Hetze im Schlagwort des »jüdischen Bolschewismus«. Je nach politischem Standpunkt des Antisemiten ist „der Jude" mal „Konterrevolutionär", mal „Wirtschaftsliberaler" und mal „Bolschewist".

1.10 *Alltägliche Ausgrenzungen und Diskriminierungen*

Im Wilhelminischen Kaiserreich gehörten der Ausschluss von Juden aus Verbänden und Vereinen, dem preußischen Offizierskorps sowie ihre Unerwünschtheit bei Gaststätten und Hotels sowie verschiedenen Nord- wie Ostseebädern zur Alltäglichkeit. Alltäglich war auch die Diskriminierung bei staatlichen Stellen. Der diplomatische Dienst, die Beschäftigung im Schul- und Hochschuldienst, die Beamtenlaufbahn: All dies blieben Beschäftigungsfelder, die trotz der „rechtlichen Gleichstellung" sowohl im Deutschen Kaiserreich als auch in der Donaumonarchie Juden bis auf Ausnahmen verschlossen blieben. Symptomatisch für den alltäglichen Antisemitismus, dem sich Juden ausgesetzt sahen, war der sogenannte Bäder-Antisemitismus, so hieß es beispielsweise im Borkum-Reiseführer aus dem Jahr 1897:

> »Ein besonderer Vorzug, welchen Borkum vor vielen Badeörtern voraus hat, besteht darin, dass es judenrein ist. So oft auch die Kinder Israels versuchten, so wurden sie doch stets weggeärgert, zwar nicht von der Borkumer Bevölkerung, sondern von den Kurgästen, welche die ›Auserwählten‹ nicht unter sich dulden wollten. Und dampfte Cohn oder Itzig wutentbrannt wieder ab, dann rief mancher Badegast jubelnd: ›Fort mit ihm nach Norderney, Borkum ist nun wieder frei!‹ Wenn trotzdem einzelne Juden es immer noch wagen, nach Borkum zu kommen, so haben sie es sich selbst zuzuschreiben, wenn ihnen hier schlecht begegnet wird.« (Garz 2006: 111)

Zur selben Zeit kursierten auch antisemitische Bildpostkarten der Nordseeinsel Borkum. So ist auf einer Postkarte der Borkumer Bahnhof zu sehen, wo eine soeben angekommene Person – in physiognomisierender Weise zum Juden konstruiert – einen Fußtritt erhält, sodass diese samt Koffer auf die Gleise befördert wird. Die Grußpostkarte trägt die Bildunterschrift »Er muss hinaus!« Diverse antisemitische Postkarten bedienten ähnliche Motive und druckten das *Borkumlied* ab:

> »Es herrscht im grünen Inselland
> Ein echter deutscher Sinn,
> Drum alle, die uns stammverwandt,
> Ziehn freudig zu dir hin.
> An Borkums Strand nur Deutschtum gilt,
> Nur deutsch ist das Panier.

(:Wir halten rein den Ehrenschild
Germanias für und für!:)
Doch wer dir naht mit platten Füßen,
Mit Nasen krumm und Haaren kraus,
Der soll nicht deinen Strand genießen,
Der muss hinaus! Der muss hinaus!
›Hinaus!‹« (Andryszak 2014: 32/33)

Wie brüchig die erreichten Rechte und wie gewöhnlich die antisemitischen Schmähungen wie Ausgrenzungen waren, die Juden alltäglich trafen, erhellte im Jahr 1879 der Skandal um das Gemälde *Der zwölfjährige Jesus im Tempel*, das der Maler Max Liebermann (1847–1935) erstmals 1879 auf der „Internationalen Kunstausstellung“ im Münchner Glaspalast zeigte. Darstellungen von Jesus unter den Schriftgelehrten waren an sich nichts Neues; im Jahre 1506 hatte Albrecht Dürer die biblische Szene gemalt, im Jahr 1851 der preußische Maler Adolph Menzel. Ein Vergleich zwischen Menzel und Liebermann verdeutlicht den Hintergrund des sogenannten „Jesus-Skandals“, in dessen Verlauf die Stimmen der Antisemiten, die sich über das Bild lauthals empörten und die Entfernung des Gemäldes aus der Ausstellung verlangten, immer aggressiver wurden. Während bei Menzel Jesus einem Engel gleich in der konzentrischen Achse des Bildes positioniert ist, seine lichtdurchflutete Aura quasi Göttlichkeit ausstrahlt und die verblendeten Schriftgelehrten als düstere Gestalten erscheinen, physiognomisierte Liebermann Jesus mittels eines „halslosen Kopfes“, des sogenannten „Judenbuckels“, der sogenannten „Judennase“ sowie angedeuteter Schläfenlocken zum jüdischen Jungen. Die Antisemiten erboste die Darstellung Jesu als jüdisches Kind, für sie war Jesus schon längst zum Antipoden des Jüdischen geworden und der erfolgreiche Liebermann zum Inbegriff „des Juden“. In ihren Augen beabsichtigte Liebermann Kontinuitäten zwischen dem „Alten“ (der Hebräischen Bibel) und dem „Neuen Testament“ herzustellen, wo sie nur Brüche und Ablösung erblickten. Wenige Jahrzehnte später hieß es beim völkischen Autor Artur Dinter:

»Jesus ist ganz im Gegenteil der Vernichter des Alten Testamentes und des dort verherrlichten Geschäftsbetriebes, der Zerstörer und Zermalmer des ganzen jüdischen Materialismus, der aus niederster Hab- und Eigensucht, Herrsch- und Machtgier sich zusammensetzenden historischen Grundlagen des Judentums! Ohne das Auftreten des Ariers [sic!] Jesus von Nazareth wären diese die Grundlagen für die Weiterentwicklung der ganzen Menschheit geblieben!« (Dinter 1920: 175)

Der Hass gegen den Maler flaute nicht ab, sodass Liebermann schließlich das Gemälde übermalte, den bis dato barfüßigen Jesus mit Sandalen versah und die jüdische Physiognomisierung entfernte. Der „Jesus-Skandal“ zu Beginn der 1880er-Jahre illustriert, dass die völkischen Antisemiten gewillt waren, auch noch das schwache Band, das in traditioneller kirchlicher Interpretation zwischen Christentum und Judentum bestand, zu zerreißen, indem sie Jesus „arisierten“, und so aus dem jüdischen Volk herauslösten. Die „esoterische Ariosophie“, der sich zu Beginn des 20. Jh.s auch Christen vor allem aus dem Protestantismus anschlossen, stellt ein Spezifikum des „deutschen Sonderwegs“ dar.

1.11 *„Der Jude“ in der „Karikatur“*

Integraler Bestandteil des Jüdischen Museums in Wien ist die „Sammlung Finkelstein“, die antisemitische Alltagsgegenstände präsentiert. In einer Vitrine der Sammlung sind elegante Spazierstöcke zu sehen, deren antisemitischer Gehalt sich erst bei näherer Betrachtung offenbart. Die Griffe der Spazierstöcke sind in Form der sogenannten „Judennase“ gehalten. Der Wiener „Mann von Welt“ wollte jederzeit seine Gesinnung offenbaren und den Juden mit seinem „Gigerlstock“ auf der Straße demütigen. „Geh bäule“, „schleich dich“, so lautete die Botschaft, die der Träger des Spazierstocks mitzuteilen gedachte. Das irritierende der „Sammlung Finkelstein“, deren Exponate aus der Zeit zwischen ca. 1860 und 1920 stammen, ist der tiefe Einblick in die Allgegenwärtigkeit des Antisemitismus im Wien des Fin de Siécle sowie im Viktorianischen England. In einer schier unüberblickbaren Fülle von Alltagsgegenständen manifestierte sich die Judenfeindschaft um die Jahrhundertwende. Ganze Vitrinen sind gefüllt mit Nippes wie beispielsweise diversen Porzellanfiguren, die den jüdischen Hehler Fagin aus dem Roman *Oliver Twist* von Charles Dickens darstellen. Die Nippesfigur schmückte zahllose engl. Kaminsimse und reproduzierte die antisemitischen Narrative des „rothaarigen Juden“, des „geldgierigen Raffers“ sowie des „schmierigen

Charakters". Die Sammlung Finkelstein illustriert die Relevanz bislang weitgehend unbeachtet gebliebener Alltagsgegenstände, die zur Popularisierung judenfeindlicher Klischees beitrugen und die das bereits erreichte Maß des Hasses seinerzeit spiegeln. Gerade ihre Alltäglichkeit trug mit zur Internalisierung der antisemitischen Ideologie bei, zur Perpetuierung des antagonistischen Konstrukts von „Wir-Gruppe" und „Fremdgruppe" sowie zur Akzeptanz antisemitischer Maßnahmen bis hin zur offenen Gewalt.

Erschreckend ist das Ausmaß des antisemitischen Bildervorrats der Sammlung, das alle Klassen und Schichten judenfeindlich strukturierte sowie Jung und Alt indoktrinierte. Zur Handpuppe des „Wucherjuden", die der Kasperl zur Belustigung der Kinder wie der Erwachsenen nach Herzenslust verprügeln durfte, gesellen sich zahllose Figuren aus diversen Materialien, die den Juden stereotypisierend mal als „Börsenjude", „Viehjude" und „Kramhändler" sodann als „Kaftanjude", „Talmudjude" und „Mädchenschänder" darstellen sollen. Es fehlt auch nicht die Animalisierung des Juden in Gestalt eines „jüdischen Schweins", das als Spardose diente.

Mit den Juden in der Karikatur hat sich der marxistische Kulturwissenschaftler und Kunstsammler Eduard Fuchs (1870–1940) befasst, der im Jahr 1921 den Bildband *Die Juden in der Karikatur* veröffentlichte. Fuchs verstand die Publikation als „Beitrag zur Kulturgeschichte" und präsentierte eine umfangreiche Sammlung von Karikaturen über Juden und das Judentum vom 15. bis ins 19. Jh., die er indes keineswegs immer in einer den Antisemitismus dekonstruierenden Weise kommentierte. Insbesondere vor dem Hintergrund des Ersten Weltkriegs zeigen die von Fuchs zusammengestellten Karikaturen die Relevanz neuer judenfeindlicher Stereotype. Das Stereotyp vom „Ostjuden", so verdeutlicht Fuchs, existierte zwar schon in der ersten Hälfte des 19. Jh.s, in verstärktem Maß indes erst nach der Reichsgründung von 1871, als durch militärische Gebietsgewinne Tausende osteuropäischer Juden in das Deutsche Reich gelangten. Der „Stetl-Jude" wurde in der Karikatur immer mehr zum Inbegriff des Juden. Völkische wie nationalistische Kräfte warnten vor einer „Überfremdung". Karikaturen stellten den deutschen Michel dar, wie er vom bettelnden „Kaftanjuden mit Ringellöckchen" um sein Erspartes gebracht wird.

Anfang des 20. Jh.s entstand das Motiv des „kleinen Cohn“, das sich vor allem auf Postkarten verbreitete. Ganze Postkartenserien bedienten das Stereotyp vom „kleinwüchsigen, krummbeinigen, schmächtigen Juden“. Das Pejorativum sollte u. a. die Vormachtstellung nichtjüdischer Männer bei den Offiziersrängen sicherstellen, zu denen Juden zumeist ausgeschlossen waren. Während Preußen bekennenden Juden die Aufnahme in das Offizierskorps verweigerte und es in der preußischen Armee nach 1885 auch keine jüdischen Reserveoffiziere gab, waren in der bayerischen Armee etliche jüdische Reserveoffiziere präsent, wenngleich auch deren Anzahl unterrepräsentiert war. Weite Verbreitung fand eine Postkarte aus dem Jahr 1905, die den „kleinen Cohn“ bei der Musterung zeigt. Während der nackte „kleine Cohn“ zur Belustigung der Herren in eleganter Offiziersuniform vermessen wird, fällt die Musterungsbehörde das Urteil: »Der kleine Cohn mit der Naas unterm Maas.« Die Postkarte wurde von potentiellen Anwärtern auf die begehrten Offiziersränge verschickt und sollte den Empfängern mitteilen, dass der Absender im Unterschied zum „unmilitärischen Wesen des Juden“ alle körperlichen Voraussetzungen erfüllt hätte, um den Weg einer militärischen Karriere einschlagen zu können. Derlei Postkarten trugen mit dazu bei, dass Juden auch während der Euphorie des „Augusterlebnisses“ beim Militär diffamiert wurden.

Die Verbreitung und Beliebtheit solcher Judenkarikaturen belegt auch der humoristische Dichter und Zeichner Wilhelm Busch (1832–1908), der sich ebenso nicht des Antisemitismus enthielt. Gleich zu Beginn der Bildererzählung *Die fromme Helene* heißt es: »Und der Jud mit krummer Ferse - krummer Nas’ und krummer Hos’ - Schlängelt sich zur hohen Börse - Tiefverderbt und seelenlos.« In der Bildergeschichte *Plisch und Plum* aus dem Jahr 1882 zeichnete Busch einen stereotypisierten Juden mit „Judennase“, „Judenbuckel“ und langem Kaftan und reimte dazu: »Kurz die Hose, lang der Rock - Krumm die Nase und der Stock - Augen schwarz und Seele grau - Hut nach hinten, Miene schlau - So ist Schmulchen Schievelbeiner - Schöner ist doch unsereiner!« Im Münchener Bilderbogen *Naturgeschichtliches Alphabet* von 1863 tauchen gleichfalls zwei antisemitische Bilder auf. Der „Buchstabe S“ wird hier präsentiert mit dem Text: »Der Steinbock lange Hörner hat - Auch gibt es Schweine in der Stadt«, wobei zwei sturzbetrunkene Schweine zu sehen sind, die mittels eines Fußtritts aus einem Wirtshaus befördert werden. Das Gastroschild am Eingang ist mit einem Davidstern versehen, sodass es sich um eine antisemitische Animalisierung handelt. Der Buchstabe Z wird wiederum mit folgendem Reim erläutert: »Die Zwiebel ist der Juden Speise - Das Zebra trifft man stellenweise.« Die dazugehörige Abbildung zeigt einen an einer Palme angelehnten Juden im Kaftan, der eine Knoblauchzehe verspeist. Durch das Ambiente der Landschaft – Zebra, Wüste, Palmen – wird der Jude als Orientale konstruiert und so sein Fremdsein, seine Nichtzugehörigkeit verstärkend betont.

Das „Fremdsein" des Juden unterstreicht auch eine Karikatur der 1861 gegründeten Wiener Satirezeitschrift *Kikeriki,* in der im Jahr 1910 eine Zeichnung zu sehen ist, die eine „Judenschule" abbilden soll. Im fiktiven Klassenzimmer hängt bezeichnenderweise eine „Karte von Palästina". Die Kinder der Klasse werden in physiognomischer Weise zu „Orientalen" konstruiert. Die in der damaligen Zeit antisemitisch konnotierte Bedeutung des Terminus „Judenschule" kommt dadurch zum Ausdruck, dass der judenfeindliche Spruch „Hier geht es zu wie in einer Judenschule" illustriert wird. Während der Terminus der „Judenschule" im Mittelalter umgangssprachlich die Synagoge als solche bezeichnete, stand die Begrifflichkeit im 19. Jh. bei Nichtjuden für Disziplinlosigkeit, Unordnung, Chaos, Tumult sowie Respektlosigkeit vor Autoritäten, was die Schulklasse illustriert, insofern diese nahezu außer „Rand und Band" ist. Die Vielfalt judenfeindlicher Karikaturen in der Wiener Satirezeitschrift *Kikeriki* verdeutlicht das Maß des Antisemitismus im Wien um 1900. Am 22. Dezember 1910 veröffentlichte die Zeitschrift eine Karikatur mit der Überschrift »Die Ärzte haben nichts dagegen, wenn die Verwaltung der Spitäler das Land übernimmt [...].« Zu sehen ist eine zu Juden konstruierte Ärztegruppe im Anmarsch auf das Hospital, während der nichtjüdische Portier eine tiefe Verbeugung macht. Die Karikatur thematisiert den Topos der „Judaisierung", der „jüdischen Machtübernahme", mobilisiert Sozialneid vor dem jüdischen Konkurrenten und greift zugleich das bereits bei Luther verbreitete Pejorativum vom Juden als Giftmischer auf, insofern einer der Ärzte eine große Flasche mit dem Etikett „Gift" in das Hospital trägt.

Zu den antisemitischen Alltagsgegenständen gehörten auch Spottmedaillen auf Juden, die sowohl religiöse wie sakrale stereotype Motive aufgriffen. So taucht Anfang des 16. Jh.s das Motiv der sogenannten „Judensau“ auf Gedenkmünzen auf. Auf der Vorderseite zu sehen ist beispielsweise ein Jude, der auf einer Sau reitet, während auf der Rückseite eine gehörnte Teufelsfratze zu erblicken ist, sodass „der Jude“ animalisiert wie sodomisiert wird und zugleich als diabolische Gestalt erscheint. Ein weiteres religiöses Motiv bemühte die „Judentaufe“. Während auf der Vorderseite einer Taufmedaille aus dem 17. Jh. ein Priester zu erblicken ist, der einen knienden Juden tauft, lautet die Gravur auf der Rückseite:

> »Selten / wird ein Jud / ein Christ, / er hab denn was / begangen, / auch thut er meist / umbs Geldt, / dass er nicht / hängen darff. / Denn wann ers / anders stiehl / so strafft Mann / ihn zu / scharf.« (Kirschner 1968: 27)

Den judenfeindlichen Kern der Spottmedaille offenbart die Randschrift, welche lautet: »So wahr die Maus die Katz nit frisst, wird der Jud kein wahrer Christ«. Ein neuerlicher Blick auf die Vorderseite offenbart die Gewalttätigkeit der Münze. Bei genauerer Betrachtung zu erkennen ist, dass „der Jude“ nicht vor einem natürlichen Stein kniet, sondern dieser vielmehr ein Mühlstein ist, der an seinen Hals gebunden ist. Die von links nach rechts laufende Aufschrift lautet: »So [also ertränkt, d. Verf.] bleibt er [der Jude, d. Verf.] am Bestaendigsten.« Die Spottmedaille des 17. Jh.s geht mit Mordgelüsten einher und stellt zugleich das christliche Sakrament der Taufe in Frage, sodass „Jüdischsein“ hier bereits zu einem naturalisierten Wesensmerkmal gerinnt. Religiös gehaltene Medaillen bedienten sich ebenso der Hostienfrevellegende. Eine Medaille aus dem Jahr 1837 erinnert an die vermeintliche Hostienschändung in Deggendorf. Auf der Vorderseite zu erblicken ist ein Hostienschrein, die Rückseite erhält die Aufschrift: »Zur / Erinnerung / des 500 jährigen / Jubiläum / in der Heil Grab / Kirche / Deggendorf / 1837.«

Die sakralen Spottmedaillen bemühten überwiegend Motive aus dem wirtschaftlichen Antisemitismus und griffen den Fall des zum Tode durch den Strang verurteilten Joseph Süß Oppenheimer auf, den sie mit Hohn übergossen. Münzen Ende des 17. Jh.s gaben dem Juden die Schuld für die Teuerung des Getreides, für Hungerplagen ebenso wie für Naturphänomene. Auf der Vorderseite sogenannter „Kornjuden-Medaillen“ zu sehen ist beispielsweise ein bärtiger Jude, der einen Getreidesack auf dem Rücken trägt. Die Aufschriften auf Innen- wie Außenwand lauten:

»Wer / Korn / Inhelt / Dem / Fluchen / Die / Leu / The. Aber / Segen / Komt / Über / Den / So Es / Ver / Kauft.« (Kirschner 1968: 54)

Historische Spottmedaillen zum Zeitpunkt der „Türkenkriege" schreckten ferner nicht davor zurück, „den Juden" zum Gehilfen bzw. Verbündeten der Türken zu imaginieren. Spätere Jetons aus dem 19. Jh. waren auch Judenfeinden wie dem Hofprediger Adolf Stöcker oder Hermann Ahlwardt gewidmet.

1.12 *„Der Jude" in der Literatur des Wilhelminismus*

Im Wilhelminischen Kaiserreich fand der Antisemitismus wachsende Verbreitung und Verankerung nicht zuletzt in literarischer Form. Einer der vermutlich meistgelesenen Romane in der zweiten Hälfte des 19. Jh.s war der im Jahr 1855 erschienene Gesellschaftsroman *Soll und Haben* des oberschlesischen Schriftstellers Gustav Freytag (1816–1895). Neben der politischen Stoßrichtung gegen den Adel und dessen verschwenderischen Lebensstil richtete sich die Kritik Freytags gegen Spekulation und Börse und in diesem Kontext primär gegen Juden und Polen. Das auch in den Schriften des dt. Nationalsozialismus bemühte Konstrukt vom „schaffenden" und „raffenden Kapital" verkörperte Freytag im Charakter des fleißigen und moralischen Anton Wohlfahrt sowie dessen Antipoden, dem Juden und Ex-Schulkameraden Veitel Itzig, der für den jüdischen Kaufmann Hirsch Ehrental arbeitet. Während die bürgerliche Kaufmannsfamilie Schröter, in deren Kontor Wohlfahrt gewissenhaft arbeitet, als vorbildlich konstruiert wird und ehrlich ihre Geschäfte betreibt, stellt in antagonistischer Weise die einzig und allein am größtmöglichen Gewinn interessierte jüdische Kaufmannsfamilie Ehrental das unethische Pendant dar. Die Konstruktion der jüdischen Charaktere als Juden geschieht u. a. mittels ihrer Nachnamen, wobei Freytag diejenigen präferiert, die ihnen die christliche Mehrheitsgesellschaft einst in diskriminierender Absicht gab. Die jüdischen Charaktere des Romans beherrschen die dt. Sprache nur gebrochen und verfügen über Charaktereigenschaften, die zu Zeiten Freytags als „typisch jüdisch" galten („materialistisch", „geldgeil", „vorteilsorientiert", „unethisch" und „sexsüchtig"). Zwar benutzt Freytag mit dem Nachnamen Itzig einen Familiennamen, der zu Beginn des 19. Jh.s als diskriminierende Sammelbezeichnung für „die Juden" geläufig war, indes findet sich im Roman noch keine anthropologisch-biologistische Sichtweise im engeren Sinne, insofern Anton Wohlfahrt mit Bernhard, dem Sohn Ehrentals, innige Freundschaft schließt und dieser im Unterschied zu seinem Vater ehrenhaft handelt, jedoch früh an einer Krankheit stirbt. Im Unterschied zu Veitel Itzig sind auch dessen Eltern keineswegs unehrenhaft, gleichwohl werden auch sie zu „Fremden" konstruiert, die nicht dem „Volkskörper" angehören.

Diese Einschränkung ändert nichts daran, dass die nachhaltige Wirkung beim Leser im Konnex zwischen „Jüdischsein" und „auf Vorteil bedacht Sein" besteht. Freytag schreckt auch nicht davor zurück, Veitel Itzig als unästhetisch erscheinen zu lassen, wenn er diesen wie folgt einführt:

> »Itzig war keine auffallend schöne Erscheinung; hager, bleich, mit rötlichem [Legende von den roten Juden, d. Verf.!] krausem Haar, in einer alten Jacke und defekten Beinkleidern sah er so aus, dass er einem Gendarmen ungleich interessanter sein musste als andern Reisenden.« (Freytag 1906: 20)

Die Charakterisierung Itzigs bemüht die Kriminalisierung, das Narrativ der „roten Juden", die Konstruktion des jüdischen Körpers als eines spezifisch hässlichen sowie den Mythos von der Blutarmut („bleich"), der aufs engste mit der Konnotation „des Juden" mit der Gestalt des Vampirs verbunden ist. Das Motiv aufgreifend heißt es an anderer Stelle:

> »Wie ein Gespenst verfolgte Veitel den unglücklichen Erben; kaum hatte dieser sich in die ersten Träume über sein künftiges Glück hineingelebt, so stand er als unerbittlicher Mahner an eine finstere Vergangenheit vor ihm und schlug durch die eisige Kälte seiner Forderungen allen warmen Dampf nieder, welcher aus der hoffnungsvollen Seele des Erben aufstieg. Es war unmöglich, ihm zu entkommen, mit eisernen Zangen hielt er seinen Schuldner fest, und das Gesetz half ihm so energisch, dass der Erbe nach vielen Winkelzügen kapitulieren musste. Durch achttausend Taler, den größten Teil seiner Erbschaft, kaufte er sich von Veitel frei.« (Freytag 1906: 319)

In rezeptionsgeschichtlicher Hinsicht ist der vielfach neu aufgelegte Roman *Soll und Haben* nicht zu unterschätzen, insofern dieser „den Juden" als literarische Figur populär machte und in bürgerlichen Schichten weite Verbreitung fand, wodurch die antisemitische Stereotypisierung zum Common Sense par excellence avancierte. Als keineswegs unbedeutend für die weitere Historie des Antisemitismus einzuschätzen ist auch die spezifische Verbindung der antijüdischen mit der antislawischen Haltung Freytags, die in der Figur des „Ostjuden" ihre Synthese fand. Die polnischen Charaktere sind überwiegend die Aufständischen, die Revoluzzer, der unheimliche, bedrohliche Pöbel eines „fernen Landes", wodurch bereits Bezüge zum antijüdischen Konstrukt des späteren „Judäo-Bolschewismus" sichtbar werden.

Antisemitische Motive bediente Freytag ebenso auf der Bühne, so gehört das Lustspiel *Die Journalisten*, das 1852 erstaufgeführt wurde, zu einem der meistgespielten Stücke seiner Zeit. Wie in *Soll und Haben* so ist auch im Vierakter *Die Journalisten* der jüdische Charakter Schmock nicht in der Lage, korrektes Hochdeutsch zu sprechen; an ihn gerichtete Fragen beantwortet er zumeist mit Gegenfragen, was ein untrügliches Zeichen seines „sophistischen Jüdischseins" darstellen soll. Der unehrliche, unethische Charakterzug Schmocks kommt zum Ausdruck, wenn ihn Freytag in der 2. Szene sagen lässt: »Ich habe geschrieben links, und wieder rechts. Ich kann schreiben nach jeder Richtung.« Sein Gesprächspartner antwortet darauf: »Ich sehe, Sie haben Charakter.« Der jüdische Journalist gerinnt so zur symbolischen Gestalt für den korrupten Journalismus wie für den „bestechlichen Juden". Jüdischsein und Journalismus verschmelzen zur Gesinnungslosigkeit wie Käuflichkeit. Schmock bleibt zugleich eine lächerliche Figur, „der Jude" ist bei Freytag Gegenstand des Spottes wie des Hohnes.

Antisemitismus in literarischer Form war im Wilhelminismus alles andere als eine Seltenheit und findet sich ebenso im 1864 erstmals in Buchform erschienenen Roman *Der Hungerpastor* des viel gelesenen Autors Wilhelm Raabe (1831–1910), der in kürzester Zeit zahllose Auflagen erreichte. Das Gute und das Böse werden antagonistisch in Gestalt der Figuren Hans Unwirrsch und Moses Freudenstein gegenübergestellt. Der selbstsüchtige Charakter des Juden Moses Freudenstein verkörpert bei Raabe das zerstörerische Element bzw. das Böse, was sich bereits bei seiner Geburt dadurch offenbart, dass seine Mutter im Kindbett stirbt. Während „der Jude" einzig und allein nach äußerem Erfolg, Gewinn und Profit trachtet, ist sein nichtjüdischer Klassenkamerad der Fantasie fähig, malt Bilder und zeigt Gefühle, er stellt die Verkörperung des Guten dar, des Ethischen. Die Ausmalung des Bösen bedient sich u. a. der Sexualisierung des Juden, da dieser seine weiblichen, unschuldigen Bekanntschaften nach gemeinsam verbrachter Nacht „vor die Tür setzt". Im Unterschied zu *Soll und Haben* machen sich bei Raabe bereits anthropologisch-biologistische Positionen bemerkbar, insofern der Autor Moses zum Katholizismus konvertieren lässt, indes die Konversion an dessen „jüdischem Wesen" nichts zu ändern vermag, sodass ihn auch sein ehemaliger Freund Hans zu hassen beginnt, der ihn einst in der Schule gegen judenfeindliche Angreifer verteidigte. Während Hans das Prinzip der Askese und Reinheit verkörpert und gegen Ende des Romans selbstlos eine ärmliche Pfarrei übernimmt, steht Moses für das Prinzip der Wollust sowie der Völlerei. Judentum und Christentum stehen sich hier im Sinne eines Dualismus unversöhnlich gegenüber, wobei das Gute zugleich die Absolution dafür erhält, dass es das Böse hasst. Es ist nicht zuletzt dieses manichäistische Narrativ, das dem Roman seine nachhaltige Wirkung verschaffte, insofern es in das nationalsozialistische Konstrukt des binären Antagonismus zwischen „Ariern" und „Semiten" einging. Der Endzeitkampf zwischen dem Guten und dem Bösen als antijüdische Konzeptualisierung ist bereits in der polarisierenden Darstellung zwischen dem „Arier" Hans und dem „Semiten" Moses als den beiden kontrastierenden Romanfiguren angelegt. Der Jude ist bei Raabe einmal mehr der Heuchler, der Versteller, der Täuscher, dessen Übertritt zum Katholizismus nur als Entréebillet für eine Professur an der Berliner Universität dient und nichts an seinem eigentlichen „jüdischen Wesen" zu ändern vermag.

Im Jahr 1876 veröffentlichte der Schriftsteller Felix Dahn (1834–1912) den historischen Roman *Ein Kampf um Rom*, der den Germanenmythos populär machte und zugleich sozialdarwinistisches wie völkisches Gedankengut propagierte. Der Roman illustriert das Narrativ von der „schönen Jüdin", wenn es heißt:

> »›Ei, ei‹, fiel Piso der Dichter eifrig ein, ›ich kenne den Juden und Miriam, sein herrliches Kind. Die schönste Tochter Israels, die Perle des Morgenlandes, ihre Lippen sind Granaten, ihr Aug' ist dunkelmeeresblau, und ihre Wangen haben den Duft des Pfirsichs.‹ - ›Gut, Piso‹, lächelte Cethegus, ›dein Gedicht ist schön.‹ ›Nein‹, rief dieser. ›Miriam selbst ist die lebendige Poesie.‹« (Dahn 2009: 91)

Neben dem Mythos des „hässlichen Juden" bediente die wilhelminische Literatur das Klischee der „schönen Jüdin", deren Anmut und Güte für den lohnenswerten Versuch steht, diese zwecks Konversion zu erobern und deren verführerische Ausstrahlung ein Symbol dafür abgibt, dass von ihr gleichfalls eine destruktive Gefahr ausgeht, insofern der männliche Eroberer dem Christentum untreu werden und den subversiven Verführungskünsten der holden Unschuld erliegen könnte und so aus dem christlichen Missionar ein Proselyt würde.

1.13 Der Erste Weltkrieg als Katalysator der Radikalisierung

Vom sogenannten „Augusterlebnis", der euphorisch-nationalistischen Stimmung im August 1914, ließen sich auch in Deutschland große Teile der jüdischen Bevölkerung mitreißen. Der Propaganda-Aufruf des dt. Kaisers Wilhelm II.: »Ich kenne keine Parteien mehr, ich kenne nur noch Deutsche«, den zahllose Zeitungsmeldungen, Plakate und Postkarten verbreiteten, richtete sich im Sinne des „Burgfriedens" zwar primär an die dt. Sozialdemokratie, weckte indes auch bei den Juden die Hoffnung, der Krieg könne mit dazu beitragen, als gleichberechtigte Deutsche akzeptiert zu werden. Kriegseuphorie und Hoffnung auf Akzeptanz führten dazu, dass sich ca. 10 000 jüdische Kriegsfreiwillige sogleich meldeten. Die jubelnde Anteilnahme der Bevölkerung, die den Auszug ihrer Soldaten enthusiastisch begleitete, sowie die erstmals existenten Chancen für Juden, den Rang eines Offiziers zu bekleiden, schienen anfänglich die Annahme zu bestätigen, durch nationale Pflichterfüllung ließe sich die Akzeptanz als ebenbürtiger Kriegsteilnehmer wie gleichberechtigter Staatsbürger erringen.

Recht rasch zeigte sich für Juden, dass der ausgebrochene Chauvinismus den nicht zuletzt im Militär stark verankerten Antisemitismus weder annullierte noch mittel- oder gar längerfristig überdeckte. So waren Juden bei der Beförderung in Offiziersränge unterrepräsentiert und wenn sie es dennoch schafften, wurden sie nach Kräften geschnitten. Der zu Beginn des Ersten Weltkriegs eine Laufbahn als Reserveoffizier einschlagende Maier Trepp machte in jenen Tagen eine für Juden typische Erfahrung:

»Maier Trepp hatte als Kandidat für den Reserveoffizier gedient. Als seine zwölf Monate zu Ende gingen rief sein Hauptmann ihn in sein Büro und sagte: ›Herr Trepp, ich habe ihnen einen Gefallen getan: Ich habe die Abschlussprüfung für die Offiziere an einem ihrer Feiertage angesetzt.‹ Maier Trepp entgegnete: ›Was ist das denn für ein Gefallen?‹ ›Verstehen Sie mich doch recht‹, sagte der Hauptmann, ›wenn Sie die Prüfung machen, werden Sie natürlich bestehen. Und dann wird das Offizierskorps Sie als Juden ablehnen. Tun Sie sich und mir einen Gefallen, schreiben Sie einen Brief, dass Sie von der Prüfung befreit werden wollen, weil es ein Feiertag ist.‹ So stand in seinem Militärpass: ›Hat an der Prüfung nicht teilgenommen.‹«(Trepp 2018: 35)

Wenige Monate nach Kriegsbeginn wurden Juden durch derlei Erfahrungen tief verletzt. Während sich bereits in der Anfangszeit der Traum der Gleichberechtigung im Schützengraben nicht erfüllte, verstärkte sich der Antisemitismus beim Übergang vom Bewegungskrieg zum Stellungskrieg als sich abzeichnete, dass das Morden noch Monate andauern würde und von einem „Ausflug nach Paris", einem „Wiedersehen auf dem Boulevard", keine Rede sein könne. In dieser Situation erfüllte der Antisemitismus seine Funktion als schuldzuweisendes Ablassventil, sodass es die Juden waren und deren vermeintliche „Drückebergerei", die für den Kriegsverlauf die Verantwortung trugen. „Der Jude" mache sich in der Etappe breit und ließe die anderen an der Front kämpfen, so hieß es. In der Phase des Stellungskriegs wirkte sich das Kriegsgeschehen als ein den Antisemitismus verstärkender Faktor aus, zumal der staatliche Antisemitismus in Gestalt der sogenannten „Judenzählung" auf den Plan trat. Der Wilhelminische Staat schützte nicht etwa die Juden vor verunglimpfenden Verleumdungen, sondern gab vielmehr der antisemitischen Stimmung nach, der sich Teile des Militärs, antisemitische Verbände und Parteien sowie die Presse bedienten. Am 11. Oktober 1916 wurde offiziell eine sogenannte „Judenzählung" vom preußischen Kriegsminister angeordnet. Die Resultate der „Judenzählung" wurden zwar nie publiziert, doch dadurch verstärkte sich die antisemitische Stimmung noch. Der judenfeindliche Knittelvers »Überall grinst ihr Gesicht, nur im Schützengraben nicht« erfreute sich auch bei einfachen Soldaten großer Beliebtheit.

In der zweiten Kriegshälfte bediente sich die antisemitische Propaganda des Motivs vom „jüdischen Kriegsgewinnler". Diverse Postkarten mit der Überschrift »Kriegsgewinnler« kamen in

Umlauf, auf denen zu Juden konstruierte Kaufleute zu sehen waren. Im Jahr 1919 organisierte sich gegen den wachsenden Antisemitismus der »Reichsbund jüdischer Frontsoldaten«, welcher posthum der Hetze der „Judenzählung" entgegenzutreten versuchte, indem er darauf verwies, dass von den 85 000 dt. Juden, die im Ersten Weltkrieg kämpften, 12 000 fielen. Im Jahr 1922 ergab eine sorgfältige Auswertung der erhobenen Daten des Statistikers und Arztes Jakob Segall, der von 1908 bis 1933 in Berlin das „Bureau für Statistik der Juden" leitete, keine signifikanten Effekte zwischen Juden und Nichtjuden. Der sich verschärfende Antisemitismus trug indes dazu bei, dass große Teile der Bevölkerung Segals Studie nicht ernst nahmen, da sie ja „von einem Juden stamme".

Neben den antisemitischen Stereotypen des „Drückebergers", des „Schwarzhändlers" sowie des „Kriegsgewinnlers" waren im Ersten Weltkrieg die Spionisierung wie die Kollaborateurisierung verbreitet, die vor allem in multiethnisch zusammengesetzten Ländern stark ausgeprägt waren. Immer öfter wurden „die Juden" bezichtigt, aufseiten des Kriegsgegners zu stehen bzw. „Verräter" zu sein. Die rassifizierende Spionisierung, die im Ersten Weltkrieg bereits mit Konzeptionen „ethnischer Säuberung" einherging, stellte einen relevanten Faktor der Verschärfung der Judenfeindschaft dar. In Frankreich kam es während des Ersten Weltkriegs zu einer Revitalisierung der „Dreyfus-Affäre". Die „Action Française" versuchte Revanche zu nehmen und bezichtigte in Frankreich wohnende deutsche wie osteuropäische Juden dem militärischen Feind als „Spione" zu dienen. Die antisemitische Propaganda Frankreichs bemühte dabei erneut die Gleichsetzung von „Juden" und „Deutschen".

Die Rolle des Ersten Weltkriegs als Katalysator für die Radikalisierung des Antisemitismus zeigte sich ebenso daran, dass sich der völkisch-nationalistische wie biologistisch-rassistische Charakter des Antisemitismus verstärkte und in diesem Kontext das Stereotyp des „Ostjuden" zunehmend rassenbiologische Züge annahm. Für diesen Trend der Verschärfung der Judenfeindschaft steht u. a. der Finanz- und Kolonialbeamte Georg Fritz (1865–1944), der bereits 1915 in seiner Schrift *Die Ostjudenfrage* formulierte:

> »Allein es handelt sich hier bei der Ostjudenfrage nicht um die Aufnahme und Einschmelzung einiger Hundert oder Tausend, sondern

> um Millionen nicht nur armer, leiblich und sittlich verkümmerter Menschen, sondern um Rassenfremde, verjudeter Mongolen, deren Massenaufnahme den Gesamtcharakter des deutschen Volkes einseitig und nachteilig beeinflussen […] würde.« (Fritz 1915: 43)

Im Verlauf des Ersten Weltkriegs sowie des Arbeitskräftemangels, der zum Anwerben osteuropäischer Juden führte, propagierten die völkischen Schriftsteller das dystopische Szenario einer demographischen „Überfremdung". Vom »verjudeten Mongolen« bei Fritz und dessen irrationaler Angst vor Millionen „Rassenfremder" führen Spuren zur Judenverfolgung nach dem Überfall auf Polen. Für Fritz muss die „Rassenpflege" Richtschnur jeder vernünftigen Bevölkerungspolitik werden. Die Judengegnerschaft begrüßt Fritz aufs Schärfste, da diese »das Bewusstsein der Rasse und der Verantwortlichkeit für die Reinerhaltung des Blutes geweckt und gefördert« habe:

> »Der deutsche Antisemitismus ist eine Fiebererscheinung, ein Gesundungsvorgang im Volksbürger gegen die wesensfremde, geldhäufende Entwicklung, der wertvolle Volksteile geopfert wurden. Die Bewegung richtete sich gegen die Juden als die augenfälligsten Vertreter des Kapitalismus; zunächst mehr aus wirtschaftlichen Gründen und Zwecken, später unter stärkerer Betonung des Rassengegensatzes.« (Fritz 1915: 14)

Die stärkere Betonung des »Rassengegensatzes« war nicht zuletzt ein Effekt der durch den Ersten Weltkrieg bedingten Radikalisierung des Antisemitismus.

1.14 Zusammenfassung

Ab der zweiten Hälfte des 19. Jh.s nahm der Antisemitismus in großen Teilen Europas sowie in den USA stärker anthropologisch-biologistische Züge an. Die Juden wurden zunehmend zu einer „Rasse" konstruiert, der überwiegend negativ bewertete Eigenschaften zugeschrieben wurden. Diese Charakteristika, so hieß es in relevanten Teilen der Presse, wirkten sich negativ auf den Zusammenhalt der Nation aus, ja sie stellten einen relevanten Faktor der „Dekomposition" dar. Im Kontext der rechtlichen Gleichstellung der Juden wuchs in den westeuropäischen Ländern der Sozialneid auf diejenigen Juden, denen es gelungen war, als Freiberufler oder als selbstständige Unternehmer Karriere zu machen. „Der Jude“ wurde in wachsendem Maß als mächtige Gestalt assoziiert. Antijüdische Konzeptualisierungen imaginierten die Juden als eine verschworene Gemeinschaft, die herrschaftspolitische Ziele verfolge und längerfristig die politische Macht in den europäischen Staaten übernehmen wolle. Im Zeitalter des Imperialismus kursierten verstärkt Verschwörungstheorien, die sich einem rationalen Diskurs entzogen und aufklärungsresistente, alternative Fakten produzierten. Moderne Verschwörungstheorien in Gestalt der erstmals im Russischen Kaiserreich im Jahr 1903 erschienenen *Protokolle der Weisen von Zion* lösten ältere Varianten wie die Ritualmordlegende indes nicht ab, sodass es auch im preußischen Konitz im Jahr 1900 noch zu einer Ritualmordanschuldigung kam sowie ebenso in mehreren osteuropäischen Ländern. Während in den westeuropäischen Ländern der Antisemitismus weitgehend ein Antisemitismus des Wortes, der Presse sowie der politischen Rhetorik blieb, etablierten sich in Russland Kräfte, die vor Pogromen nicht zurückschreckten und mit Teilen des Staatsapparates wie vor allem der Geheimpolizei verbunden waren. Bis zu 2000 Juden fielen den antijüdischen Pogromen zwischen 1893 und 1896 zum Opfer, die zu einer Westemigration russischer Juden größeren Ausmaßes führten.

Die Etablierung parlamentarischer Systeme in den westeuropäischen Staaten ging mit der Erscheinung des politischen Antisemitismus einher. Bürgerliche Parteien, die um die Wählergunst warben, bedienten antisemitische Ressentiments und verstärkten ihrerseits die judenfeindliche Stimmung. Zwar blieb der Wahlerfolg der antisemitischen Parteien im Wilhelminischen Kaiserreich gering, jedoch war dies maßgeblich dem Tatbestand geschuldet, dass auch die anderen Parteien in ihrer Programmatik judenfeindliche Passagen aufnahmen und entsprechend agierten. Der Erste Weltkrieg stellte einen entscheidenden Einschnitt dar, insofern vom millionenfachen Morden eine katalysatorische Wirkung bezüglich der Verstärkung des Antisemitismus ausging, eine Radikalisierung, die den Übergang des Antisemitismus des Wortes zum Antisemitismus der Tat in Deutschland einleitete.

2 Der Antisemitismus in der Zwischenkriegszeit

Der Antisemitismus der Zwischenkriegszeit ist maßgeblich durch die fundamentale Neuordnung Europas geprägt, welche durch die fünf Verträge erfolgte, die zwischen Juni 1919 und August 1920 geschlossen wurden. Der Friedensvertrag von Versailles sowie die Verträge von Saint-Germain, Neuilly-sur-Seine, Trianon und Sèvres veränderten die Landkarte Europas grundlegend. Die Zerschlagung insbesondere Österreich-Ungarns führte zur Bildung zahlreicher neuer Nationalstaaten, die danach strebten, ethnisch homogene Bevölkerungen zu formen. Die tiefgreifende Umwälzung der europäischen Landkarte bewirkte neue ethnische Konflikte, zumal auch die Grenzziehungen der Versailler Verträge willkürlich waren und Staaten generierten, die ihrerseits über starke nationale Minderheiten verfügten. Von Relevanz für den Antisemitismus der Zwischenkriegszeit waren ebenso die Machtübernahme der Bolschewiki sowie die revolutionären Nachkriegsbewegungen Anfang der 1920er-Jahre. Die politische Reaktion erklärte die Juden zu den Schuldigen und bezichtigte diese, Revolutionen als Teil einer „jüdischen Verschwörung" anzuzetteln. Als vermeintlicher „Beleg" verwies die Rechte auf die jüdische Präsenz unter den Revolutionären. Die bereits Anfang des 20. Jh.s entstandenen *Protokolle der Weisen von Zion* erreichten in den Jahren zwischen den Weltkriegen internationale Verbreitung. Im Jahr 1919 erschien die erste nichtrussische Ausgabe in Deutschland, in den Jahren darauf machte Henry Ford die „Protokolle" in den USA bekannt. Der Autobauer aus Detroit verschaffte ihnen hohe Auflagen und Übersetzungen in zahlreichen Sprachen. Neben dem Nationalismus der jungen Nationalstaaten, der Hetze in Gestalt des Schlagworts vom „Judäo-Bolschewismus" im Kontext revolutionärer Bewegungen, stellten auch die Weltwirtschaftskrise und der mit ihr verbundene Aufschwung faschistischer Bewegungen sowie speziell der NSDAP in Deutschland relevante Faktoren des Antisemitismus der Zwischenkriegszeit dar. Im historischen Verlauf der Weimarer Republik gehörten Übergriffe auf Juden vor allem im Berliner Scheunenviertel zur Alltäglichkeit. Bereits im Oktober 1930 hatte die Kaufhauskette Wertheim demolierte Schaufenster zu beklagen. Der in der Weimarer Republik latente bis militante antisemitische Hass bereitete den Nährboden für den dt. Nationalsozialismus.

2.1 *Die Friedensschlüsse von Paris*

Die Pariser Friedenskonferenz führte innerhalb Europas zur Bildung von elf neuen Staaten. Die u. a. vom US-amerikanischen Präsidenten Woodrow Wilson (1856–1924) geprägte Idee vom „Selbstbestimmungsrecht der Völker" erweckte große Erwartungen, die sich auf Basis hochgradig multiethnisch geprägter Territorien nicht erfüllen ließen. Die Zerschlagung der Doppelmonarchie Österreich-Ungarn führte zur Bildung kleinerer Vielvölkerstaaten, in denen sich die Lage der Juden eher verschlechterte zumal diese im Unterschied zu anderen ethnischen Minderheiten über keinen Staat verfügten, der sich für ihre Interessen hätte einsetzen können. Insbesondere die Juden sahen sich so den ethnischen Homogenisierungsbestrebungen der neugebildeten Nationalstaaten schutzlos ausgeliefert.

Die Problematik verdeutlicht die galizische Stadt Czernowitz, die vor dem Ersten Weltkrieg zu Österreich-Ungarn gehörte. Nach der Kriegsniederlage im Ersten Weltkrieg sprach der Vertrag von St. Germain am 10. September 1919 Galizien und somit auch Czernowitz Rumänien zu. In den 1920er-Jahren lebten gut 100 000 Einwohner in Czernowitz, darunter knapp 40 % Juden, sowie jeweils 20 % Rumänen, Ungarn und Deutsche. Während die Juden sich weiterhin kulturell Wien verbunden fühlten, sodass die separierenden Termini „Jude" und „Deutscher" zu problematisieren sind, blieb Galizien Zankapfel mehrerer neugebildeter Nationalstaaten. Bereits die multikulturelle Stadtbevölkerung von Czernowitz widerlegt die Illusion der Schaffung homogener Nationalstaaten, die mit der vom US-amerikanischen Präsidenten Wilson propagierten Idee vom „Selbstbestimmungsrecht der Völker" verbunden wurde. Im Kontext der Nachkriegsordnung trug das illusionäre Konzept von der ethnischen Homogenität mit dazu bei, dass nationalistisches Gedankengut im Aufwind war und sich die Lage der jüdischen Minderheit in den neuen Nationalstaaten als prekär erwies. Verschärfend kam noch hinzu, dass Wilson höchst eigennützige politische Interessen verfolgte. Neben der territorialen Schwächung Deutschlands sowie Österreich-Ungarns wurden von den Siegermächten vor allem diejenigen Länder hinsichtlich ihrer Gebietsansprüche bevorzugt, die ihre „revolutionären Elemente" im Griff hatten, während Länder, in denen es zu revolutionären Bewegungen kam, mit Gebietsverlusten zugunsten ihrer territorialen Konkurrenten „abgestraft" wurden.

2.2 *Weimarer Republik: latenter bis militanter Judenhass*

Nachdem am 11. November der Waffenstillstand von Compiègne geschlossen und die Kampfhandlungen beendet wurden, begann auf dt. Seite die Suche nach den Ursachen der Kriegsniederlage. Von Anfang an besaß die militärische Führung ein großes Interesse daran, die Schuldigen nicht in den eigenen Reihen auszumachen, sondern in den Reihen der Politik bzw. der Zivilgesellschaft. In einer Zeit, in der Verschwörungstheorien Hochkonjunktur besaßen, benutzte auch die Oberste Heeresleitung (OHL) das simple monokausale Erklärungsmuster und lastete die militärische Niederlage der mangelnden Treue der „Heimatfront" an. Der ehemalige Chef der OHL, Paul von Hindenburg (1847–1934), wartete mit der Behauptung auf, das deutsche Heer sei vom Kriegsgegner nicht militärisch besiegt, sondern hinterrücks erdolcht worden. Für diesen „Dolchstoß" machte die politische Rechte neben der Sozialdemokratie alsbald auch die dt. Juden verantwortlich, die mit dem „internationalen Judentum" verschworen seien, um Deutschland auf revolutionärem Wege zu unterwerfen. Die Agitation gegen den Versailler Friedensvertrag, der als „Schandvertrag" bezeichnet wurde, war von Anfang an mit antisemitischer Hetze verbunden. Die noch junge Weimarer Republik wurde von der politischen Rechten als „Judenrepublik" tituliert. Der Hass auf die ungeliebte Republik und auf den sogenannten „Schandvertrag" verschmolz mit der Feindschaft gegen die Juden zu einem nahezu untrennbaren Geflecht. Im Jahr 1923 überdruckte die NSDAP eine 1000-Mark-Reichsbanknote, die durch die Inflation wertlos geworden war, mit dem Konterfei Karl Radeks sowie dem Text: »Sowjet Jude Radeck - Eisenbahnräuber - Arbeitermörder - Größter Kapitalist in Russland - Arbeiter soll das euer Führer sein?« Die NSDAP hatte sich am 24. Februar 1920 in München gegründet und auf ihrem Münchner Gründungsparteitag ein „25 Punkte Programm" verabschiedet, worin sie sich zum anthropologisch-biologistischen Antisemitismus bekannte. Die Punkte 4 bis 8 des Parteiprogramms lauteten:

»4. Staatsbürger kann nur sein, wer Volksgenosse ist. Volksgenosse kann nur sein, wer deutschen Blutes ist, ohne Rücksicht auf Konfession. Kein Jude kann daher Volksgenosse sein.
5. Wer nicht Staatsbürger ist, soll nur als Gast in Deutschland leben können und muss unter Fremden-Gesetzgebung stehen.
6. Das Recht, über Führung und Gesetze des Staates zu bestimmen, darf nur dem Staatsbürger zustehen. Daher fordern wir, dass jedes öffentliche Amt, gleichgültig welcher Art, gleich ob im Reich, Land oder Gemeinden nur durch Staatsbürger bekleidet werden darf. [...]
7. Wir fordern, dass sich der Staat verpflichtet, in erster Linie für die Erwerbs- und Lebensmöglichkeiten der Bürger zu sorgen. Wenn es nicht möglich ist, die Gesamtbevölkerung des Staates zu ernähren, so sind die Angehörigen fremder Nationen (Nicht-Staatsbürger) aus dem Land auszuweisen.
8. Jede weitere Einwanderung Nicht-Deutscher ist zu verhindern. Wir fordern, dass alle Nicht-Deutschen, die seit dem 2. August 1914 in Deutschland eingewandert sind, sofort zum Verlassen des Reiches gezwungen werden.« (Treue 1968: 156/157)

Bereits in ihrem „25 Punkte Programm" verdeutlichte die NSDAP, dass eines ihrer wesentlichen Ziele in der radikalen Annullierung der staatsbürgerlichen Gleichstellung der Juden bestand. Die Ablehnung der Gleichberechtigung der Juden, die in Gestalt der preußisch-deutschen Judenemanzipation von Anfang an umkämpft war, erweist sich als eine Art „lange Welle", als epochenübergreifende historische Struktur. Bereits in der Frühphase der Weimarer Republik formierten sich auf politischer Ebene Kräfte, die das Ziel verfolgten, den langen, steinigen Weg, der die Juden zu „preußischen Staatsbürgern" machte, zu annullieren und die dabei auch nicht vor offener Gewalt zurückschreckten. Neben der antisemitisch ausgerichteten Dolchstoßlegende stellte das „25 Punkte Programm" der NSDAP einen Indikator für den sich radikalisierenden Antisemitismus dar und verdeutlichte, dass die Judenemanzipation seit Beginn des 19. Jh.s ein dt. Problem darstellte, insofern es in über hundert Jahren nicht gelungen war, eine Akzeptanz der Gesamtgesellschaft für die rechtliche Gleichstellung der Juden zu erreichen.

In der ersten Hälfte der 1920er-Jahre war die NSDAP weitgehend unbedeutend, der Antisemitismus stellte indes einen ebenso festen Bestandteil des politischen Repertoires bürgerlichnationalistischer Parteien dar. Dies gilt vor allem für die Deutschnationale Volkspartei (DNVP), die am 24. November 1918 gegründet wurde und zu deren Parteivorsitzenden im Jahr 1928 der Verleger Alfred Hugenberg (1865–1951) gewählt wurde. In den Grundsätzen der DNVP aus dem Jahr 1920 heißt es:

> »Nur ein starkes deutsches Volkstum, das Art und Wesen bewusst wahrt und sich von fremdem Einfluss frei hält, kann die zuverlässige Grundlage eines starken deutschen Staates sein. Deshalb kämpfen wir gegen jeden zersetzenden, undeutschen Geist, mag er von jüdischen oder anderen Kreisen ausgehen. Wir wenden uns nachdrücklich gegen die seit der Revolution immer verhängnisvoller hervortretende Vorherrschaft des Judentums in Regierung und Öffentlichkeit. Der Zustrom Fremdstämmiger über unsere Grenzen ist zu unterbinden.« (Treue 1968: 122)

Republikfeindlich, nationalistisch wie antisemitisch zugleich förderte die Propaganda des Hugenberg-Konzerns entschieden den Aufstieg des Rechtsextremismus, der von Anfang an nicht vor Gewalttaten und Terror zurückschreckte. Etliche antisemitische Taten gingen dabei auf das Konto des Deutschvölkischen Schutz- und Trutzbundes (DVSTB). Neben völkisch-orientierten, antidemokratischen Parteien wie der DNVP waren es auch Verbände wie der DVSTB, die den Antisemitismus tatkräftig unterstützten. Der DVSTB als der größte Verband bejahte nicht nur den Antisemitismus des Wortes sondern ebenso den der Tat und war in die Ermordung des Reichsaußenministers Walther Rathenau (1867–1922) verstrickt, der am 24. Juni 1922 auf dem Weg zum Auswärtigen Amt in seinem Dienstwagen erschossen wurde. Die Attentäter waren Mitglieder der nationalistischen Organisation Consul, einer terroristischen Vereinigung, die aus der Marine-Brigade Erhardt hervorgegangen war, einem 1920 aufgelösten Freikorps. Für den Mord an Rathenau war nicht zuletzt die Hetze der nationalistischen Presse verantwortlich, das deutschnationale Gerede von der „Judenrepublik“ sowie das Totschlagmotiv in Gestalt des gesungenen Verses »Knallt ab den Walther Rathenau, die gottverdammte Judensau«. Der Versuch, der ungeliebten Weimarer Republik durch einen „Marsch auf Berlin“ ein frühzeitiges Ende zu bereiten, scheiterte indes mit dem missglückten Hitler-Putsch am 8./9. November 1923 in München, der zum reichsweiten Verbot der NSDAP führte. Auch in ökonomischer Hinsicht erwies sich das Jahr 1923 als Schicksalsjahr der noch jungen Weimarer Republik, der Zerrüttung auch durch die Hyperinflation drohte, die immer mehr Menschen ins Elend stürzte, zu Hungerrevolten führte und den Radauantisemitismus auf den Plan rief.

Im Jahr 1927 schrieb der österreichische Schriftsteller Joseph Roth (1894–1939) seinen Essay *Juden auf Wanderschaft*, in dem es heißt:

> »Der Ostjude weiß in seiner Heimat nichts von der sozialen Ungerechtigkeit des Westens; nichts von der Herrschaft des Vorurteils, das die Wege, Handlungen, Sitten und Weltanschauungen des durchschnittlichen Westeuropäers beherrscht; nichts von der Enge des westlichen Horizonts, […] nichts von dem Hass, der bereits so stark ist, dass man ihn als daseinserhaltendes aber lebenstötendes Mittel sorgfältig hütet, wie ein ewiges Feuer, an dem sich der Egoismus jedes Menschen und jedes Landes wärmt. Der Ostjude sieht mit einer Sehnsucht nach dem Westen, die dieser keinesfalls verdient. Dem Ostjuden bedeutet der Westen Freiheit, die Möglichkeit, zu arbeiten und seine Talente zu entfalten, Gerechtigkeit und autonome Herrschaft des Geistes.« (Roth 1985: 11)

Die politische Rechte nutzte die soziale Lage in der Inflationszeit, um hungernde Erwerbslose gegen jüdische Einwanderer aufzuhetzen. In der antisemitischen Propaganda stellte der „Ostjude“ den Fremden per se dar, der im „kultivierten Deutschland“ nichts zu suchen habe und dessen Präsenz zur Lebensmittelknappheit führe. Im November 1923 kam es zum Pogrom im Berliner Scheunenviertel, in dem besonders viele „Ostjuden“ lebten. Zahlreiche Geschäfte wurden geplündert, Wohnungen verwüstet, jüdische Passanten auf offener Straße verprügelt, ohne dass Ordnungskräfte eingriffen.

Nach der Währungsreform lässt sich für die Jahre zwischen 1924 und 1929 eine relative Stabilisierung der Weimarer Republik konstatieren; der New Yorker Börsencrash im Oktober 1929 und die Weltwirtschaftskrise zu Beginn der 1930er-Jahre setzten dieser Entwicklung jedoch ein abruptes Ende. Der NSDAP gelang es zunehmend, die soziale Not, die durch fallende Agrarpreise bedingte bäuerliche Bredouille, die Konkurrenzangst kleiner Handwerksbetriebe und Einzelhändler sowie antisemitische Stimmungen in der Studentenschaft, in Akademikerkreisen und unter den Beamten in Wählerstimmen umzusetzen. Während die Partei bei den Reichstagswahlen 1928 nur 2,6 % der Stimmen erreichte, avancierte sie am 14. September 1930 mit 18,3 % bereits zur zweitstärksten Partei. Anfang der 1930er-Jahre wurde der Antisemitismus zu einem unmittelbaren Bestandteil des Straßenterrors der nationalsozialistischen Sturmabteilung (SA). Symptomatisch hierfür ist der Kurfürstendamm-Krawall im Jahr 1931. Zahlreiche, kleinere SA-Trupps formierten sich auf dem Kudamm, gröhlten »Juda verrecke!« und griffen Juden an, die am Tag des jüdischen Neujahrsfestes die Synagoge Fasanenstraße verließen, sowie Passanten, die der Nazi-Mob für Juden hielt. Bei den Reichstagswahlen am 31. Juli 1932 erzielte die NSDAP 37,4 %, bei den Wahlen am 6. November 1932 waren es 33,1 %. Bei der Reichspräsidentenwahl von 1932 siegte im zweiten Wahlgang Paul von Hindenburg mit 53,1 % der Stimmen, während Hitler mit 36,8 % den zweiten Platz errang.

Als sich der politische Aufstieg der NSDAP Anfang der 1930er-Jahre abzeichnete, verschärfte sich auch der Antisemitismus der „bürgerlichen Kräfte". Insbesondere die DNVP suchte den Schulterschluss zur NSDAP. Im Oktober 1931 konstituierte sich mit der „Harzburger Front" erstmals ein Bündnis der extremen Rechten bestehend aus NSDAP, DNVP, Stahlhelm, Alldeutschen Verband, Bund der Frontsoldaten sowie dem Reichslandbund. Zwar zerfiel die rechtsextreme Front bei den Reichspräsidentenwahlen im März 1932, stellte jedoch gleichwohl ein Warnsignal dafür dar, dass antidemokratische, antisemitische wie nationalistische Kräfte gemeinsam bereit waren, zum Sturm auf die Weimarer Republik zu blasen. Erschreckende Tendenzen zeichneten sich auch in der Zivilgesellschaft ab, die posthum verdeutlichen, dass sich die Phase freiwilliger „Arisierung" nicht erst in den Jahren zwischen 1933 und 1938 abspielte, sondern als schleichender Prozess bereits 1930 einsetzte. In den Erinnerungen des Literaturwissenschaftlers Hans Mayer (1907–2001) heißt es:

> »Man konnte nicht mehr so tun, als habe am 14. September 1930 bloß eine Reichstagswahl mit überraschendem Ausgang stattgefunden. […] Wer Augen hatte, damals hätte er sehen müssen. Es begann unmerk-

> lich so etwas wie eine freiwillige Arisierung. Bei Ullstein oder Mosse oder in einigen anderen Verlagen wurde bei Besetzung vakanter Stellen darüber beraten, ob es nicht besser sei, einem Nichtjuden als Bewerber den Vorzug zu geben. Die Opportunisten gingen behutsam vor: man konnte nicht wissen.« (Mayer 1982: 128/129)

Presse, Funk und Literatur stellten jüdische Mitarbeiter seit Herbst 1930 nur noch selten ein. Zahlreiche Firmen und Unternehmen verhielten sich ebenso, sodass bereits vor 1933 Juden aus leitenden Funktionen verschwanden. Etliche Vereine und Verbände nahmen Juden nicht mehr auf oder wählten sie nicht mehr in den Vorstand. Badeferienorte sowie Kurorte warben offener denn je zuvor damit, dass Juden bei ihnen unerwünscht seien. Teile der Beamtenschaft gaben die Weimarer Republik bereits kampflos auf, indem sie sich ein NSDAP-Parteibuch verschafften, um für den Fall der Machtübernahme der Nazis Vorsorge getroffen zu haben. Aus opportunistischen bzw. Vorteilsgründen wurden die dt. Juden den Nazis bereits preisgegeben bevor Hitler an die Macht kam. Tagtäglich schwand der gesellschaftliche Rückhalt der Juden, was nichts Gutes für die Zeit nach dem 30. Januar 1933 verhieß, als die Nazis schließlich an die Macht gelangten.

2.3 *„Der internationale Jude" von Henry Ford*

In den 1920er-Jahren entwickelten sich in Gestalt des Fordismus neue Organisationsformen der kapitalistischen Warenproduktion. Die Fließbandfertigung und der Taylorismus hielten Einzug in die Automobilproduktion. In den USA führend war der Autobauer Henry Ford (1863–1947), dessen Werk in Dearborn, Michigan, zwischen 1908 und 1927 allein vom Ford-Modell T, der sogenannten »Tin Lizzie«, 15 Millionen Stück produzierte. Henry Ford war nicht nur erfolgreicher Autobauer, sondern ebenso glühender Antisemit. In den Jahren zwischen 1920 und 1922 publizierte er diverse antisemitische Artikel in der Wochenzeitung *The Dearborn Independent*, die er in Buchform mit dem Titel *The International Jew* veröffentlichte. Im Jahr 1922 erschien im Hammer-Verlag eine Übersetzung in dt. Sprache mit dem Titel *Der internationale Jude*. Ford bemühte vorrangig die antisemitische Verschwörungstheorie und hielt das auf Fälschungen basierende Pamphlet *Die*

Protokolle der Weisen von Zion für eine Offenbarung über das wahre „jüdische Wesen“. Nicht nur in den USA sorgte Fords Schrift für großes Aufsehen; bedingt durch den Bekanntheitsgrad des Autobauers beeinflusste dieser auch die judenfeindliche Stimmung Europas.

Der US-amerikanische Antisemitismus erreichte in den 1920er- und 1930er-Jahren seinen Höhepunkt. Die Schwere der Judenfeindschaft zeigte sich bereits im Jahr 1913 am Fall des jüdischen Fabrikdirektors Leo Frank, den man beschuldigte, die 13-jährige Arbeiterin Mary Phagan ermordet zu haben. Antisemitische Kräfte witterten eine Chance, um eine Neugründung des verbotenen Ku-Klux-Klans zu bewerkstelligen, und benutzten nach Kräften das rassistische Klischee vom „geilen Juden“. Die Presse heizte die Stimmung ihrerseits an, indem sie die Auflagen ihrer Blätter durch Berichte über vermeintliche Orgien und Exzesse in Franks Fabrik zu steigern versuchte. Nach der Verurteilung Franks zum Tode tauchten entlastende Hinweise auf, sodass dessen Strafe in lebenslängliche Haft umgewandelt wurde. Der Ku-Klux-Klan befürchtete eine Wiederaufnahme des Verfahrens, einen Freispruch Franks und den damit verbundenen Zusammenbruch der Kampagne, die maßgeblich vom rechtspopulistischen Politiker Thomas E. Watson (1856–1922) betrieben wurde. Ein gezielt aufgestachelter Mob entführte Frank und lynchte ihn.

Der Erfolg des Buchs *Der internationale Jude* ist auf dem Hintergrund dieser in den USA bereits angeheizten judenfeindlichen Stimmung zu erklären, seine Gefährlichkeit bestand darin, dass die Schrift dazu beitrug, die antisemitischen *Protokolle der Weisen von Zion* zu verbreiten und dies weit über die USA hinaus. Während in den USA eine halbe Million Exemplare von Fords Buch verkauft wurden, lagen recht rasch Übersetzungen in 16 Sprachen vor. In der Weimarer Republik prägte das Werk die nationalsozialistische Szene und trug mit dazu bei, das Ideologem vom „Judäo-Bolschewismus“ zu verbreiten; so heißt es bei Ford:

> »Russland bietet das Schauspiel dafür, wie eine nichtjüdische untere Klasse durch jüdische Führer gegen eine nicht-jüdische höhere Klasse geführt wird. […] Würde dieser Kampf heute [hier] ausbrechen, so würden die Führer der nicht-jüdischen Umstürzler gegen die nicht-jüdische Gesellschaftsordnung Juden sein. Sie befinden sich schon in Führer-Stellungen, nicht allein in Russland, auch in den Vereinigten Staaten.« (Ford 1922: 110/111)

In den Jahren zwischen 1880 und 1920 war der US-amerikanische Antisemitismus als gesellschaftliche Erscheinung aus anti-migrantischen Stimmungen entstanden als über drei Millionen polnischer wie russischer Juden, die vor den Pogromen in Osteuropa flüchteten, in die USA einwanderten. Rassentheoretische Werke wie *The Passing of the Great Race* (»Der Untergang der großen Rasse«) von Madison Grant (1865–1937) aus dem Jahr 1916 sowie *The Rising Tide of Color Against White World Supremacy* von Lothrop Stoddard (1883–1950) aus dem Jahr 1920 diffamierten die Migration osteuropäischer Juden als „Untergang Amerikas" und brandmarkten sie als „importierte Armut". So heißt es beispielsweise bei Stoddard:

> »Our country, originally settled almost exclusively by Nordics, was toward the close of the nineteenth century invaded by hordes of immigrant Alpines and Mediterraneans, not to mention Asiatic elements like Levantines and Jews. As a result, the Nordic native American has been crowded out with amazing rapidity by these swarming, prolific aliens, and after two short generations he has in many of our urban areas become almost extinct.« (Stoddard 1921: 165)

Grant als auch Stoddard waren ideologische Wegbereiter des Immigration Act von 1924, der starre Einwanderungsquoten festlegte, die bis 1965 Bestand hatten. Nicht zuletzt die Juden wurden von den Epigonen Grants und Stoddards für krisenhafte Prozesse, Massenarbeitslosigkeit und Lohndrückerei ebenso wie für Krankheiten und Kriminalität jeglicher Art verantwortlich gemacht.

In den 1920er-Jahren bestand die Funktion des US-amerikanischen Rassismus wie speziell des Antisemitismus in der Aufrechterhaltung der Dominanz des White Anglo-Saxon Protestant (WASP), was u. a. der Sachverhalt verdeutlicht, dass diskriminierende Quotenregelungen in öffentlichen Institutionen wie bei beruflichen Stellungen eingeführt wurden. Ein Beispiel hierfür ist die Universität Harvard unter der Präsidentschaft von Abbott Lawrence Lowell (1856–1943), der in den 24 Jahren zwischen 1909 und 1933, in denen er die Universität leitete, stets von einem »Jewish problem« sprach und die Begrenzung auf maximal 15 % jüdischer Studierender nicht etwa für Rassismus hielt, sondern für eine geeignete Methode, um Antisemitismus vorzubeugen. US-amerikanische Juden wurden in dieser Zeit nicht als „gleichberechtigte, vollwertige Amerikaner" betrachtet, sondern als gefährliche Fremdgruppe markiert, die diverse Laster in die USA importiere. Lowell bezog sich bei seiner administrativen Regulierung unmittelbar auf Grant und Stoddard sowie deren Ansicht, dass die überlegene „nordische Rasse“ als der eigentlich wertvolle amerikanische „Rassekern“ nicht schwinden dürfe und dieser durch die jüdische Einwanderung bedroht sei.

Nach dem Ersten Weltkrieg wurde Ford nicht müde zu betonen, die Juden hätten diesen entfacht, um satte Gewinne einzustreichen; ihr ausgeklügelter Plan habe darin bestanden, die europäischen Mächte und die USA in den Krieg zu treiben, um ihre Profite zu erhöhen. Ford trug maßgeblich dazu bei, antisemitische Verschwörungstheorien populär zu machen. Seine Agitation bildete den Boden für den sich während der Zeit der Großen Depression verstärkenden US-amerikanischen Antisemitismus. Im Oktober 1929 begann die Zeit der „Great Depression“, die als Weltwirtschaftskrise das ökonomische wie soziale Geschehen in den USA der 1930er-Jahre beherrschte. Die politische Rechte diffamierte die New Deal Politik des US-amerikanischen Präsidenten Franklin D. Roosevelt (1882–1945) als „Jew Deal“ und instrumentalisierte hierfür den Sachverhalt, dass unter den Beratern des Präsidenten wie unter den Kräften der Exekutive auch Juden waren. Zumeist hieß es, FDR habe wie kein anderer Präsident zuvor die Regierung „für Juden geöffnet“, wobei die Termini „Jude“ und „Kommunist“ zumeist synonym benutzt wurden. Bis zum heutigen Tag heißt es auf rechtsradikalen US-amerikanischen Internetseiten, die „New Deal“ Politik von FDR sei ein »kommunistisches Programm« gewesen, welches das Ziel verfolgt habe, einen »jüdischen kollektivistischen Staat« zu errichten. Das »kommunistische Programm« des Präsidenten habe wohlhabende jüdische Schichten reicher gemacht, während die Mehrheit der US-Amerikaner unter der Armut gelitten habe.

Zu seinem 75. Geburtstag erhielt Henry Ford am 30. Juli 1938 das goldene Malteserkreuz verliehen samt Urkunde, die Adolf Hitler unterzeichnet hatte. Gerührt und stolz ließ Ford sich das Großkreuz des Deutschen Adlerordens, den höchsten Orden, den das nationalsozialistische Deutschland für Ausländer vorsah, an sein Jackett heften.

2.4 Literarische und cineastische „Blutmetaphorik"

Die Rolle des Ersten Weltkriegs als Katalysator der Radikalisierung des Antisemitismus illustriert der im Jahr 1917 erschienene Roman *Die Sünde wider das Blut*, der in der Weimarer Republik zum Bestseller wurde und Anfang der 1920er-Jahre bereits eine Gesamtauflage von über 200 000 verkauften Exemplaren erreichte. Der völkische Politiker und Schriftsteller Artur Dinter (1876–1948), der die NSDAP-Parteinummer 5 erhielt, bemühte in der Romanhandlung vorrangig den Sexualantisemitismus. Zentrale Romanfigur ist der Chemiker Herrmann Kämpfer [sic!], der Elisabeth Burghammer ehelicht, die Tochter eines jüdischen Kommerzienrats und dessen christlicher Frau. Das Drama nimmt seinen Lauf, als das junge Paar sein erstes Kind bekommt, einen Knaben, der als »ein dunkelhäutiges, mit pechschwarzen, krausem Kopfhaar bedecktes, menschenunähnliches Etwas« charakterisiert wird. Die Dehumanisierung des Säuglings geht bei der Beschreibung mit Animalisierung einher, wenn es heißt: »Eine plattgedrückte Nase gab dem Kopfe etwas Affenähnliches.« Der Arzt eröffnet Herrmann, dass es sich um Atavismus handele, einer Form von „Rückartung", die auftrete, wenn verschiedene „Rassen" zur Kreuzung kämen. Das Kind gleiche seinem jüdischen Großvater. Der über das Aussehen seines Kindes entsetzte Vater stürzt sich daraufhin in ein „wissenschaftliches Rassenstudium". Herrmann und mit ihm der Leser erfahren, dass die „jüdische Rasse" der „deutschen Rasse" körperlich und geistig entgegengesetzt sei und für Mischlinge das Folgende gelte:

> »Auf die deutsch-jüdischen Mischlinge trifft die bei Kreuzung verschiedener Rassen immer wieder gemachte Beobachtung zu, dass sie alle Merkmale des Bastards aufweisen und die minderwertigen Eigenschaften ihrer Eltern und Voreltern anhäufen. Diese Mischlinge sind tragische und […] unglückliche Geschöpfe. Ein Deutscher, der eine Jüdin, oder eine Deutsche, die einen Juden heiratet, begeht nicht nur ein Verbrechen am deutschen Volke, sondern häuft endloses, seelisches und körperliches Leid auch auf die eigenen Kinder und Kindeskinder. Furchtbar rächt sich an ihnen die Sünde wider das Blut.« (Dinter 1920: 245)

Artur Dinter stützte sich indes weniger auf die „wissenschaftlichen Entdeckungen" Herrmanns, sondern bemühte vielmehr die sogenannte „Imprägnationstheorie“, nach der eine „arische Frau“ nach einem Geschlechtsverkehr mit einem Juden für immer „jüdisch verseucht“ sei. Das „jüdische Blut“ wie das „jüdische Sperma“ besäßen imprägnierende Wirkung, sodass ein später geborenes und mit einem „Arier“ gezeugtes Kind „jüdische Eigenschaften“ besäße und als Jude zu gelten habe. Die von einem Juden entjungferte „deutsche Jungfrau“ werde für das „höherwertige arische Sperma“ steril, sie sei für immer für die „arische Rasse“ verloren und könne nur noch Juden zeugen.

Das von Elisabeth und Herrmann gezeugte Kind ähnelt folglich laut Dinter nicht seinem jüdischen Großvater, sondern vielmehr dem Ex-Verlobten Elisabeths, dem jüdischen Baron Edgar von Werheim. Die von Dinter im Roman massenwirksam propagierte „Imprägnationstheorie“ unterstützte auch der Herausgeber des *Stürmer.* In Streichers sexualantisemitischen Artikeln heißt es im Jahr 1935:

> »›Artfremdes Eiweiß‹ ist der Samen eines Mannes von anderer Rasse. Der männliche Samen wird bei der Begattung ganz oder teilweise von dem weiblichen Mutterboden aufgesaugt und geht so in das Blut über. Ein einziger Beischlaf eines Juden bei einer arischen Frau genügt, um deren Blut für immer zu vergiften. Sie hat mit dem ›artfremden Eiweiß‹ auch die fremde Seele in sich aufgenommen. Sie kann nie mehr, auch wenn sie einen arischen Mann heiratet, rein arische Kinder bekommen, sondern nur Bastarde, in deren Brust zwei Seelen wohnen und denen man körperlich die Mischrasse ansieht. Auch deren Kinder werden wieder Mischlinge sein, das heißt hässliche Menschen von unstetem Charakter und mit Neigung zu körperlichen Leiden. Man nennt diesen Vorgang ›Imprägnation‹. Wir wissen nun, warum der Jude mit allen Mitteln der Verführungskunst darauf ausgeht, deutsche Mädchen möglichst frühzeitig zu schänden: warum der jüdische Arzt seine Patientinnen in der Narkose vergewaltigt; warum sogar die Judenfrauen ihren Männern den Verkehr mit Nichtjüdinnen gestatten: das deutsche Mädchen, die deutsche Frau soll den artfremden Samen eines Juden in sich aufnehmen, sie soll niemals mehr deutsche Kinder gebären!« (Der Nürnberger Prozess, Urkunden und anderes Beweismaterial, Band 8, München 1989, S. 322)

Herrmann Kämpfer, der den Erkenntnissen der klassischen „Rassenbiologie“ seiner Zeit vertraut, überredet Elisabeth zur Zeugung eines zweiten Kindes, da in ihrem Fall »das Edle« dem »Unedlen gegenüber im Stärkeverhältnis von drei zu eins steht.« Der

Imprägnationstheorie Streichers und Dinters folgend gebärt Elisabeth indes erneut einen „schwarzen Judenknaben". Sowohl die entsetzte Mutter als auch das Kind überleben die Geburt nicht. Laut Romanhandlung stirbt kurz zuvor auch der jüdische Vater der Elisabeth, wie es heißt »in den Armen dreier hübscher blonder Mädchen, denen er eine gemeinsame Wohnung im bayerischen Viertel [Berlins] eingerichtet hatte.« Die Sexualisierung „des Juden" geht gegen Ende des Romans mit antisemitischer Verschwörungstheorie einher. So hat der Kommerzienrat außer in Berlin in fünf weiteren Städten zahllose „jungfräuliche Blondinen" hörig gemacht und auf diese Weise bereits 117 Kinder gezeugt. Sodann heißt es, das antisemitische Konstrukt des Juden als „Rassenzersetzer" aufgreifend:

> »Man muss annehmen, dass der Kommerzienrat diese Rassenvergiftung am deutschen Volke nicht etwa nur unbewusst verübte, um seinen Lüsten zu frönen, sondern dass er damit planmäßig geradezu teuflische Ziele verfolgte.« (Dinter 1920: 266)

Dinter bedient sich der Motive der *Protokolle der Weisen von Zion*, sodass Herrmann Kämpfer im Nachlass des Verstorbenen die Entdeckung macht, dass der Kommerzienrat einer von hundert Männern »seiner Rasse« war, welche die Geschicke der Welt leiten und Weltkriege entfesseln, Presse wie Handel beherrschen und das planmäßige Ziel verfolgen, das »deutsche Volk zu durchseuchen und zu vergiften«.

Die Radikalisierung des Antisemitismus durch den Ersten Weltkrieg spiegelt der Roman in aller Klarheit, insofern dieser sich einer quasi-medizinischen Sprache bedient, wenn beispielsweise von »Rassenvergiftung« die Rede ist sowie im Kontext der „Imprägnationstheorie" der Jude als Bazillus, als Virus bezeichnet wird, der das „arische Blut" der „deutschen Frau" für immer vergifte. Die Radikalisierung der Judenfeindschaft wird deutlich anhand des Maßes der Dehumanisierung („Affe", „Spinne", „Dämon", „Vampir") sowie der präsentierten Lösung, die einzig und allein darin bestehen könne, »diese teuflische Rasse für die Menschheit unschädlich zu machen«. Verschwörungstheoretische Elemente á la die *Protokolle der Weisen von Zion* mischen sich mit chiliastischen Konstrukten einer Welt, die von der »unheilvollen Rasse« der Juden ein für alle Mal befreit werden müsse.

Der Roman greift ebenso das Motiv der „Judenzählung“ während des Ersten Weltkriegs auf, wenn es heißt:

> »Und zu diesen Schiebungen und Verschiebungen, dazu brauchte er seine Rassegenossen, jene flinken, schmächtigen und geschmeidigen dunkeln Gestalten mit den gierigen, unsteten Augen und dem lautlosen Gang, die wie er selber vaterlandslos, in aller Welt zuhause waren, und deren Militärpapiere von Unentbehrlichkeit, Herz-, Lungen-, Nieren-, Darm- und Magenleiden nur so strotzten!« (Dinter 1920: 276)

Die Sünde wider das Blut sowie der Verkaufserfolg des Romans bilden einen Vorboten für den radikalisierten Antisemitismus der Weimarer Republik, der „den Juden“ ebenso in das Visier des politischen Attentats nahm. Der bereits während des Ersten Weltkriegs erschienene Roman Dinters illustriert exemplarisch die katalysatorische Funktion des Ersten Weltkriegs hinsichtlich der Verschärfung des Antisemitismus und dessen sich verstärkende anthropologisch-biologistische Ausrichtung.

Die Blutmetapher als anti-jüdische Konzeptualisierung griff ebenso der frühe Film auf. Im Jahr 1927 erschien der Stummfilm *Mädchenhandel - Eine internationale Gefahr* des Regisseurs Jaap Speyer. Aufschlussreich ist das Titelbild der Ausgabe des *Illustrierten Film-Kurier* vom 19.1.1927. Während im Vordergrund der schwarz-weiß-Zeichnung drei junge Frauen zu sehen sind, lauert hinter ihnen übergroß eine männliche, als Jude physiognomisierte bärtige Gestalt, dessen überlange dünne Finger nach den jungen Frauen greifen; die osteuropäisch-orientalische Kopfbedeckung soll diesen noch zusätzlich zum „Fremden“ konstruieren. Auch den Darsteller des Mädchenhändlers im Film versah der Regisseur überdeutlich mit vermeintlichen „jüdischen Zügen“, wobei er das Stereotyp der „Wandlungsfähigkeit des Juden“ (rassifizierende Mimikrisierung) bedient, das der spätere Nazipropagandafilm *Jud Süß* adaptierte. So spielt der dt. Schauspieler Rudolf Klein-Rogge einen dt. Professor, einen „asiatischen Hausierer“, den Athener Polizeidezernenten Arut Akkunian sowie den Großkaufmann Simpat Karamanian. Immer handelt es sich jedoch um den gewieften jüdischen Mädchenhändler, der seine Wandlungskünste gebraucht bzw. missbraucht, um sein immer gleiches Geschäft zu betreiben, die Entführung junger dt. Mädchen in Bordelle mittels des Versprechens, einen gut bezahlten Job im Ausland zu erhalten. Statt ein ernsthaftes Engagement zu erhalten, landen die Mädchen in einem der Freudenhäuser Athens oder Konstantinopels. Ob Kaftanträger oder Berliner Professor, „der Jude“ mag sich zwar wandeln, doch bleibt seinem Wesen nach stets ein kriminelles Element, welches dem „gesunden Volkskörper“ gebärfähige, junge Frauen stiehlt, so die antisemitische Message des Films, welcher am Ende mittels einer Einblendung die Botschaft verkündet:

> »Dringende Warnung an auswandernde Mädchen! Nimm keine Stellung im Ausland an ohne sichere Erkundung. Wende dich in Not und Gefahr an das Deutsche Nationalkomitee zur Bekämpfung des Mädchenhandels.« (Thissen 1995: 117)

Das Deutsche Nationalkomitee zur Bekämpfung des Mädchenhandels sprach bereits im Jahr 1912 von einer internationalen Verschwörung und stellte in einem Bericht fest:

> »Es ist hauptsächlich das Verdienst des Deutschen Nationalkomitees zur Bekämpfung des Mädchenhandels, den Erweis erbracht zu haben, dass der Mädchenhandel ein organsierter Großhandel ist, sich zusammensetzend aus Export, Import, und Transit, und dass demnach in Betracht kommen: Verkäufer, Zwischenhändler und Käufer. Charakteristisch für solchen Mädchenhandel ist erstlich die Verschleppung, zweitens die Versorgung anderer mit käuflicher Ware zum Zwecke der gewerblichen Unzucht. Es gibt jedoch auch Kleinhandel mit Mädchen z. B. von Bordell zu Bordell, wo Verschleppung wegfällt. Der Mädchenhändler ist in erster Linie Geschäftsmann, ein Kupplertypus, der die wirtschaftliche Bedürftigkeit seiner Opfer auszunutzen weiß; er bedarf der Schlauheit und Entschlossenheit, muss aber auch schmiegsam und nachgiebig sein. So schildert ihn der Staatsanwalt Dr. Wulffen in seinem Buche ›Der Sexualverbrecher‹, und fährt wörtlich fort: ›Alle diese Eigenschaften finden sich bei den Juden zusammen.‹ In der Tat sind denn auch der größte Teil der Mädchenhändler ungarische, polnische, und galizische Juden.« (Omran 2000: 142/143)

„Der Jude“ wurde so nicht nur im Film, sondern auch in der Prostitutions-Debatte der Weimarer Republik als „rassezersetzendes Element“ präsentiert.

2.5 *Die Situation in Polen und Ungarn*

Bedingt durch die militärische Niederlage der Mittelmächte im Ersten Weltkrieg wurde Polen 1918 unabhängig. Im Kontext des polnisch-sowjetischen Kriegs von 1919 bis 1921 erstarkte der polnische Antisemitismus. Auch in Polen betrachteten nationalistische Strömungen ethnische Minderheiten als destabilisierende Elemente auf dem Weg der Festigung der wiedererlangten Souveränität. Der mittelalterlich-religiöse Judenhass verband sich mit antisemitischer Verschwörungstheorie, welche die Juden bezichtigte, Verbündete „der Russen" zu sein und mit ihnen die „Bolschewisierung" Polens zu betreiben. Unmittelbar nach der Oktoberrevolution wurden die Juden sowohl in Westrussland, als auch in der Ukraine und Polen bezichtigt, Partei für die Bolschewiki zu ergreifen, was Teile der Bevölkerung als Legitimation benutzten, um ihren Hass gegen den vermeintlichen „Verbündeten" zu richten. Im Kontext des polnisch-sowjetischen Krieges kam es zu einem Pogrom an der jüdischen Bevölkerung, als die polnischen Truppen am 16. April 1919 ihre Offensive auf Vilnius starteten und der Straßenkampf vom 19. bis 21. April tobte. Einmal mehr wurden die Juden als militärische Verbündete des russischen Gegners betrachtet; ihre Opferzahl wird auf 60 bis 100 Ermordete geschätzt. Jüdische Opfer waren ebenso in den unmittelbaren Nachbarstädten zu beklagen. Die rassistische Gleichsetzung von Judentum und Bolschewismus auf polnischer Seite hinderte die Bolschewiki ihrerseits indes nicht daran, die vermögenderen Teile der jüdischen Bevölkerung als Inbegriff konterrevolutionärer Kräfte zu betrachten, was auch für das russische Agieren in der westlichen Ukraine gilt.

Die Zahl der Juden, die in Polen vor der dt. Besetzung am 1. September 1939 lebten, ist nicht leicht zu bestimmen. Wie bei den anderen Länderangaben, so taucht auch hier die Frage auf, ob die Zugehörigkeit zur jüdischen Religionsgemeinschaft zugrunde gelegt werden soll oder aber die rassistischen Kriterien des dt. Nationalsozialismus, insofern diese darüber bestimmten, wer verfolgt wurde und wer nicht. Darüber hinaus ergibt sich die Problematik, welche Grenzen zugrunde gelegt werden sollen. Auf die diffizilen Probleme diesbezüglich kann hier nicht näher eingegangen werden. Die Zahl der in Polen zu Beginn der dt. Besatzung lebenden Juden wird gemeinhin mit 3,3 Millionen angegeben. Bereits unmittelbar nach dem Überfall auf Polen setzte das gezielte „Judenmorden" ein, an dem sich Einsatzgruppen der SS sowie Wehrmachtseinheiten beteiligten. Dem Novemberpogrom von 1938 entsprechend wurden in den ersten Wochen bereits zahlreiche Synagogen zerstört.

Bedingt durch die Aufteilung Polens auf der Basis des Hitler-Stalin-Pakts verblieben nach der Flucht Tausender Juden in den sowjetisch besetzten Teil ca. 1,8 Millionen Juden im dt. Machtbereich. Bereits am 21. September 1939 ordnete Reinhard Heydrich (1904–1942), Chef des Reichssicherheitshauptamtes, an, sogenannte Sperrbezirke in Städten mit größerem jüdischem Anteil zu errichten. Die geplanten Ghettos sollten möglichst an Bahnstrecken liegen, kleinere Gemeinden sollten aufgelöst sowie „jüdische Ältestenräte" gebildet werden, die zur Verantwortung zu ziehen seien für die »exakte und termingemäße Durchführung aller ergangenen oder noch zu ergehenden Weisungen«.

Nicht zuletzt das Länderbeispiel Ungarn verdeutlicht die Relevanz der Neuordnung Europas für den Antisemitismus der Zwischenkriegszeit. Ungarn war einer der großen Verlierer der Pariser Friedensverträge. Durch den Vertrag von Trianon verlor Ungarn im Jahr 1920 große Teile seines früheren Territoriums. Der politische Mainstream des Landes wie weite Teile der Bevölkerung reagierten auf die Entwicklung mit aggressivem, nach ethnischer Homogenisierung strebenden Nationalismus sowie Revanchismus in der Hoffnung auf Rückgängigmachung der Gebietsverluste. Vom 21. März 1919 bis zum 1. August 1919 existierte eine Ungarische Räterepublik unter Béla Kun, die zusammenbrach nachdem rumänische Truppen im Ungarisch-Rumänischen Krieg den Sieg davontrugen. Nach dem Zusammenbruch setzte der „Weiße Terror" der Truppen des Admirals Miklós Horthy ein, der mit dem Aufbau eines autoritären Regierungssystems begann. Die jüdische Herkunft von Béla Kun nutzten die ungarischen Antisemiten, um das Schlagwort vom Judäo-Bolschewismus in der alltäglichen Hetze gegen Juden zu etablieren. Die aktive Bereitschaft Ungarns an einer Zusammenarbeit mit dem Deutschen Reich war vor allem dem Interesse an einer Revision des Vertrags von Trianon geschuldet. Im Jahr 1938 überließen Hitler und Mussolini der ungarischen Regierung Gebiete der Südslowakei sowie der westlichen Karpatenukraine, wodurch sich die Anzahl ungarischer Juden um 67 000 erhöhte. Im März 1939 besetzten ungarische Truppen die ehemals zu Österreich-Ungarn gehörenden Gebiete der Karpatenukraine, sodass die Anzahl der Juden um weitere 78 000 Personen wuchs.

2.6 *Die Sowjetunion in den 1920er- und 1930er-Jahren*

Die russischen Juden erreichten ihre rechtliche Gleichstellung mit der Februarrevolution im März 1917. Waren den Juden zuvor Posten im Staatsdienst versagt geblieben, so erhielten sie nunmehr die Chance eine Beamtenlaufbahn einzuschlagen. Von Anfang an war ihr sozialer Aufstieg von der Missgunst ihrer Konkurrenten begleitet. Die russischen Juden zählten zur stärksten Opfergruppe des zwischen 1917 und 1921 tobenden Bürgerkriegs. In den erbitterten Kämpfen zwischen „Roten" und „Weißen" galten sie den Truppen unter dem Kommando des Generals Anton Denikin (1872–1947) als Drahtzieher der Russischen Revolution. An der Ermordung der Juden waren jedoch nicht nur die Truppen der „Weißen Armee" beteiligt, sondern ebenso ukrainische und polnische Nationalistenverbände. Vor allem in der Ukraine, die im Jahr 1917 ihre Unabhängigkeit erklärt hatte und im Februar 1918 einen Separatfrieden mit den Mittelmächten schloss, kam es zu zahllosen Pogromen. Diverse Banden bestehend aus Bauern, Soldaten der Weißen, Mitgliedern der Milizen sowie der Streitkräfte des in den Jahren 1919 bis 1920 als Staatsoberhaupt der „Ukrainischen Volksrepublik" amtierenden Symon Petljura (1879–1926) ermordeten ca. 60 000 ukrainische Juden. Insbesondere im Jahr 1919 riss die Pogromwelle nicht ab. Am 25. Mai 1926 erschoss der jüdische Anarchist Scholem Schwarzbard im Pariser Stadtviertel Quartier Latin den Exilanten Petljura, einst Oberbefehlshaber der „Armee der Ukrainischen Volksrepublik (UNR)". Vor Gericht begründete der Täter seine Tat mit den antijüdischen Pogromen, die zu einem beachtlichen Teil auf das Konto der UNR gingen, die den Antisemitismus durch die Gleichsetzung von Juden und Bolschewiki als mobilisierenden Faktor benutzte.

Die junge Sowjetrepublik annullierte zwar zahllose antisemitische Gesetze und Praxen der Zarenzeit, der Antisemitismus nahm indes im Kontext der repressiven Religionspolitik der Bolschewiki nunmehr antijudaistische Formen an und richtete sich vor allem gegen Religionsschulen, religiöse Praxen wie zionistische Publikationen. Im Kontext der Stalinisierung wuchs der Antisemitismus erneut an, zumal Stalin sich instrumentell den Sachverhalt zunutze machte, dass führende Köpfe der sogenannten „Linken Opposition“ sowie Trotzki und ein Teil seiner Anhänger Juden waren.

2.7 *„Der Jude“ als „Judäo-Bolschewist“*

Der abwertende Ausdruck „Judäo-Bolschewist“ stellt einen antisemitischen Verschwörungsmythos dar. Auf pseudowissenschaftlicher Basis warten Verschwörungstheorien mit der Behauptung auf, sie könnten Ereignisse, ökonomische wie soziale Entwicklungen sowie gesellschaftliche Zustände durch geplantes, zielgerichtetes Agieren konspirativer Gruppen, Vereinigungen oder ethnischer bzw. religiöser Minderheiten erklären. Antijüdische Verschwörungstheorien sind nahezu so alt wie die Geschichte des Antisemitismus. Jahrhundertelang wurden die Juden für sämtliches Unbill verantwortlich gemacht, welches die mittelalterliche Gesellschaft heimsuchte. Ob es sich um unerklärliche Verbrechen wie Sexualdelikte, sonstige kriminelle Straftaten, Hungersnöte oder Seuchen handelte, stets galten die Juden als Verursacher oder „Drahtzieher“. Die Juden hegten durch ihre Missetaten die Absicht, den Christen nach Kräften zu schaden und beabsichtigten die ökonomische wie politische Macht an sich zu reißen, so die weitverbreitete Ansicht. Die christlich geprägten Gesellschaften verinnerlichten das beständige Procedere, den „Juden“ als „Sündenbock“ für alles die Schuld zu geben. Im 19. und 20 Jh. wurde „der Jude“ dafür verantwortlich gemacht, dass Revolutionen scheiterten ebenso wie für deren erfolgreichen Verlauf.

Die antisemitische Hetze vom „Judäo-Bolschewismus“ konnte an die mittelalterlich-neuzeitliche Strategie des „jüdischen Blitzableiters“ bzw. „jüdischen Prügelknaben“ anknüpfen sowie an die ideologische Vorarbeit seitens der *Protokolle der Weisen von Zion*, die bereits im Jahr 1903 von einer „jüdischen Verschwörung“ sprachen, die das Ziel verfolge, den Juden die Weltherrschaft zu sichern. Die russischen Exilanten, die nach der Oktoberrevolution vor den Bolschewiki flohen, setzten ihre Hoffnung darauf, die „Protokolle“ als authentisches Dokument auszugeben, um so den

Westen gegen die „jüdische Verschwörung“ der Bolschewiki zu mobilisieren. Zu diesen Exilanten gehörte der Baltendeutsche Alfred Rosenberg, der im Jahr 1923 in München einen „Kommentar“ zu den „Protokollen“ herausgab, die erstmals 1919 in dt. Sprache erschienen waren. Nach dem Tod von Dietrich Eckart (1868–1923) avancierte Rosenberg noch im selben Jahr zum Chefredakteur des *Völkischen Beobachters*. In Eckarts unvollendet gebliebenem Werk *Der Bolschewismus von Moses bis Lenin*, das posthum nach seinem Tod erschien, heißt es, es sei bereits seit Moses' Zeiten die Strategie der Juden gewesen, sich mit dem „Pöbelvolk“ zu verbinden, um die Herrschaft an sich zu reißen. Auch die »Ermordung der 75 000 Perser« im Buch Esther habe »ohne Zweifel denselben bolschewistischen Hintergrund«. Die Russische Revolution interpretierte Eckart als Beginn des »jüdischen Kampfes« um die »Herrschaft über den Erdball«. In Russland sei es den Juden bereits gelungen, mithilfe des »verhätschelten Pöbelvolkes«, dem »Auswurf der nichtjüdischen Menschheit«, an die Macht zu gelangen. Erst Eckarts Nachfolger Rosenberg war es jedoch, der den antisemitischen Mythos vom „Judäo-Bolschewismus“ in Deutschland maßgebend verbreitete. Stets aufs Neue propagierte Rosenberg die Legende vom Juden als dem Zersetzer staatlicher Ordnung, der das politische bzw. gesellschaftliche Chaos der bolschewistischen Revolution zu nutzen beabsichtige, um die „Judenherrschaft“ zu errichten. Bereits im Jahr 1922 publizierte der Chefredakteur des *Völkischen Beobachters* in spe die Schrift *Pest in Russland - Der Bolschewismus, seine Häupter, Handlanger und Opfer*. Die noch junge Sowjetrepublik bezeichnete er als »morsche und verfaulende Judenrepublik des Ostens«. Um die These der identitären Interessensgemeinschaft von Juden und Bolschewiki zu untermauern, bediente sich Rosenberg der Methode rassistischer Markierung und fügte im Anhang des Werks historische Aufnahmen bei, auf denen er stets vermerkte, wenn es sich bei einem abgelichteten Bolschewiki um einen Juden handelte. Als Resümee hielt Rosenberg fest:

> »Der Kampf der Zukunft, welcher Untergang oder die Neugestaltung Deutschlands und Europas bedeutet, wird und muss - in allen Staaten - unter dem Zeichen des völkischen Gedankens vor sich gehen. Auf der einen Seite steht der uns allen totfeindliche asiatisch-mittelmeerländische Geist, geführt vom internationalen Juden, auf der an-

deren Seite unser altes Europa, geführt von deutschen Männern.« (Rosenberg 1922: 96)

Das Gedankengebilde von der „jüdisch-bolschewistischen Weltverschwörung" bildete das zentrale Kernelement der nationalsozialistischen Ideologie sowie speziell des Denkens von Adolf Hitler. Der diesbezügliche Einfluss von Rosenberg auf Hitler ist als recht hoch zu bewerten, zumal es ihm erfolgreich gelang, den Leitgedanken vom „jüdischen Wesen der bolschewistischen Revolution" sowie vom „internationalen Juden" als Todfeind des „Ariers" in Broschüren wie in Artikeln des *Völkischen Beobachters* zu popularisieren.

2.8 *Judenfeindliche Entwicklungen in weiteren Ländern*

Der Vertrag von Saint-Germain sicherte in der Ersten Österreichischen Republik auch für das Judentum das Recht auf öffentliche Religionsausübung. Gleichwohl radikalisierte sich auch in Österreich der Antisemitismus und wurde in wachsendem Maß zum Judenhass der Straße. In den 1920er-Jahren richteten sich zahlreiche antisemitische Kundgebungen gegen jüdische Zuwanderer, die sich wie die Juden Galliziens weiterhin Wien verbunden fühlten und einwanderten. Für die Christlichsoziale Partei war der „Ostjude" der Prototyp „des Juden" überhaupt, der als ein wirtschaftlich, politisch wie kulturell zersetzendes Element imaginiert wurde. Die Christlichsoziale Partei wurde bei den Nationalratswahlen am 17. Oktober 1920 stärkste Partei und stellte in Koalition mit der Großdeutschen Volkspartei bis 1932 die Regierung. Überdeutliche antisemitische Töne artikulierten auch sozialdemokratische Politiker wie der Landeshauptmann von Niederösterreich Albert Sever (1867–1942), der gegen die galizischen Juden hetzte, die während des Ersten Weltkriegs aufgrund blutiger Pogrome sowohl polnischer als auch ukrainischer Soldaten als Flüchtlinge nach Wien gekommen waren. Seit jenen Tagen ebbte die Pogromwelle nicht mehr ab; so ereignete sich im November 1918 in Lemberg, das sowohl die ukrainische wie die polnische Seite für sich in Anspruch nahmen, ein mehrtägiges antijüdisches Pogrom. Statt auf Aufnahmebereitschaft stießen die ehemals österreichisch-ungarischen Juden Lembergs auf einen Landeshauptmann, der sie als „Polen" bezeichnete bzw. als unerwünschte „Ostjuden" betrachtete, die möglichst schnell abzuschieben seien. In den 1930er-Jahren verstärkte sich die antisemitische Stimmung vor allem in Wien, wobei ein Hauptangriffsziel des Pöbels erneut die „Ostjuden" waren. Durch die kriegs- wie pogrombedingte Flucht zahlreicher ehemals zur Habsburger Monarchie gehörender Juden war der Anteil der Wiener Juden bei einer Gesamtzahl von ca. 200 000 auf 10 % gestiegen. Die Antisemiten machten vor allem die jüdischen Migranten für sämtliche sozialen wie wirtschaftlichen Probleme der Donaumetropole verantwortlich. Die Verschärfung des Antisemitismus nach der Weltwirtschaftskrise des Jahres 1930 äußerte sich in alltäglichen Schmierereien, offenen Boykottaufrufen und Ausschlüssen von Juden aus Vereinen und Verbänden. Eine nochmalige Verschlechterung der jüdischen Existenz erfolgte nach der Etablierung einer autoritär-faschistoiden ständestaatlichen Herrschaftsvariante, die sich in Österreich in den Jahren von 1933/34 bis 1938 etablierte.

Die Rehabilitierung des Artilleriehauptmanns Alfred Dreyfus im Jahr 1906 stellte zwar den endgültigen Sieg der Dreyfusards dar, nicht jedoch das Ende des Antisemitismus in Frankreich. Dies wurde schlagartig klar, als bei der Beerdigung Emile Zolas im Jahr 1908 ein Anti-Dreyfusard auf den erst kürzlich Freigesprochenen schoss und ihn verletzte. Wie in anderen westeuropäischen Ländern nutzte Anfang des 20. Jh.s auch die politische Rechte Frankreichs die Immigration russischer Juden, die vor der Pogromwelle (1881–1884, 1903 in Kischinjow, 1906 in Białystok) geflohen waren, zur antisemitischen Hetze. Russische Exilanten, die nach der Oktoberrevolution gen Westen flüchteten, verbreiteten in den 1920er-Jahren die *Protokolle der Weisen von Zion* auch in Frankreich. Im Juni 1936 wurde der Jurist und Schriftsteller André Léon Blum (1872–1950) zum ersten sozialistischen Premierminister Frankreichs gewählt. Der Jude Blum führte eine Regierung aus Sozialisten und Radikalen an, die von der kommunistischen Partei Frankreichs parlamentarisch unterstützt wurde. In ihrer Agitation gegen die Volksfront („Front populaire"), die als politische Sammlungsbewegung und Regierungsbündnis von 1936 bis 1938 bestand, bediente sich die politische Rechte primär antisemitischer Muster.

Bereits im Jahr 1922 war Benito Amilcare Andrea Mussolini (1883–1945) an die Macht gelangt. Im Unterschied zum dt. Nationalsozialismus bildete der Antisemitismus nicht den Kern der Ideologie des faschistischen Italiens, sodass sich die traditionell existente Judenfeindschaft bis 1932 zunächst nicht qualitativ verstärkte. Nennenswerte Veränderungen zeichneten sich indes mit der Ernennung Adolf Hitlers zum Reichskanzler ab. Die verbalen Attacken häuften sich nunmehr auch in Italien, vor allem die Presse verschärfte ab 1936 den Tonfall ihrer antisemitischen Auslassungen; ebenso gewannen Positionen an Boden, welche die Existenz, Ungleichheit wie ungleiche Wertigkeit „menschlicher Rassen" postulierten sowie die Höherwertigkeit einer rein gebliebenen „italienischen Ur-Rasse", die unvermischt geblieben und durch die orientalische „jüdische Rasse" gefährdet sei.

Die italienischen „Rassengesetze" („Leggi razziali") des Jahres 1938 markierten die eigentliche Wende in der Judenpolitik des faschistischen Italien. Die ideologische Neuausrichtung Benito Mussolinis in Richtung einer Position, die Judentum und „italienische Rasse" zu inkompatiblen Größen erklärte, verdeutlichte das *Manifesto degli scienzati razzisti*, welches der *Il Giorne d'Italia* am 14. Juli 1938 vor dem Erlass der italienischen Rassengesetze veröffentlichte. Das vom Duce in Auftrag gegebene Manifest rassistischer Wissenschaftler formulierte die Eckpfeiler des italienischen Staatsantisemitismus und praktizierte den Schulterschluss zum nationalsozialistischen Deutschland in der sogenannten „Rassenfrage". Das Manifest beabsichtigte, die Bevölkerung auf die italienischen Rassengesetze einzustimmen und sollte den „Leggi razziali" durch seine „Rassenlehre" eine (pseudo)wissenschaftliche Grundlage geben. Die „Leggi razziali" erhoben das Völkisch-Biologistische zum Leitprinzip der faschistischen Judenpolitik. Die Serie der italienischen „Rassengesetze" begann mit dem Gesetz zur „Verteidigung der Rasse in den Schulen" vom 5. September 1938, das jüdische Lehrkräfte aus den Schulen vertrieb. Am 7. September 1938 ordnete ein Gesetz die Ausweisung „ausländischer Juden" an, am 22. September 1938 folgte ein Gesetz, das jüdische Offiziere aus dem Militärdienst verbannte. Das Gesetz vom 15. November 1938 sah die Entlassung sämtlicher jüdischen Professoren, Lehrer, Schüler und Studenten von den Schulen und Universitäten des Landes vor. Am 17. November 1938 wurden Eheschließungen mit Juden untersagt. Berufs- und

Ausbildungsverbote, Ausschlüsse aus Kammern, Vereinen und Verbänden führten zur umfassenden Ausgrenzung der Juden aus dem öffentlichen Leben. Im Jahr 1938 lebten in Italien ca. 47 000 italienische Juden sowie gut 10 000 ausländische Juden.

2.9 *Zusammenfassung*

Der Erste Weltkrieg endete am 11. November 1918 mit der Unterzeichnung des Waffenstillstands von Compiègne. Mit dem deutschen Überfall auf Polen am 1. September 1939 begann nur gut zwei Jahrzehnte später der Zweite Weltkrieg. In zahlreichen Ländern Europas sowie in den USA verschärfte sich der Antisemitismus in den beiden Dekaden der Zwischenkriegszeit deutlich. Sowohl in den USA wie in Europa stellten die wirtschaftlich krisenhafte Zeit sowie die damit verbundenen existentiellen Verunsicherungen und sozialen Notlagen einen relevanten Auslöser judenfeindlicher Stimmungen wie Bewegungen dar. Im Oktober 1929 führte der New Yorker Börsencrash zu einer Wirtschaftskrise, deren Folgen verheerend waren. Der drastische Rückgang der Industrieproduktion führte zur Massenarbeitslosigkeit, die Millionen ins Elend stürzte. Die Bankenkrise bewirkte die Zahlungsunfähigkeit vieler Unternehmen, sodass Firmenkonkurse die Krise weiter anheizten. Es schlug die Stunde politischer Parteien und faschistischer Bewegungen, die den Massen suggerierten, nur ein „starker Mann“ könne aus der Krise führen, der das politische Chaos zerstrittener Parteien beende. Als Verantwortlichen für die immer schwerer zu durchschauenden interdependenten Wirtschaftsprozesse einer sich globalisierenden Ökonomie präsentierten Populisten das als Sündenbock seit mehreren Jahrhunderten dienende Konstrukt „des Juden“. In den Zeiten der New Deal Politik des US-Präsidenten Franklin D. Roosevelt machten rechte Kräfte auch in den USA „den Juden“ als Schuldigen dafür aus, dass die massive Intervention des Staates zwecks Belebung der Wirtschaft sowie die eingeleiteten sozialpolitischen Maßnahmen weder zur sozialen Sicherheit für alle noch zu einer gerechten Einkommens- und Vermögensverteilung führten. „Der Jude“ sei schuld, da es ihm wieder einmal gelungen sei, sich auf Kosten anderer zu bereichern, so der Tenor der rechten Presse, die Motive aufgriff, welche der Autobauer Henry Ford bereits Anfang der 1920er-Jahre mit seinem Werk *The International Jew* populär gemacht hatte. Sowohl in Europa als auch in den USA revitalisierte die Weltwirtschaftskrise traumatische Erfahrungen, welche bereits die Hyperinflation von 1923 ausgelöst hatte.

Für die Bevölkerungen der Mittelmächte wie insbesondere Deutschlands und Österreich-Ungarns stellte die Niederlage nach dem Ersten Weltkrieg ein Trauma dar, zumal diese mit existentiellen Neuorientierungen jedes Einzelnen einherging. Die Zerschlagung der Habsburger Doppelmonarchie führte nicht nur zur Bildung neuer Nationalstaaten, sondern ebenso zur Entstehung zahlreicher neuer Nationalitätenkonflikte, ungeklärter territorialer Gebietsansprüche sowie revanchistischer Bestrebungen. So wurden beispielsweise Menschen, die sich noch vor Kurzem der deutschsprachigen Kultur und Wien verbunden gefühlt hatten, über Nacht zu nicht akzeptierten rumänischen Staatsbürgern, die sich einem hohen Anpassungsdruck der Mehrheitsethnie ausgesetzt sahen. Das in Versailles propagierte „Selbstbestimmungsrecht der Völker" führte zu neuen Ungerechtigkeiten sowie zu nationalistischen Strömungen, die sich die Herstellung ethnisch-homogener Bevölkerungen auf ihre Fahnen schrieben. Die mittels der Versailler Verträge neu gebildeten Nationalstaaten zeichneten sich durch ein hohes Maß an „Ethnifizierung" aus, einer mangelnden Bereitschaft, ethnische Minderheiten als gleichberechtigte Bevölkerungsteile zu respektieren.

Neben dem Trauma der Kriegsniederlage, dem erstarkenden Nationalismus im Kontext der Versailler Verträge sowie der Weltwirtschaftskrise bildete schließlich die Russische Revolution sowie die revolutionäre Nachkriegskrise den vierten Faktor, der als Auslöser des Antisemitismus fungierte, welcher sich in der Zwischenkriegszeit deutlich verschärfte.

3 Der Vernichtungsantisemitismus des dt. Nationalsozialismus

Der Antisemitismus des dt. Nationalsozialismus war von Anfang an auf die Eliminatorik der dt. Juden angelegt, wobei der eliminatorische Antisemitismus vier Dimensionen umfasst und zwar *erstens* die Exklusion der Juden, ihre Markierung als „Fremde" sowie die Unterbindung des Kontaktes zwischen der als Volksgemeinschaft konstituierten Wir-Gruppe und der sukzessive konstruierten Fremdgruppe („soziale Elimination"), *zweitens* die geografische Entfernung der Juden durch erzwungene Auswanderung, Abschiebung bzw. Deportation („räumliche Elimination"), *drittens* die körperliche Vernichtung „des Juden" in Gestalt unmittelbarer gewaltförmiger Übergriffe wie Inhaftierung, Folterung, Totschlag und Mord („physische Elimination") sowie schließlich *viertens* die kollektive Vernichtung der Juden in Form des Holocaust („genozidale Elimination"). Das Wesen des dt. Nationalsozialismus als Vernichtungsantisemitismus hebt diesen von allen anderen historischen Formen des Antisemitismus ab. Charakteristisch für ihn sind die zugrundeliegende biologistische Erlösungsideologie, welche christlich-eschatologische Elemente aufgriff, sowie der immanente Steigerungsimperativ des Hasses und der Gewalt.

Der Weg nach Auschwitz war im Jahr 1933 gleichwohl nicht vorprogrammiert, die „genozidale Elimination" war indes von Anfang an dem Wesen des nationalsozialistischen Vernichtungsantisemitismus als potenzielle Option immanent. Die systematische Vernichtung der Juden wurde zur mörderischen Realität nicht zuletzt aufgrund des ausbleibenden Protestes der dt. Gesellschaft, stillschweigender Duldung, aktiver Täter- wie Mittäterschaft von Millionen Menschen, die in die komplexen Abläufe des Genozids involviert waren, verhaltener Reaktionen des Auslands, des Schweigens nationaler und internationaler Organisationen sowie der Kollaboration und Mittäterschaft in den von Nazideutschland besetzten Ländern.

Das vom US-amerikanischen Architekten Peter Eisenmann entworfene Denkmal für die ermordeten Juden Europas wurde am 10. Mai 2005 in Berlin eingeweiht und soll unweit des Brandenburger Tors die Erinnerung an die rund 6 Millionen europäischer Juden wach halten, die in der Zeit des dt. Nationalsozialismus ermordet wurden. Das aus einem Stelenfeld bestehende Mahnmal verdeutlicht, dass die Singularität des Holocaust u. a. darin begründet liegt, dass dieser nicht auf Deutschland begrenzt war, das Ziel der nationalsozialistischen Politik vielmehr in der Vernichtung aller Juden bestand, denen man in ganz Europa habhaft werden konnte. Diese Intention offenbart auch die Wannseekonferenz vom 20. Januar 1942, welche die Koordination staatlicher Instanzen sicherstellen sowie Detailfragen des nationalsozialistischen Völkermords klären sollte. In buchhalterischer Manier wurde die Anzahl der zu liquidierenden Juden auf einem Blatt Papier mit elf Millionen festgehalten, darunter 131 800 Juden aus dem „Altreich", 5600 Juden aus Dänemark, 1300 Juden aus Norwegen, 3000 Juden aus Portugal, 18 000 Juden aus der Schweiz, 55 500 Juden aus dem europäischen Teil der Türkei, 742 800 Juden aus Ungarn sowie fünf Millionen sowjetischer Juden. Die lange Liste der aufgeführten Länder verdeutlicht den Plan der vollständigen Vernichtung der europäischen Juden unabhängig davon, ob diese im Deutschen Reich, in besetzten Gebieten, in Ländern der dt. Verbündeten oder aber in neutralen Staaten wie etwa der Schweiz lebten bzw. dort Zuflucht gefunden hatten.

3.1 *Terror, „Judenboykott" und erste Verordnungen*

Bereits unmittelbar nach der Machtübernahme der Nazis folgten zahlreiche Verhaftungen von Juden, die zum Teil tagelang in Untersuchungsgefängnissen eingesperrt blieben. Der Terror der SA tobte sich gegen politisch Andersgesinnte wie gegen Juden aus. Bereits im März 1933 wurden Juden misshandelt, von SA-Leuten beraubt, entführt und ermordet. Am 1. April 1933 arrangierten die Nazis einen deutschlandweiten Boykott („Judenboykott"), von dem sowohl jüdische Geschäfte und Warenhäuser als auch Banken, Arztpraxen und Rechtsanwaltskanzleien betroffen waren. Geschäfte wurden mit dem Plakat »Deutsche! Wehrt Euch! Kauft nicht bei Juden!« versehen. Übergriffe auf jüdische Geschäfte und ihre Inhaber, bei denen es ebenso zu Plünderungen kam, hatte es bereits im Februar und März 1933 gegeben. Die zentral geplante und deutschlandweit durchgeführte Boykottaktion vom 1. April erzielte bei der sich eher passiv verhaltenden Bevölkerung indes nicht die gewünschte Wirkung, sodass die Nazi-Führung diese vorzeitig abbrach. Ein Beispiel anhand der westfälischen Stadt Hamm verdeutlicht, wie hochgradig diejenigen Kräfte des gewerblichen Mittelstandes, die mit den Nazis sympathisierten, bereits vor der Boykottaktion zur Tat schritten. Im März 1933 wurden in Hamm jüdische Gewerbetreibende, unter ihnen Fritz Goldschmidt, der Geschäftsinhaber des Hauses Alsberg, in das KZ Bergkamen-Schönhausen verschleppt. Nach mehreren Wochen Misshandlung vermeldete der „Kampfbund des gewerblichen Mittelstands“ am 29.3.1933, eine „Unterredung“ des Kreiskampfbundes mit Fritz Goldschmidt habe zur „Einigung“ geführt, dass Bettenhaus und Möbelabteilung des Hauses Alsberg zum 1. April zu schließen seien. Wie hochgradig der ökonomisch motivierte Antisemitismus bereits im März 1933 zur Tat zu schreiten gedachte, verdeutlicht eine Mitteilung des „Kampfbundes“ vom 29.3.1933:

> »Wir warnen, an Aktionen gegen einzelne jüdische Unternehmungen teilzunehmen, die nicht vom Kampfbund des gewerblichen Mittelstandes ausgehen, da diese untersagt sind. […] Handwerker, Gewerbetreibende! Die Kreiskampfbundführung hat die Augen auf und wird Eure Interessen wahren, vertreten und durchsetzen. Wir ruhen nicht eher, als bis der letzte Holzwurm am Baum des Volkes vernichtet ist.« (Ribhegge 1991: 361/362)

Wenige Tage nach dem Boykott wurde am 7. April 1933 das *Gesetz zur Wiederherstellung des Berufsbeamtentums* erlassen. Das Ziel des Gesetzes bestand darin, politisch unliebsame Beamte zu entlassen bzw. in den Ruhestand zu schicken sowie die „Rassenpolitik“ und den Antisemitismus zur praktisch wirksamen Staatsdoktrin zu erheben. In § 3 Absatz 1 heißt es: »Beamte, die nicht arischer Abstammung sind, sind in den Ruhestand zu versetzen.« Es handelte sich um das erste rassistische Gesetz des NS-Regimes, welches eine ganze Serie antisemitischer Gesetze, Erlasse und Verordnungen einleitete. Das Gesetz illustriert die binäre Entgegensetzung der Termini „Arier“ und „Jude“, wobei die Begrifflichkeit des „Ariers“ ohne Rekurs auf den Terminus des „Juden“ erst recht nicht zu bestimmen war. In der *Ersten Verordnung zur Durchführung des Gesetzes zur Wiederherstellung des Berufsbeamtentums* heißt es demzufolge:

> »Als nicht arisch gilt, wer von nicht arischen, insbesondere jüdischen Eltern oder Großeltern abstammt. Es genügt, wenn ein Elternteil oder ein Großelternteil nicht arisch ist.« (Erste Verordnung zur Durchführung des Gesetzes zur Wiederherstellung des Berufsbeamtentums vom 11. April 1933)

Da „Menschenrassen" eine Erfindung des Rassisten sind, die Nazis christliche Konvertiten jüdischer Herkunft ebenso zu verfolgen gedachten und daher die Religionszugehörigkeit des zu Kategorisierenden nicht als Einteilungskriterium dienen konnte, tauchte die Frage auf, wer für die Nazis überhaupt als Jude gelten sollte. Eine Definition des konstruierten Sachverhalts existierte anfangs nicht. Im Jahr 1933 blieb die Antwort auf die Frage noch offen, gleichwohl adaptierten zahlreiche dt. Organisationen und Verbände im vorauseilenden Gehorsam sogleich den „Arierparagraphen" auf biologistischer Grundlage, der auf diese Weise nicht auf den öffentlichen Dienst beschränkt blieb, sondern bereits im Frühjahr 1933 nahezu die gesamte dt. Gesellschaft durchdrang. Zahlreiche Vereine und Verbände hatten sogar vor dem NS-Gesetz bereits damit begonnen, ihre jüdischen Mitglieder und Funktionäre auszugrenzen. So legte beispielsweise Kurt Landauer, der Präsident des 1. FC Bayern, am 22. März 1933 sein Amt nieder. Der erfolgreiche Fußballverein, welcher für die Nazis als „verjudet" galt, unterzeichnete nur zwei Tage nach dem *Gesetz zur Wiederherstellung des Berufsbeamtentums* eine Erklärung des Süddeutschen Fußball- und Leichtathletikverbands, die entschieden den Ausschluss von Juden empfahl. Am 29. März 1933 beriet der Vorstand der Universum Film AG, kurz UFA genannt, welche Konsequenzen aus den politischen Ereignissen zu ziehen seien. Im Protokoll der Sitzung heißt es:

> »Mit Rücksicht auf die infolge der nationalen Umwälzung in Deutschland in den Vordergrund getretene Frage über die Weiterbeschäftigung von jüdischen Mitarbeitern und Angestellten in der UFA beschließt der Vorstand grundsätzlich, dass nach Möglichkeit die Verträge mit jüdischen Mitarbeitern und Angestellten gelöst werden sollen.« (Heymann 2001: 179)

Der Dirigent und Komponist Otto Klemperer (1885–1973) dirigierte am 12. Februar 1933 „Tannhäuser". Zu Beginn des dritten Aktes pfiffen und schrien seine Gegner und veranstalteten einen gezielten Tumult. Nach Beendigung des sich unmittelbar anschließenden Urlaubs teilte ihm Intendant Heinz Tietjen (1881–1967) mit, er könne ihn leider nicht mehr beschäftigen. Die Aufführung des noch ausstehenden Konzerts der Neunten Symphonie Beethovens fand nicht mehr statt. Auf die Frage des engl. Musikkritikers Peter Heyworth, wann das gewesen sei, antwortete Klemperer:

> »Im März 1933. Ich war in einer Art Traumzustand. Schon beim Reichstagsbrand im Februar konnte ich gar nicht glauben, was ich später einsah, dass eine deutsche Regierung ihr eigenes Parlament anzündet. Dann kam das Berufsbeamtengesetz, ich konnte in Deutschland nicht mehr arbeiten. Das Gesetz bestimmte, dass kein Fremdrassiger einen Beamtenposten innehaben kann. Beamte mussten deutschblütig sein, und als Dirigent an der Berliner Staatsoper war ich Beamter. […] Also ging ich am nächsten Tag mit meinem Jungen zum Direktor seiner Schule und meldete ihn ab. Dann ging ich zur Polizei und ließ mir eine Ausreiseerlaubnis in meinen Pass stempeln.« (Heyworth 1974: 124/125)

Am 7. April 1933 wurde ebenso das *Gesetz über die Zulassung zur Rechtsanwaltschaft* erlassen, welches die Möglichkeit eröffnete, Rechtsanwälten mit nur einem jüdischen Großelternteil die Zulassung zum 30. September 1933 zu entziehen. Auffallend ist, dass auch dieses Gesetz bereits Personen mit Berufsverbot belegte, die als „Vierteljuden“ konstruiert wurden. Das Gesetz verfolgte vorrangig das Ziel, dem NSDAP-Wählerklientel aus dem akademischen Milieu unliebsame Konkurrenten vom Hals zu schaffen und so NSDAP-Unterstützer an die Partei zu binden. Im Jahr der Machtübernahme kostete die Privilegierung der vermeintlich „Deutschblütigen“ bereits 1500 Rechtsanwälte und Notare ihre berufliche Existenz. Wenige Tage nach der Versorgungsmaßnahme „arischer Rechtsanwälte“ folgte am 22. April 1933 die *Verordnung über die Zulassung von Ärzten zur Tätigkeit bei den Krankenkassen*, welche „nicht arischen“ Ärzten die kassenärztliche Zulassung entzog. Drei Tage später übernahm am 25. April das *Gesetz gegen die Überfüllung dt. Schulen und Hochschulen* im „Arierparagraphen“ die Definition des „Nichtariers“ aus dem „Berufsbeamtengesetz“ vom 7. April 1933:

> »Bei den Neuaufnahmen ist darauf zu achten, dass die Zahl der Reichsdeutschen, die im Sinne des Gesetzes zur Wiederherstellung des Berufsbeamtentums vom 7. April 1933 nicht arischer Abstammung

> sind, unter der Gesamtheit der Besucher jeder Schule und jeder Fakultät den Anteil der Nichtarier an der reichsdeutschen Bevölkerung nicht übersteigt. Die Anteilszahl wird einheitlich für das ganze Reichsgebiet festgesetzt.« (Gesetz gegen die Überfüllung deutscher Schulen und Hochschulen vom 25.04.1933)

Diskriminierende Quotierungen, Berufsverbote und Ausschlüsse leiteten die Spaltung der dt. Gesellschaft ein und erzeugten einen binären Herrschaftsmechanismus, der zwischen „rassisch wertvoll" und „rassisch minderwertig" unterschied. Bereits im Frühjahr wurde die „soziale Elimination" der Juden auf diese Weise eingeleitet, ihre Verdrängung aus akademischen Berufen bildete indes nur den ersten Schritt ihrer umfassenden sozialen Isolation.

3.2 *Die „Nürnberger Rassengesetze"*

Die „Nürnberger Rassengesetze" wurden am 15. September 1935 anlässlich des „Nürnberger Reichsparteitags der NSDAP" verabschiedet und umfassen das *Gesetz zum Schutze des dt. Blutes und der dt. Ehre* („Blutschutzgesetz") sowie das *Reichsbürgergesetz*. Das „Blutschutzgesetz" verbot die Eheschließung sowie den außerehelichen Sexualverkehr zwischen „Juden" und „Nichtjuden". Das Reichsbürgergesetz spaltete die deutsche Bevölkerung in Reichsbürger (»Staatsangehörige deutschen oder artverwandten Blutes«) sowie in Reichsangehörige mit geringeren Rechten (»Angehörige rassefremden Volkstums«) und schuf auf diese Weise eine biologistische Zweiklassengesellschaft. In seiner Schrift *Die Nürnberger Judengesetze* kommentierte Reichsärzteführer Gerhard Wagner (1888–1939) die nationalsozialistische Bevölkerungspolitik wie folgt:

> »Die Gleichheitslehre leugnete auch die Rassengrenzen, in Europa insbesondere die Grenze zwischen Europäern und Juden. Die Folge war eine zunehmende Vermischung mit dem uns völlig artfremden jüdischen Blute. Diese zunehmende Bastardisierung mußte die verhängnisvollsten Folgen mit sich bringen, weil sie nicht nur wider alle Ordnung der Natur ist, die die Rassengrenzen selbst schuf, sondern weil außerdem die besonderen rassischen Eigenarten des an sich schon bastardierten Judenvolkes eine solche Vermischung für den einzelnen aus ihr hervorgehenden Menschen und damit jede völkische Gemeinschaft ungeheuer gefährlich machten. Denn wir wissen, daß eine ganze Anzahl von durchaus negativen Anlagen innerhalb des jü-

dischen Volkes gehäuft auftreten. Insbesondere leidet der Jude sehr viel häufiger an Stoffwechsel- und Geisteskrankheiten, dabei fast ausnahmslos an solchen, die erblich bedingt sind.« (Wagner 1935: 9)

Schon vor der Verabschiedung der Gesetze hatten die Nazis die Propagandabegriffe „Rassenschande“ sowie „Rassenverrat“ verbreitet. Ein historisches Bild aus Marburg/Lahn illustriert den Sachverhalt, dass es bereits unmittelbar nach der Machtübernahme zu diesbezüglichen Übergriffen auf Juden kam. Auf dem Bild zu sehen ist die Herrenmühle in der Innenstadt, heute eine Filiale der Dresdner Bank. Das Foto ist datiert auf den 19. August 1933 und zeigt einen jüdischen jungen Mann in Anzug und Fliege, der ein großes Schild hochhält, auf dem »Ich habe ein Christenmädchen geschändet!« steht. Ein SA-Spielmannszug läuft vor dem adrett gekleideten Mann, hinter ihm marschieren SA-Leute. Das an der Mauer zur Herrenmühle stehende Publikum nimmt die Szene eher belustigt auf, so als würde es sich um einen „Karnevalsumzug“ handeln, eine der Frauen grüßt mit „erhobenem Arm“. Der „antisemitische Umzug“ wird von Jugendlichen auf Fahrrädern begleitet, die eher fröhlich an der Erniedrigung teilnehmen oder das Opfer gar noch durch feixende Grimassen verhöhnen. Die Demütigung des Juden geschieht am helllichten Tag, in aller Öffentlichkeit und am zentral gelegenen Rudolphsplatz der hessischen Universitätsstadt. Beim Opfer handelte es sich um den im Jahr 1908 geborenen Jakob Spier, der zunächst in Heidelberg und sodann in Marburg Medizin studierte. Zusammen mit seinem Bruder Max gelang ihm 1936 die Flucht in die USA.

Der Sexualantisemitismus spielte von Anfang an eine herausragende Rolle beim dt. Nationalsozialismus. Bereits im Jahr 1917 war der sexualantisemitische Bestseller *Die Sünde wider das Blut* des völkischen Politikers Artur Dinter (1876–1948) erschienen. Zum Zeitpunkt des historischen Bildes aus Marburg hatte der Roman bereits eine Auflagenhöhe von einer viertel Million erreicht. In Dinters Roman kreisen die Gedanken „des Juden“ um die Eroberung der „blonden Frau“. Als einer der geistigen Väter der „Nürnberger Rassengesetze“ schilderte Dinter die vermeintlichen Konsequenzen für die „Mischlingskinder“ aus Verbindungen mit jüdischen Männern sowie die Folgen für die Gesellschaft, der biologischer Zerfall und Zersetzung drohe. Die bei Richard Wagner noch primär kulturalistisch fundierte soziale „Dekomposition“ mutierte bei Dinter zu einer biologistischen „Zersetzung des Volkskörpers". Derlei sexualantisemitische Imaginationen griff auch die ab April 1923 erscheinende Wochenzeitung *Der Stürmer* in diversen pornografischen Bildern auf, die den Juden zum Belästiger, Vergewaltiger wie Sexualmörder der „arischen Frau", zum pädophilen Kinderschänder sowie zum perversen Triebtäter konstruierten.

Die Einführung des juristischen Tatbestandes der „Rassenschande", auf deren Grundlage es im Zeitraum von 1935 bis 1943 zu weit über 2000 Verurteilungen kam, weist auf die Spezifik der nationalsozialistischen Sexualisierung des Juden hin. Zwar existierten rassifizierende Sexualisierungstechniken im Kontext von Anti-Beschneidungskampagnen bereits seit der Antike, doch erst der Nationalsozialismus verband die Vorstellung vom Juden als Sexualkonkurrenten mit der Vision des Destruenten der „arischen Rasse". Die sexualrepressive Disziplinierung des einzelnen Subjektes ist dergestalt aufs Engste mit der nationalsozialistischen „Biopolitik der Bevölkerung" verkoppelt. In der Nazi-Ideologie stellte die vermeintliche „Schändung eines Christenmädchens" den bewussten Versuch „des Juden" dar, die „arische Rasse" zu zerstören und auf diese Weise die Weltherrschaft für die „semitische Rasse" zu erobern.

Das zu den „Nürnberger Rassengesetzen" gehörende „Reichsbürgergesetz" vom 15. September 1935 spaltete die dt. Bevölkerung in „Reichsbürger" und „Staatsangehörige" und etablierte eine biologistische Zweiklassengesellschaft, die den sozialen Gegensatz zwischen „wertvollen Rasseangehörigen" und „Angehörigen rassefremden Volkstums" schuf. Insofern das „Reichsbürgergesetz" lediglich aus drei Paragraphen bestand, das Wort „Jude" gar nicht vorkam und keinerlei nähere Definition erfolgte, wie der Satz »Reichsbürger ist nur der Staatsangehörige deutschen oder artverwandten Blutes« zu interpretieren sei, kam den darauffolgenden Verordnungen die eigentlich entscheidende Bedeutung zu. In der *ersten Verordnung zum Reichsbürgergesetz vom 14. November 1935* heißt es in § 4, Absatz 1 und 2:

1. Ein Jude kann nicht Reichsbürger sein. Ihm steht ein Stimmrecht in politischen Angelegenheiten nicht zu; er kann ein öffentliches Amt nicht bekleiden.
2. Jüdische Beamte treten mit Ablauf des 31. Dezembers 1935 in Ruhestand.

Erst im darauffolgenden § 5 definierte der dt. Nationalsozialismus erstmals, wer überhaupt als Jude gelten solle:

1. Jude ist, wer von mindestens drei der Rasse nach volljüdischen Großeltern abstammt. […]
2. Als Jude gilt auch der von zwei volljüdischen Großeltern abstammende Staatsangehörige jüdische Mischling,
   (a) der beim Erlass des Gesetzes der jüdischen Religionsgemeinschaft angehört hat oder danach in sie aufgenommen wird,
   (b) der beim Erlass des Gesetzes mit einem Juden verheiratet ist oder sich danach mit einem solchen verheiratet,
   (c) der aus einer Ehe mit einem Juden stammt, die nach Inkrafttreten des Gesetzes geschlossen ist,
   (d) der aus einem außerehelichen Verkehr mit einem Juden stammt und nach dem 31. Juli 1936 außerehelich geboren wird. (Erste Verordnung zum Reichsbürgergesetz vom 14. November 1935)

Bereits § 2 der Verordnung definierte zuvor den Terminus des „jüdischen Mischling“ als Person, die »von einem oder zwei der Rasse nach volljüdischen Großelternteilen abstammt.« Als volljüdisch gelte ein Großelternteil, so heißt es, »wenn er der jüdischen Religionsgemeinschaft angehört hat.« Für die „Rassenlehre“ der Nazis ist somit die stete Referenz auf die Religionszugehörigkeit entlarvend, da sie die Pseudowissenschaftlichkeit des biologistischen Definitionsversuchs belegt, was die Nazis indes keineswegs daran hinderte, den vermeintlichen „Ariernachweis“ für diverse Personengruppen verpflichtend zu machen.

In späteren Verordnungen wurden die in § 5 Absatz 2 aufgeführten Personen auch als „Geltungsjuden“ bezeichnet. Im Sinne der nationalsozialistischen Rechtsprechung galten folglich Personen beiderlei Geschlechts mit 3 oder 4 jüdischen Großelternteilen als Juden sowie „Geltungsjuden“, d. h. Personen mit 2 jüdischen Großelternteilen (sogenannte „Halbjuden“), für die § 5 Abs. 2 zutraf. Als „jüdischer Mischling“ zählte im Sinne der nationalsozialistischen Rassenideologie diejenige Person, die von einem („jüdischer Mischling zweiten Grades“) oder zwei „volljüdischen“ Großelternteilen abstammte („jüdischer Mischling ersten Grades“) und über keinerlei Bindungen zum Judentum verfügte.

Die Einstufungen entschieden über die Art und Weise der Behandlung der betroffenen Personen und damit letztendlich über Leben und Tod und wurden in Deutschland, in den eroberten Gebieten wie in den mit dem Deutschen Reich verbündeten Ländern höchst unterschiedlich gehandhabt, zumal die zugrunde gelegten Definitionen fragil blieben. Während im Deutschen Reich „Vierteljuden", d. h. „jüdische Mischlinge zweiten Grades", sogenannte „Deutschblütige" heiraten durften, galt dies für „jüdische Mischlinge ersten Grades" nicht. Während in den besetzten Gebieten des Ostens alle „jüdischen Mischlinge" als Juden betrachtet wurden, scheiterten die Versuche diverser Nazigrößen im Deutschen Reich, auch „jüdische Mischlinge ersten Grades" in die Deportation und Ermordung einzubeziehen. Gleichwohl waren auch diese im Verlauf der Naziherrschaft zunehmend gefährdet. Das geringste Vergehen konnte die „Vorzugsbehandlung" beenden und zur Einbeziehung in Vernichtungsaktionen führen.

Bereits recht früh zeichnete sich die nationalsozialistische Judenpolitik durch das Bestreben aus, sämtliche als Juden definierten Menschen restlos zu erfassen und umfassend zu markieren. Nach den Daten der Volkszählung vom 16. Juni 1933 betrug der Anteil der dt. Juden an der Gesamtbevölkerung 0,8 % bei einer Anzahl von 499 682 Personen. Der Anteil der Juden in städtischen Räumen lag deutlich höher als in ländlich geprägten Gebieten, wobei Frankfurt a. M. mit einem Anteil von 4,7 % noch vor Berlin mit 3,8 % lag. Im Jahr 1925 waren es noch 563 733 Juden, was einem Anteil von 0,9 % entsprach. Bei den Volkszählungen der Jahre 1925 und 1933 bildete die Zugehörigkeit zur jüdischen Glaubensgemeinschaft die Grundlage der Erhebung. Bereits vor Verabschiedung der „Nürnberger Rassengesetze" verfolgte Reinhard Heydrich als Chef des Geheimen Staatspolizeiamts das Ziel der statistischen bzw. bürokratischen Erfassung der Juden. Hierzu sollte eine zentrale Judenkartei angelegt werden. Am 17. August 1935 wies Heydrich die örtlichen Stellen der Gestapo an, Mitgliederlisten jüdischer Gemeinden, Vereine und Verbände auszuwerten und in die zu erstellenden Dateien einzuarbeiten. Nachweislich wurden die Judenkarteien sowohl bei der „Polenaktion" als auch bei der Verhaftungswelle unmittelbar nach den Novemberpogromen zugrunde gelegt.

Erst die „Nürnberger Rassengesetze" vom 15. September 1935 definierten staatlicherseits „Jüdischsein" auf biologistisch-rassistischer Grundlage und legten das fiktive Merkmal „Rasse“ auch bei der systematischen Erfassung der jüdischen Bevölkerung in statistischer Hinsicht zugrunde. Auf einer Besprechung des SD und der Geheimen Staatspolizei am 12. Juli 1937 forderten die anwesenden Teilnehmer die Nutzung der zunächst für 1938 geplanten Volkszählung, um das Datenmaterial der „Judenkartei“ auszuweiten. Eine „Ergänzungskarte“ der Volkszählung sollte auch die Religionszugehörigkeit der Großeltern abfragen. In der durch den „Anschluss Österreichs“ auf den 17. Mai 1939 verschobenen Volkszählung wurde demzufolge gefragt: »War oder ist einer der vier Großelternteile der Rasse nach Volljude? (Ja oder nein).« Die Spalten 5, 6, 7 und 8 der „Ergänzungskartei“ erfassten die Angaben für Großvater und Großmutter väterlicherseits sowie mütterlicherseits.

Die Angaben der Ergänzungskarteien wurden benutzt, um im Sinne der *Ersten Verordnung zum Reichsbürgergesetz* die „Judenkartei“ zu vervollständigen, was vermutlich bis zum März 1941 dauerte. Bei einer Gesamtbevölkerung von 69 316 526 Personen im sogenannten „Alten Reichsgebiet“ wurden 233 846 Personen als „Volljuden“ eingestuft (davon 213 930 als „Glaubensjuden“), 8500 als „Geltungsjuden“, 52 005 als „Mischlinge 1. Grades“ sowie 32 669 als „Mischlinge 2. Grades“. Mithilfe der Ergänzungskarteien wurden erstmals alle definitorischen Konstrukte „des Juden“ erfasst. Eine Vergleichbarkeit zu den Volkszählungen von 1925 und 1933 ist aufgrund der Anwendung des Rassekonstrukts sowie der territorialen Expansion durch die Einverleibung des „Sudetengebietes“ und des Saarlandes kaum möglich. Indes belegen die absoluten Zahlen, dass abertausende Juden bereits das Land verlassen hatten und ihr Anteil an der Gesamtbevölkerung im Jahr 1939 auf ca. 0,34 % gesunken war.

Im Jahr 2001 veröffentlichte der Journalist Edwin Black die Studie *IBM and the Holocaust* und konstatierte eine Mitschuld der Firma IBM an der Ermordung der europäischen Juden. Black spricht gar von einem „Bündnis mit den Nazis“, insofern die Industrialisierung des nationalsozialistischen Massenmords nicht ohne Lochkartentechnik und ohne Einsatz der Hollerith-Maschinen möglich gewesen wäre. Historische Fotos zeigen den IBM-Chef Watson im vertrauten Gespräch mit Hitler. Die Deutsche Hollerith Maschinen Gesellschaft (Dehomag) erhielt als Deutschlandfiliale der IBM den Auftrag, die Volkszählung von 1933 auszuwerten und lieferte die technologische Grundlage für die Erfassung der Juden. Die verbrecherische Nutzung der in den Folgejahren georderten Hollerith-Maschinen, die der Kriegsführung, der Organisation von Zwangsarbeit sowie der Massenvernichtung der Juden dienten, dürfte den IBM-Oberen, so Black, schon deshalb nicht verborgen geblieben sein, weil sie an der genauen Kenntnis des Aufstellungsorts ihrer Maschinen – so etwa beim „Eichmann-Referat" im Reichssicherheitshauptamt – interessiert waren.

Der lochkartengestützten Erfassung jedes jüdischen Bürgers, der bei der Volkszählung im Jahr 1933 „jüd.mos.isr." angegeben hatte, folgte am 1. September 1941 die sichtbare Markierung auf der Kleidung der Betroffenen. Eine *Polizeiverordnung über die Kennzeichnung der Juden* legte fest, dass nahezu ausnahmslos alle Juden, die nach den „Nürnberger Rassengesetzen" als solche galten, einen „Judenstern" »sichtbar auf der linken Brustseite des Kleidungsstückes in Herznähe fest aufgenäht zu tragen« hatten. Die Vorschrift galt für „Juden" vom vollendeten sechsten Lebensjahr an. Ausgenommen wurden davon „jüdische Mischlinge" und Personen in sogenannten „privilegierten Mischehen". Im unmittelbaren Vorfeld der im Oktober 1941 einsetzenden Deportationen sollte das Tragen des Judensterns auch die Ergreifung der Juden erleichtern.

Bereits vor dem „Judenstern" stellte die *Zweite Verordnung zur Durchführung des Gesetzes über die Änderung von Familiennamen und Vornamen vom 17.8.1938* einen ersten Versuch dar, Juden und Jüdinnen öffentlich zu markieren. Die Kenntlichmachung erfolgte durch den Zwang der zusätzlichen Annahme des Vornamens Israel bzw. Sara. Die Verordnung trat am 1. Januar 1939 in Kraft. Die zusätzliche Annahme des Vornamens war beim Standesamt, das die Geburt beurkundet hatte, als auch bei der zuständigen Ortspolizeibehörde des Wohnsitzes anzuzeigen. Ausgenommen von der Regelung waren Personen, die bereits einen Vornamen trugen, der für die Nazis als „jüdisch" galt. Eine *Richtlinie über die Führung von Vornamen* des Reichsinnenministers vom 18.8.1938 listete diesbezüglich männliche und weibliche Vornamen akribisch auf.

Wenige Wochen darauf erschien am 5. Oktober 1938 die *Verordnung über Reisepässe von Juden*. Die Verordnung erklärte die Pässe von Juden für ungültig und sah deren Einziehung vor. Juden hatten ihre Pässe innerhalb von 14 Tagen nach Inkrafttreten der Verordnung einzureichen. Eine Ausfertigung von Reisepässen für

Juden war den Landesbehörden bereits zuvor am 6.11.1937 untersagt worden. Paragraph 1 Absatz 3 lautete:

> »Die mit Geltung für das Ausland ausgestellten Reisepässe werden wieder gültig, wenn sie von der Paßbehörde mit einem vom Reichsminister des Innern bestimmten Merkmal versehen werden, das den Inhaber als Juden kennzeichnet.« (Verordnung über Reisepässe von Juden vom 5. Oktober 1938)

Als entsprechende Kennzeichnung wurde ein in roter Farbe gestempeltes »J« vorgesehen, dessen Größe auf drei Zentimeter festgelegt wurde (sogenannter „Judenstempel").

In der Literatur strittig bleibt die Frage, inwieweit die Daten der Volkszählung des Jahres 1939 unmittelbar für Deportationen in die Vernichtungslager genutzt wurden. Die Deportationen liefen bereits an, bevor die Daten der Volkszählung des Jahres 1939 in die „Judenkarteien" eingearbeitet waren. Die „Datendichte" war bereits Ende 1938 umfassend, da die Verordnungen bezüglich der Namensänderung sowie der Reisepässe bereits ausgiebiges Datenmaterial bereitgestellt hatten.

3.3 Die Novemberpogrome von 1938

Die Novemberpogrome in der Nacht vom 9. auf den 10. November 1938 markieren einen qualitativen Einschnitt für die Lage der Juden in Deutschland und Österreich, insofern diese den Übergang von der Diskriminierung zur unmittelbaren physischen Bedrohung einleiteten. Den Wandel der nationalsozialistischen Judenpolitik in Richtung einer physischen Existenzbedrohung belegt allein das Ausmaß der körperlichen Gewalt. Studien schätzen die Opferzahlen zwischen 800 und 1500 Juden, die während der Reichspogromnacht ermordet wurden, kurze Zeit darauf an den Folgen ihrer Verletzungen starben oder Selbstmord begangen. 1400 Synagogen gingen in Flammen auf, 7500 jüdische Geschäfte wurden demoliert, unzählige Privatwohnungen und jüdische Friedhöfe schwer beschädigt.

Einen Vorwand für die Pogrome lieferte das Attentat des polnischen Staatsbürgers Herschel Feibel Grynszpan auf Ernst Eduard vom Rath, den dt. Botschaftssekretär in Paris, der am 9. November seinen Verletzungen erlag. Grynszpans in Hannover lebende Eltern zählten im Oktober 1938 zu den Opfern der sogenannten „Polenaktion" und waren zuvor gewaltsam nach Polen abgeschoben worden. In einem Verhör der frz. Polizei gab Grynszpan an, aus Rache für das Schicksal seiner Eltern und seiner beiden Brüder gehandelt zu haben. Kurz nach Bekanntwerden des Todes des Botschaftssekretärs hielt Goebbels in München eine antisemitische Hetzrede. Goebbels' Tagebucheinträge vom 10. und 11. November 1938 verdeutlichen den organisierten Charakter der Pogrome:

> »In Kassel und Dessau große Demonstrationen gegen die Juden, Synagogen in Brand gesteckt und Geschäfte demoliert. Nachmittags wird der Tod des deutschen Diplomaten vom Rath gemeldet. [...] Ich gehe zum Parteiempfang im alten Rathaus. Riesenbetrieb. Ich trage dem Führer die Angelegenheit vor. Er bestimmt: Demonstrationen weiterlaufen lassen. Polizei zurückziehen. Die Juden sollen einmal den Volkszorn zu verspüren bekommen. Das ist richtig. Ich gebe gleich entsprechende Anweisungen an Polizei und Partei. Dann rede ich kurz dementsprechend vor der Parteiführerschaft. Stürmischer Beifall. Alles saust gleich an die Telefone. Nun wird das Volk handeln. Einige Laumänner machen schlapp. Aber ich reiße immer wieder alles hoch. Diesen feigen Mord dürfen wir nicht unbeantwortet lassen. Mal den Dingen ihren Lauf lassen. Der Stoßtrupp Hitler geht gleich los, um in München aufzuräumen.« (Joseph Goebbels: Tagebucheintrag vom 10. November 1938)

Am 11. November 1938 lautet der Tagebucheintrag:

> »Ich setze eine Verordnung auf Abschluss der Aktionen auf. Es ist nun gerade genug. Lassen wir das weitergehen, dann besteht die Gefahr, dass der Mob in die Erscheinung tritt. Im ganzen Lande sind die Synagogen abgebrannt. Diesen Toten muss das Judentum teuer bezahlen. In der Osteria erstatte ich dem Führer Bericht. Er ist mit allem einverstanden. Seine Ansichten sind ganz radikal und aggressiv. Die Aktion selbst ist tadellos verlaufen.« (Joseph Goebbels: Tagebucheintrag vom 11. November 1938)

In Folge der Novemberpogrome wurden ca. 30 000 Juden verhaftet und in Konzentrationslager wie Dachau, Buchenwald und Sachsenhausen eingeliefert. Über 400 Juden starben alleine an den Folgen der Haft.

3.4 *Umfassende Diskriminierung und soziale Ausgrenzung*

Besichtigt man in Berlin das „Bayerische Viertel" im Berliner Ortsteil Schöneberg, in dem einst viele Juden, u. a. auch Albert Einstein (1879–1955), lebten, so stößt man rund um das Rathaus Schöneberg auf ein Denkmalprojekt der Künstler Renata Stih und Frieder Schnock. An die Masten der Straßenbeleuchtung des Viertels haben die Künstler in einer Höhe von ca. drei Metern 80 Tafeln befestigt. Auf der Vorderseite der 50 mal 70 cm großen Tafeln befindet sich jeweils ein Bild und auf der Rückseite ein Text, der auf die durch das Bild symbolisierte antisemitische Maßnahme hinweist. Visuell wird so die Unzahl antisemitischer Gesetze, Verordnungen und Tatbestände deutlich, die Juden nahezu vollständig sozial ausgrenzten und entrechteten, bevor diese deportiert wurden. So ist z. B. ein Brot zu sehen und auf der Rückseite der Text »Lebensmittel dürfen Juden in Berlin nur nachmittags von 4-5 Uhr einkaufen.« Darunter steht das Datum der Verordnung: 4.7.1940. Auf einem anderen Schild sieht man einen blauen See mit goldenem Strand umsäumt von grünen Bäumen. Auf der Rückseite zu lesen ist: »Badeverbot für Juden am Strandbad Wannsee - 22.8.1933«. Auf der Rückseite des Bildes mit einem Hammer ist zu lesen: »Juden dürfen kein selbständiges Handwerk mehr betreiben - 12.11.1938.« Eine Milchkanne symbolisiert die folgenden beiden Verordnungen: »Juden erhalten keine Eier mehr - 22.6.1942« sowie »Keine Frischmilch für Juden - 10.7.1942«. Manchmal kommen auch Zeitzeugen zu Wort. So ist auf einer Tafel ein leerer Vogelkäfig zu sehen und auf der Rückseite der folgende Bericht zu lesen:

> »Wir hatten einen Wellensittich. Als nun die Verordnung uns erreichte, dass Juden das Halten von Haustieren verboten sei [Juden dürfen keine Haustiere halten, 15.5.1942, d. Verf.] konnte sich mein Mann nicht von diesem Tier trennen. […] Vielleicht hat ihn jemand denunziert, denn mein Mann erhielt eines Tages eine Vorladung zur Gestapo […] Nach vielen angstvoll durchlebten Wochen bekam ich von der Polizei eine Karte, dass ich gegen Zahlung einer Gebühr von drei Reichsmark die Urne meines Mannes abholen soll.« (Stih, Schnock 1993: 13)

Weitere antijüdische Verordnungen und Gesetze, welche die Künstler visualisierten, sind u. a.: »Jüdische Kinder dürfen keine öffentlichen Schulen mehr besuchen (15.11.1938)«, »Juden erhalten keine Zigaretten oder Zigarren mehr (11.6.1942)«, »Juden müssen ihre elektrischen und optischen Geräte, Fahrräder, Schreibmaschinen und Schallplatten abliefern (12.6.1942)«, »Juden dürfen öffentliche Verkehrsmittel nur noch auf dem Weg zur Arbeit benutzen (13.9.1941)«, »Juden dürfen nach 8 Uhr abends (im Sommer 9 Uhr) ihre Wohnungen nicht mehr verlassen (1.9.1939)«, »Die Taufe von Juden und der Übertritt zum Christentum hat keine Bedeutung für die Rassenfrage (4.10.1936)«, »Juden sollen keine Seife und Rasierseife mehr erhalten (26.6.1941)«, »Telefonanschlüsse von Juden werden von der Post gekündigt (29.7.1940)«, »Der Besuch von Kinos, Theater, Oper und Konzerten wird Juden verboten (12.11.1938)«, »Juden müssen ihre Rundfunkgeräte abliefern (23.9.1939)«, »Nur ehrbare Volksgenossen dt. oder artverwandten Blutes können Kleingärtner werden (22.3.1938)«, »Juden müssen Schmuck, Gegenstände aus Gold, Silber, Platin und Perlen abliefern (21.2.1939)«, »Juden werden aus Gesangsvereinen ausgeschlossen (16.8.1933)«, »Mit Jüdinnen verheiratete Postbeamte werden in den Ruhestand versetzt (8.6.1937)«, »Juden dürfen keine Zeitungen und Zeitschriften mehr kaufen (17.2.1942)«, »Berufsverbot für jüdische Musiker (31.3.1935)«, »Juden dürfen allgemeine Leihbüchereien nicht benutzen (2.8.1941)«, »Juden dürfen keine Bücher mehr kaufen (9.10.1942)«, »Juden werden aus dem großdeutschen Schachbund ausgeschlossen (9.7.1933)«, »Kennzeichnungszwang für Wohnungen jüdischer Familien durch den ›Judenstern‹ (26.3.1942)«.

Im dt. Nationalsozialismus wurden insgesamt ca. 2000 solcher antijüdischen Gesetze und Ergänzungsverordnungen erlassen, die zu einer gänzlichen Entrechtung der Juden führten. Vor den Deportationen in den Osten sollten diese u. a. die Ausreise jüdischer Deutscher erzwingen, sie ausplündern sowie nahezu sämtliche Kontakte zu Nichtjuden unterbinden. Zum Zeitpunkt der Deportationen sollten etliche Verordnungen auch die „Ergreifung" von Juden erleichtern (vgl. etwa der »Kennzeichnungszwang für Wohnungen«).

Am 2. Juni 1942 listet Victor Klemperer (1881–1960) in seinem Tagebuch diejenigen antijüdischen Maßnahmen auf, die sein eigenes Leben Tag für Tag einschränkten. Es sind dies u. a.: Sein Ausschluss aus dem Lehrkörper der Dresdner Universität, die Beschlagnahmung seines Hauses und seines Autos, seine Zwangsumsiedelung in ein sogenanntes „Judenhaus", die erzwungene Abgabe seiner Schreibmaschine, das Verbot der Benutzung von

Leihbibliotheken, das Verbot der Benutzung öffentlicher Verkehrsmittel, die Untersagung bestimmte Straßen und Plätze in Dresden zu betreten, sein finanzieller Ruin durch Sondersteuern sowie schließlich das systematische Aushungern, nachdem Klemperer sich die Lebensmittelkarten mit seiner Frau teilen musste, weil Juden keine Lebensmittelkarten mehr erhielten. Hinzu kamen Klemperers Angst krank zu werden, seine Furcht davor, irgendeine Verordnung unwissentlich zu missachten und so doch noch deportiert zu werden oder in ein Konzentrationslager zu kommen. Zu diesem Zeitpunkt sind es alleine 31 Verordnungen, die Klemperer aufzuzählen vermag.

3.5 *Systematische Beraubung, Zwangs- und Sklavenarbeit*

Die sogenannte „Arisierung" als systematische Beraubung und Enteignung der Juden umfasst u. a. die Übereignung eines Unternehmens oder eines Geschäftes, die Aneignung jüdischen Privatvermögens in Form von Devisen, Spareinlagen, Bargeld, Wertpapieren, Edelmetallen, Grundstücken, Wohnungen, Hausrat und Möbel sowie von Schmuck und Kunstwerken. Als spezielle Form der Beraubung ist die Zwangs- sowie Sklavenarbeit zu nennen. Zu den vielfältigen Varianten der Aneignung jüdischen Vermögens gesellen sich ebenso Berufsverbote, welche Beamte, Ärzte und Apotheker, Rechtsanwälte und Notare sowie Lehrkräfte als auch Handwerker aus ihren Positionen verdrängten.

Die systematische Beraubung der Juden setzte bereits unmittelbar nach der Machtübernahme der Nazis ein. Der dt. Staat bediente sich hierfür der bereits im Jahr 1931 eingeführten Reichsfluchtsteuer. Das am 18. Mai 1934 erlassene *Gesetz über Änderung der Vorschriften über die Reichsfluchtsteuer* veränderte die „Reichsfluchtsteuer" dahingehend, dass sich diese als Instrument verwenden ließ, um jüdische Emigranten teil zu enteignen. Die Zahlung der fiskalischen Zwangsabgabe bedeutete jedoch noch lange nicht, dass sonstige Vermögensbestände mit ins Ausland genommen werden konnten. Bereits 1934 galt eine Freigrenze für Devisen in Höhe von lediglich 10 RM. Zwar konnten anfangs bei legaler Ausreise und dem Vorliegen einer „Unbedenklichkeitsbescheinigung" des Finanzamtes noch Bank- und Wertpapierguthaben transferiert werden, doch auch dies war nur bei äußerst hohen Abschlägen möglich. Die Abschläge wurden als „Dego-Abgabe“ bezeichnet, da sie an die Deutsche Golddiskontbank zu zahlen waren. Ursprünglich bezog sich die Dego-Abgabe nur auf das Geld- bzw. Wertpapiervermögen, ab der zweiten Hälfte des Jahres 1938 indes auch auf das gesamte Umzugsgut. Da die Abgabe auf Hausrat und Möbel von vielen erst gar nicht gezahlt werden konnte, wurden Wohnungseinrichtung und -ausstattung recht früh zur Beute der „Volksgemeinschaft“.

Neben der Reichsfluchtsteuer und der Dego-Abgabe trugen diverse Sonderabgaben zur systematischen Enteignung der Juden bei. Wenige Tage nach den Novemberpogromen unterzeichnete Hermann Göring am 12.11.1938 die *Verordnung über eine Sühneleistung der Juden deutscher Staatsangehörigkeit*, in der es heißt:

> »Die feindliche Haltung des Judentums gegenüber dem deutschen Volk und Reich, die auch vor feigen Mordtaten nicht zurückschreckt, erfordert entschiedene Abwehr und harte Sühne. Ich bestimme daher auf Grund der Verordnung zur Durchführung des Vierjahresplans vom 18. Oktober 1936 (Reichsgesetzbl. I S. 887) das Folgende:
> § 1 Den Juden deutscher Staatsangehörigkeit in ihrer Gesamtheit wird die Zahlung einer Kontribution von 1.000.000.000 Reichsmark an das Deutsche Reich auferlegt.
> § 2 Die Durchführungsbestimmungen erläßt der Reichsminister der Finanzen im Benehmen mit den beteiligten Reichsministern.«
> (Verordnung über eine Sühneleistung der Juden deutscher Staatsangehörigkeit vom 12.11.1938, Deutsches Reichsgesetzblatt Band 1938 Teil I, Nr. 189, Seite 1579)

Die von Hermann Göring festgelegte Kontributionszahlung von einer Milliarde Reichsmark („Judenvermögensabgabe“) war ein staatlicherseits groß angelegter Diebstahl und ging noch am selben Tag mit weiteren Verordnungen einher, die Juden aus ihren angestammten Positionen verdrängen und zur Aneignung ihres Besitzes führen sollten. Die *Verordnung zur Ausschaltung der Juden aus dem dt. Wirtschaftsleben* untersagte es Juden, Unternehmer, Inhaber oder Geschäftsführer eines Industrie- oder Handwerksbetriebes zu sein; jüdische leitende Angestellte durften fristlos entlassen werden. Die gleichfalls am 12. November 1938 erlassene *Verordnung zur Wiederherstellung des Straßenbildes bei jüdischen Gewerbebetrieben* sah vor, dass jüdische Gewerbetreibende die durch die Novemberpogrome entstandenen Schäden sofort zu beseitigen und für die Kosten selbst aufzukommen hatten. Das Deutsche Reich beschlagnahmte die Versicherungsansprüche der Juden dt. Staatsangehörigkeit im Kontext der Novemberpogromschäden. In den Folgejahren waren es weitere unzählige Verordnungen, die der systematischen Beraubung dienten. Die finanziell lukrativste Beraubung betraf die „Arisierung“ des Handels, des Gewerbes, der Immobilien sowie jüdischer Privatbanken.

In den bereits im Frühjahr 1933 errichteten Konzentrationslagern wie Dachau und Oranienburg mussten inhaftierte Juden Zwangsarbeit leisten, was im Verlauf des Jahres 1938 auch für „reichsdeutsche Juden“ galt. Es handelte sich um „geschlossene Arbeitseinsätze“, welche die Zentraldienststelle für Juden beim Berliner Arbeitsamt organisierte. Juden wurden auf diese Weise u. a. für den Bau militärstrategischer Straßen, für Arbeiten in Steinbrüchen sowie beim Bau von Talsperren herangezogen. Die zwangsverpflichteten Juden wurden kaserniert und arbeiteten in geschlossenen Kolonnen ohne Kontakt zu nicht-jüdischen Arbeitern. Aufgrund des Mangels an Arbeitskräften in zahlreichen Betrieben nach Beginn des Zweiten Weltkriegs ließ sich diese alleinige Form des „geschlossenen Arbeitseinsatzes“ nicht aufrechterhalten, zumal ab Herbst 1940 die Zwangsarbeitspflicht alle einsatzfähigen Juden betraf. Auch Rüstungsbetriebe achteten jedoch darauf, dass Juden und Jüdinnen ihre Arbeit möglichst in von ihren Arbeitskollegen getrennten Abteilungen verrichteten. Versorgungsrelevante Fabriken, die jüdische Zwangsarbeiter anforderten, bildeten im Herbst 1940 sogenannte „Juden-Abteilungen“ und hofften so ihre Produktion aufrechterhalten zu können sowie durch besonders harte Arbeitsbedingungen wie minimale Entlohnung Zusatzgewinne zu erwirtschaften. Gelang den jüdischen Zwangsarbeitern die Ausreise oder ein rechtzeitiges Untertauchen nicht, so wurden auch sie in die Konzentrations- und Vernichtungslager des Ostens deportiert.

Erhalten geblieben sind die Passfotos von über 500 Juden und Jüdinnen, die bei der Berliner Firma Ehrich & Graetz Zwangsarbeit leisten mussten. Neben russischen, frz. und holländischen Zwangsarbeitern wurden ab September 1940 auch dt. Juden für die Firma Graetz in Berlin Alt-Treptow zwangsverpflichtet. Im September 1942 leisteten in rüstungswichtigen Betrieben reichsweit insgesamt über 70 000 Juden Zwangsarbeit, der Großteil von ihnen in Berlin. Im Herbst 1942 drängte Hitler persönlich darauf, die jüdischen Zwangsarbeiter zu deportieren. Bedingt durch die Priorität kriegsbedingter Transporte wurden die Deportationen im Dezember 1942 indes kurzfristig ausgesetzt. Am 27. Februar 1943 umstellten SS-Kräfte das Betriebsgelände der Firma Ehrich & Graetz im Rahmen der sogenannten „Fabrikaktion", von den Nazis „Großaktion Juden" genannt, da diese im ganzen Reichsgebiet durchgeführt wurde. Die letzten noch verbliebenen jüdischen Arbeiter und Arbeiterinnen wurden festgenommen und in die Vernichtungslager des Ostens transportiert. Zum Zeitpunkt als die jüdischen Zwangsarbeiter der Firma Graetz deportiert wurden, waren im Deutschen Reich noch gut 20 000 jüdische Zwangsarbeiter registriert, ca. 15 000 davon in Berlin; über 50 000 jüdische Zwangsarbeiter waren bereits in Konzentrations- und Vernichtungslager abtransportiert worden.

Als am 27. Februar 1943 in Berlin im Rahmen der „Fabrikaktion" 8000 als Juden bzw. Jüdinnen geltende Personen verhaftet wurden, betraf dies auch 2000 Partner von „Mischehen" sowie sogenannte „Geltungsjuden", welche die SS von den anderen Betroffenen trennte und in ein ehemaliges Gebäude der Jüdischen Gemeinde in der Rosenstraße 2-4 internierte. Mehrere Hundert Menschen forderten die Freilassung der Inhaftierten, überwiegend Ehepartner sowie Familienangehörige. Während die in der Rosenstraße Inhaftierten ab dem 2. März das Gebäude nach eingehenden Überprüfungen verlassen durften und erneut Zwangsarbeit leisten mussten, wurden fast alle anderen im Rahmen der Fabrikaktion Festgenommenen in das KZ Auschwitz-Birkenau abtransportiert und dort ermordet. Der „Rosenstraßen-Protest" wurde von der Regisseurin Margaretha von Trotta verfilmt (*Rosenstrasse*, Deutschland, Niederlande 2003).

3.6 Verschwörungstheoretischer Erlösungsantisemitismus

Die antisemitische Ideologie wie Propaganda des dt. Nationalsozialismus speist sich aus höchst heterogenen Quellen. Im Unterschied zu geläufigen Darstellungen ist die antisemitische Ideologie der Nazis nicht auf den anthropologisch-biologistischen Rassenantisemitismus zu reduzieren, gleichwohl dieser eine herausragende Rolle spielt. Sechs essentielle Formen lassen sich benennen, die zwar bereits vor der Machtübernahme ausgeprägt waren, aber erst während der nationalsozialistischen Herrschaft auf komplexe Weise gebündelt und miteinander verzahnt wurden. *Erstens:* Die antisemitische Verschwörungstheorie und die mit ihr assoziierte Vorstellung vom eschatologischen Endkampf in Gestalt säkularer Kriegs-Apokalyptik. *Zweitens:* Das Ideologem vom Bolschewismus als einer „instrumentellen Erfindung der Juden" zwecks „Eroberung der Weltherrschaft" („Judäo-Bolschewismus"). *Drittens:* Die Konzeption von der überlegenen „arischen Herrenrasse" sowie der zersetzenden Rolle „der Juden" als eines minderwertigen „Rassengemischs". *Viertens:* Der sexualisierte Antisemitismus, der Motive des christlichen Antisemitismus in Gestalt der Ritualmordlegende integrierend adaptierte. *Fünftens:* Der Sozialneid-Antisemitismus, welcher Abstiegs- wie Konkurrenzängste sowie Gefühle des Zukurzgekommenseins judenfeindlich mobilisierte. *Sechstens:* Der biokratisch-medikalisierte Antisemitismus, in dessen Kontext „der Jude" als personifizierte Krankheit betrachtet wurde, als „Bazillus", als Inkarnation der Syphilis wie der Flecktyphus, als „jüdisches Gift", als „eitriges Geschwulst" am Volkskörper, als „Blutverunreinigung". Die Komplexität der Bündelung heterogener Formen führte zugleich zu neuartigen intersektionalen Verschachtelungen, so etwa beim religiösen Antisemitismus zum „arischen Christentum", dessen Protagonisten christliche Konvertiten jüdischer Herkunft ausschlossen.

Auf dem ideologischen Feld resultierte die unmittelbare Gewaltförmigkeit der Eliminatorik des nationalsozialistischen Antisemitismus aus der Spezifik des pejorativen Synkretismus, sodass jahrhundertelange Narrative der Judenfeindschaft mit der nationalsozialistischen Ideologie eng verkoppelt wurden. Christlicher, ökonomisch-sozialer, völkischer, politischer, kulturalistischer wie anthropologisch-biologistischer Antisemitismus verschmolzen zu einem Amalgam, das im Kontext eines als Vernichtungskrieg geführten Zweiten Weltkriegs auf die „Elimination aller Juden" hinauslief. Die Praxis des „Judenmordens" wurde als Erlösung von einem übermächtigen Dämon ausgegeben, der für alle Übel der Welt sowie für alle Hadernisse des individuellen Lebens die Verantwortung trage. Der ideologische Synkretismus der sechs essentiellen Formen lief im Kontext der Kriegsgewalt auf einen „Erlösungsantisemitismus" hinaus, der die existentielle Befreiung der Volksgemeinschaft sowie des einzelnen Volksgenossen in der physischen Elimination „der Juden" sah. Der Tod „des Juden" leitete in der Propaganda das wahre Leben „des Ariers" ein. In ideologischer Hinsicht ist die singuläre Gewalttätigkeit des nationalsozialistischen Antisemitismus nicht aus einer einzelnen Form abzuleiten – wie etwa monokausal aus dem Aspekt des geschürten Sozialneids –, sondern aus der Spezifik der Vermischung diverser Ideologeme, die mit dazu beitrug, den jahrhundertealten Antisemitismus eliminatorisch zu fokussieren und aus der „Volksgemeinschaft" ein Volk der Täter zu machen. Die sechs essentiellen Formen sollen im Folgenden näher betrachtet werden.

Antisemitische Verschwörungstheorien verfügen bereits über eine lange Tradition im religiösen Antisemitismus. Spätestens mit dem Aufkommen der Ritualmordlegenden im 12. Jh. verankerte sich die Vorstellung von einem kollektiv agierenden Judentum, das sich verschworen habe, um Christen alles nur erdenklich Schlechte anzutun. Die Urerzählung von der „jüdischen Weltverschwörung" stellt die im Jahr 1173 geschriebene Hagiographie *The Life and Miracles of St. William of Norwich* des Mönches Thomas von Monmouth dar, insofern dieser berichtete, er habe von einem „konvertierten Juden" namens Theobald von Cambridge erfahren, dass die Juden ein jährliches Konzil abhielten, auf dem sie jeweils festlegten, in welchem Land ein christliches Kind zur Osterzeit getötet werden solle, um auf blasphemische Weise die Passion Christi zu wiederholen. In der Legende des William von Norwich bemühte Monmouth zentrale Elemente antisemitischer Verschwörungstheorien wie etwa das Bild von den Juden als boshaft agierendes Kollektiv, das planmäßig die Unterwerfung und Vernichtung der Christenheit verfolge. Zu den mittelalterlichen Verschwörungstheorien gehörten neben den Legenden vom Ritualmord und Hostienfrevel auch die Beschuldigungen, Juden seien kollektiv für den Ausbruch von Seuchen, Brunnenvergiftungen sowie für Giftanschläge verantwortlich. Wie wirksam derartige Verdächtigungen waren, belegt nicht zuletzt der Reformator Martin Luther, der Zeit seines Lebens von der pathologischen Furcht besessen war, Juden trachteten ihm nach dem Leben und wollten ihn vergiften:

> »Die Juden, die sich für Ärzte ausgeben, bringen die Christen, welche ihre Arznei gebrauchen, um Leib und Gut. Denn sie meinen, sie tun Gott einen Dienst, wenn sie die Christen nur weidlich plagen und heimlich umbringen. Und wir tollen Narren haben noch Zuflucht zu

unseren Feinden und Widerwärtigen in Gefahr unseres Lebens, versuchen also Gott.« (Sasse 1938: 14)

Wie stark antisemitische Verschwörungstheorien zu Beginn des 19. Jh.s en vogue waren, belegt der Verschwörungstheoretiker Augustin Barruel (1741–1820), der in mehreren Bänden seines Werks sowohl Aufklärungsphilosophen, den Illuminatenorden, Anarchisten wie Satanisten der Verschwörung gegen die Christenheit beschuldigte und in einem Brief konstatierte, die Juden seien noch größere Verschwörer, er habe von ihnen nur deshalb nicht berichtet, damit es nicht zu Pogromen komme. Sollte es sich bei diesem Brief Barruels – wie einige Forscher äußerten – indes um eine Fälschung von Joseph Fouché (1759–1820) handeln, so würde dies belegen, dass auch der frz. Polizeiminister auf antisemitische Verschwörungstheorien setzte und sich lediglich des Nimbus von Barruel bediente, um in der napoleonischen Ära seine gegen Juden gerichteten Ziele zu erreichen.

In den 1920er-Jahren verbreitete die NSDAP die *Protokolle der Weisen von Zion* in hohen Auflagen. Die Nazi-Propaganda stützte sich indes nicht nur auf die gefälschten Protokolle, sondern auch auf die jahrhundertelange Geschichte antisemitischer Verschwörungstheorien. Diverse Nummern des *Stürmer* griffen die christliche Mär vom Ritualmord ebenso auf wie Publikationen nationalsozialistischer Verlage. Im Jahr 1943 erschien im Berliner *Theodor Fritsch Verlag* eine Veröffentlichung von Hellmut Schramm mit dem Titel *Der jüdische Ritualmord: Eine historische Untersuchung.* Die antisemitische Verschwörungstheorie der Nazis und die mit ihr verbundene Konzeption vom eschatologischen Endkampf in Gestalt säkularer Apokalyptik illustriert u. a. der letzte Abschnitt der Propagandaschrift:

»Gegen die fanatische Blutpolitik der Juden bäumt sich das nichtjüdische Blut auf. Deutschland ist von der Geschichte die Führerrolle in diesem gigantischen Ringen zugedacht worden: Sitte kämpft gegen Unsitte, Heldentum gegen Verbrechertum, Licht gegen Finsternis und Blut gegen Blut! Anders ist die Judenfrage nicht zu lösen. Das Schicksal scheint es gewollt zu haben, daß jedes Volk, das mit den Juden kämpft, sein bestes Blut gegen das jüdische Blut, und wenn es sein muss, bis in den Tod, auszuspielen hat. So war es schon vor Jahrtausenden - so ist es heute wieder, nur mit dem Unterschied, dass ein Führer und Retter erstanden ist: ›Indem ich mich des Juden erwehre, kämpfe ich für das Werk des Herrn‹ (Adolf Hitler).« (Schramm 1943: 187)

Die christlich-apokalyptische Legende von den „roten Juden" mutierte bei den Nazis zur alles entscheidenden säkularen Schlacht gegen das Weltjudentum, die nur global zu führen sei.

Das Ideologem vom Judäo-Bolschewismus entstand parallel zum russischen Bürgerkrieg Anfang der 1920er -Jahre und bediente sich des Musters der *Protokolle der Weisen von Zion*. Die Oktoberrevolution der Bolschewiki erschien als jüdische Verschwörung, als politischer Akt, der vom „Weltjudentum" gesteuert sei. Das Ideologem wurde maßgeblich von Alfred Rosenberg über diverse Schriften in der NSDAP verbreitet. Im Kontext des Überfalls auf die Sowjetunion wurde das Schlagwort sowohl von Himmler als auch von Hitler vielfältig aufgegriffen und von der Propaganda-Literatur in Form „politischer Romane" verarbeitet. Heute längst in Vergessenheit geratene Werke wie das erstmals 1937 erschienene Buch *Die Narren des Kaganowitsch* von Karl Miedbrodt präsentierten „den Juden" als intriganten Verschwörer, der als scheinbarer „Revoluzzer" die gesellschaftliche Ordnung zerstört, um seinen „Rassegenossen" Tür und Tor zu öffnen. Charakteristisch für den Miedbrodt-Roman ist das Titelbild des in Rot gehaltenen Covers. Zu sehen ist der fünfzackige Sowjetstern, in dessen Innerem ein Davidstern zu erblicken ist. Der Mythos vom mächtigen, alle Fäden in der Hand haltenden Juden, der ganze Länder unter seine Kontrolle bringt, war ebenso beim Propaganda-Spielfilm *Die Rothschilds* aus dem Jahr 1940 das Leitmotiv der Handlung.

Der anthropologisch-biologistische Rassenantisemitismus des dt. Nationalsozialismus stützte sich auf die im 18. und 19. Jh. entstandenen Rassentheorien. Als einer der führenden nationalsozialistischen Rassenlehrer bezeichnete der Philologe Hans Friedrich Karl Günther (1891–1968) die Juden als »Rassengemisch«, als eine Menschengruppe »außereuropäischer Rassenherkunft«:

> »Gerade die Juden bieten ein Beispiel der Bedeutung der leiblich-seelischen Erbanlagen, da ihre Erbanlagen die Fremdheit bewirken, welche sie selbst innerhalb der rassisch anders zusammengesetzten europäischen Völker empfinden und welche diese Völker den Juden gegenüber empfinden.« (Günther 1929: 100)

Derartige Vorstellungen griff die nationalsozialistische Propagandaausstellung *Der ewige Jude*, die im Jahr 1937 in mehreren Städten gezeigt wurde, gleich im ersten Raum auf, wo auf einer Schautafel zu lesen war: »Aus fast allen Völkern der antiken Welt besonders den orientalischen und vorderasiatischen entstand ein eigenartiges Rassengemisch: Die Juden«. Die Behauptung von der „jüdischen Mischrasse" stellte zugleich die Begründung dafür dar, „den Juden" spezifische negative „jüdische Charakteristika" zu attestieren wie etwa „Mauscheln mit merkwürdigen Gesten und Gebärden", „Gotteslästerung", „Wucher und Hehlerei" sowie „jüdische Weltmachtinteressen". Die Ausstellung schreckte nicht davor zurück, eine antisemitische Äußerung des deutsch-jüdischen Industriellen und Reichsaußenministers Walther Rathenau (1867–1922), den 1922 Mitglieder der terroristischen Vereinigung Organisation Consul ermordeten, als Beleg für den „ewigen Juden" zu instrumentalisieren:

> »Seltsame Vision! Inmitten deutschen Lebens sind die Juden ein abgesonderter fremder Menschenschlag, glänzend und auffällig staffiert von heißblütigem beweglichen Gebaren. Auf märkischem Sand eine asiatische Horde!« (Heim 2009: 530)

Während Rathenaus Äußerung „die Ostjuden" diffamierte, benutzte die Schautafel zur Illustration gesellschaftlich integrierte Deutsch-Juden wie den Reeder Albert Ballin (1857–1918).

Ausschlaggebend sei nicht die wirtschaftliche Vorherrschaft der Juden wie sie Werner Sombart (1863–1941) in seiner im Jahr 1911 erschienenen Studie *Die Juden und das Wirtschaftsleben* dargelegt habe, so Günther in seiner *Rassenkunde Europas*, sondern der folgende Sachverhalt:

> »Der durch wirtschaftliche Übermacht erreichte Einfluss jüdischen Geistes bedeutet die tiefste Gefahr für das Leben der europäischen Völker wie des nordamerikanischen Volkes. Denn hier handelt es sich um die ungestörte Entwicklung der höchsten Kulturträger der Menschheit, die durch einen weiteren Verschmelzungsprozess mit jenen Sendlingen des Orients in Gefahr kommen, physisch und geistig aus den ihnen vom eignen Genius gewiesenen Bahnen zu geraten.« (Günther 1929: 105)

Der anthropologisch-biologistische Rassenantisemitismus lief so auf eine Antagonisierung zwischen dem „Arier" als „Krone der Schöpfung" und dem Juden als „minderwertiges, asiatisches Rassengemisch" hinaus. Im Sinne der Nationalsozialisten stellte dieser „Rassengegensatz" eine fundamentale Existenzbedrohung sowohl in geistig-kultureller („Kulturträger") wie in physischer

Hinsicht („Erbträger“) der „arischen Volksgemeinschaft“ dar. Bereits in den 1920er-Jahren propagierte Günther die bedingungslose »Scheidung der Juden von den Nicht-Juden«, die »Herauslösung der Juden aus den nicht-jüdischen Völkern« Europas und Amerikas. Im Fokus des Hasses stand bei Günther u. a. die »jüdisch-nichtjüdische Mischehe«. Diese zeichne sich durch eine höhere Anzahl von Totgeburten sowie »Entartungserscheinungen bei der Nachkommenschaft« aus. Man finde unter den »Mischlingskindern« verhältnismäßig viele »Psychopathen und Neurotiker und auch körperlich Abartige« ebenso wie relativ häufiger Verbrecher. Von einer »gewissen Schädlichkeit der Rassenkreuzung«, die in vielen Fällen »irgendwie bedenklich veranlagte Kinder ergeben« sei auszugehen. Die »rassische Durchfremdung der Erbanlagen« des dt. Volkes sei als »Zersetzungsvorgang« zu werten, es drohe durch die sich »mehrenden Einschläge vorderasiatischer und orientalischer Rasse« in Gestalt der »Mischlingskinder« eine Art »Semitisierung oder Vermorgenländerung«.

Eng verkoppelt mit dem anthropologisch-biologistischen Rassenantisemitismus war der *sexualisierte Antisemitismus* des dt. Nationalsozialismus, der seine extremste Ausprägungsform im pornographisch ausgerichteten Wochenmagazin *Der Stürmer* fand. Dauerthemen des *Stürmers* waren „der jüdische Mädchenhandel“, „der Jude als Vergewaltiger“, „der Jude als Kinderschänder“ sowie „der Jude als Rassenschänder“. In pornographisierender Weise griff der *Stürmer* auch den christlich-antisemitisch geprägten Topos des Ritualmordes auf, so etwa in der „Ritualmord-Sondernummer“ im Mai 1934 mit der Überschrift *Jüdischer Mordplan gegen die nichtjüdische Menschheit aufgedeckt*. Die „Sondernummer“ bezeichnete das jüdische Volk als „Mördervolk“ und druckte auf dem Titelblatt eine Karikatur des Zeichners Philipp Rupprecht (1900–1975) ab, die acht junge, blonde Frauen mit durchschnittener Kehle zeigt, aus denen Blut in eine Schüssel mit Davidstern und Schlangengriff läuft, die von zwei zu Juden stereotypisierten Männern mit jüdischer Kopfbedeckung gehalten wird, wovon der eine ein blutiges Messer in seiner rechten Hand hält. Die Karikatur ist mit dem Text versehen: »Durch die Jahrtausende vergoss der Jud, geheimen Ritus folgend, Menschenblut. Der Teufel sitzt uns heute noch im Nacken, es liegt an euch die Teufelsbrut zu packen.« Im Weiteren heißt es, der *Stürmer* habe nach langem

Suchen einen Beweis für die Existenz des Ritualmordgesetzes gefunden:

> »Dieses Gesetz gebietet den Juden, Nichtjuden zu schlachten. Und zwar in ›gesetzlich gültiger Weise‹. Das heißt: die Nichtjuden sind in derselben Weise zu schächten, wie das Vieh geschächtet wird. Sie werden dem Gebenedeiten als Opfer dargebracht. Es handelt sich also um ein Gesetz, das den regelrechten Ritualmord nicht nur gestattet, sondern befiehlt.« (Der Stürmer: Ritualmord-Sondernummer, Mai 1934, S. 3)

Gleich in mehreren Bildsequenzen bediente sich auch das von Ernst Hiemer verfasste und im Jahr 1938 im *Stürmer-Verlag* erschienene Buch *Der Giftpilz* des sexualisierten Antisemitismus. So wird hier gefragt: »Warum lassen sich Juden taufen?« Die darauf gegebene Antwort »Die Taufe hat aus ihm keinen Juden gemacht …« wird mittels eines Bildes illustriert, das ein Ehepaar zeigt, welches aus der Messe kommt; während die Frau noch zum Priester spricht, blickt ihr jüdischer, dicklicher Ehemann lüstern und verstohlen zu zwei jungen Frauen in weißer Bluse. Ein weiteres Bild mit dem Text: »Die Erfahrung von Hans und Else mit einem fremden Mann. ›Hier, Kleiner, hast du etwas ganz Süßes! Aber dafür müsst ihr beide mit mir gehen …‹« zeigt einen zum Juden stereotypisierten dicklichen Mann mit Brille und Stock, der einem Jungen und einem Mädchen Süßigkeiten reicht. Im selben Buch heißt es in einer mit »Inge's Besuch bei einem Jüdischen Doktor« überschriebenen Geschichte:

> »Der Jud erscheint. Ein Schrei kam aus Inges Mund. In Schrecken lässt sie die Zeitung fallen. Panisch springt sie auf. Ihre Augen starren in das Gesicht des jüdischen Doktors. Und dies ist das Gesicht des Teufels. In der Mitte des teuflischen Gesichts sitzt eine stark gekrümmte Nase. Hinter der Brille starren zwei kriminelle Augen. Und ein Grinsen geht über die vorstehenden Lippen. Ein Grinsen, das sagen will: ›Jetzt hab ich dich endlich, kleines deutsches Mädchen!‹ Der Jud kommt näher. Seine fetten Finger greifen nach ihr. Aber Inge hat sich vom ersten Schock wieder gefangen. Bevor der Jude sie packen kann, schlägt sie dem Judendoktor in das Gesicht. Dann ein Sprung zur Tür. Atemlos rennt Inge die Stiege runter. Atemlos stürmt sie aus dem Judenhaus.« (Hiemer 1938: 26)

Auch der *Stürmer* bediente sich in mehreren Nummern des antisemitischen Konstrukts vom „Judenarzt“. Im Februar 1935 lautete die Überschrift »Dr. Leo Meyer. Der Rassenschänder von Regensburg« und sodann im April 1935: »Judenärzte: Frauenschänder und Mörder«. Der sexualisierte Antisemitismus wurde indes keineswegs nur vom *Stürmer-Verlag* verbreitet. So heißt es beispielsweise in der Ausgabe der *B.Z. am Mittag*, der ersten dt. Boulevardzeitung, am 15. Juli 1943, in einem mit »Rasseschändung - ihr Laster« überschriebenen Artikel:

> »Es ist eine durch viele internationale Gerichtsverhandlungen bestätigte Tatsache, dass sich die Juden mit Vorliebe an andersrassigen halbwüchsigen Mädchen; selbst an Kindern, vergreifen [...]. Der Jude als Rassenschänder ist ein unerschöpfliches Kapitel. [...] Es ist einer der unstillbarsten Triebe der jüdischen Rasse, die reinen Frauen und Mädchen der Nichtjuden zu schänden und zu verderben. Die Rasseschändung ist das größte Verbrechen, das der Jude am Nichtjuden begeht. Dieser Trieb ist uralt. Er ist ein Charakterzug des Juden.« (B.Z. am Mittag, 15. Juli 1943)

Der *Sozialneid-Antisemitismus* des dt. Nationalsozialismus sprach höchst unterschiedliche soziale Schichten an und zielte keineswegs nur auf die weniger Gebildeten bzw. auf die von der modernen Industrialisierung Deklassierten. Deutlich wird dies anhand der Vielzahl nationalsozialistischer Propaganda-Schaubilder im Kontext des wirtschaftlich-kulturellen Antisemitismus. Diverse Statistiken sollten Konkurrenzängste akademischer Schichten mobilisieren, indem sie suggerierten, dass der „jüdische Arzt", der „jüdische Rechtsanwalt und Notar", der „jüdische Journalist", der „jüdische Künstler", der „jüdische Lehrer und Professor" für die Konkurrenzsituation verantwortlich seien. Das Bild vom „jüdischen Parvenue", vom jüdischen Aufsteiger, dem seine „einfache Herkunft" anzusehen sei und der Sitten und Gebräuche des „dt. Kulturvolks" nicht beherrsche, war eines der gängigen Stereotype, das auch die Ausstellung *Der ewige Jude* benutzte. Während die linke Hälfte einer Bildmontage Juden zeigen sollte, „wie sie ankamen", d. h. ärmlich, mit langen Bärten und im Kaftan, zeigte die rechte Hälfte, „wie sie herrschen"; zu sehen waren hier Bilder von Walter Rathenau, dem Publizisten Georg Bernhard, dem sozialistischen Politiker Kurt Rosenfeld sowie dem Innenminister des Freistaats Preußen, Albert Karl Wilhelm Grzesinski.

Der *biokratisch-medikalisierte Antisemitismus* konnotierte „den Juden" mit ansteckenden Krankheiten, vor denen sich die „Volksgemeinschaft" zu schützen habe, wobei die Pathologisierung mit Entmenschlichung Hand in Hand ging, insofern Juden als Parasiten oder Bazillen bezeichnet und als Ungeziefer sowie als Ratten imaginiert wurden. Die Präsentation des Juden als Parasiten findet sich bereits in Adolf Hitlers *Mein Kampf*:

> »[Der Jude] ist und bleibt der typische Parasit, ein Schmarotzer, der wie ein schädlicher Bazillus sich immer mehr ausbreitet, sowie nur ein günstiger Nährboden dazu einlädt. Die Wirkung seines Daseins aber gleicht ebenfalls der von Schmarotzern: wo er auftritt, stirbt das Wirtsvolk nach kürzerer oder längerer Zeit ab.« (Hitler 1936: 334)

Das Zitat illustriert die Verbindung von Pathologisierung und Anthropologisierung in der antisemitischen Ideologie der Nazis, insofern „die jüdische Rasse" zur „parasitären Rasse" wird, zum biologischen Schädling, der sich an seinem Wirt schadlos hält. In der Vorstellung Hitlers stirbt das „Wirtsvolk" ab, stellt das Verhältnis von „Wirt" und „Schmarotzer" einen Kampf auf Leben und Tod dar. Die Präsentation „des Juden" als „Ungeziefer" wie „Unkraut" ist mit der eschatologisch-apokalyptischen Vision vom Endkampf zwischen „schaffender Rasse" und „parasitärer Rasse" assoziiert.

Die von uns dargelegten sechs ideologischen Formen des nationalsozialistischen Antisemitismus waren in der alltäglichen Propaganda eng miteinander verwoben, ihre innere Gemeinsamkeit bestand darin, dass sie alle zu einer übergreifenden Vision vom apokalyptischen Weltuntergang beitrugen und der „jüdischen Rasse" die Schuld an Massenarbeitslosigkeit, sozialem Elend, Hunger und Krieg gaben. „Den Juden" wurde nicht nur „rassische Minderwertigkeit" attestiert, sondern ebenso ein daraus resultierendes zersetzendes Wesen, das Chaos, moralischen Verfall und Zerstörung in die Welt bringe. Der Heilsprozess als sittliche Wiedergeburt des „schöpferischen Ariers" wurde als „Aufwertung des Rassischen", als Kampf gegen die „Destruktion des Juden" präsentiert, der als „international agierender Teufel" die Weltherrschaft an sich reißen wolle. Die Erlösung lag im Kampf der „blutsverbundenen Volksgemeinschaft" gegen das „Zerstörungswerk des Juden" und dessen „jüdische Komplotte", die darauf abzielten, den „Arier" wirtschaftlich, kulturell wie sozial zu verdrängen und ihn zu versklaven. In den ideologischen Szenarien des projektiven Hasses lief die „Rettung des Ariers" zwanghaft auf die „Vernichtung des Juden" hinaus, der in den Diskursen zugleich als minderwertig wie als äußerst gefährlich und höchst mächtig konstruiert wurde.

3.7 *Täter-Kino:* Die Rothschilds, Jud Süß, Der ewige Jude

Die im unmittelbaren zeitlichen Vorfeld der Shoah im Jahr 1940 produzierten drei Filme *Die Rothschilds, Jud Süß* und *Der ewige Jude* illustrieren den Charakter der nationalsozialistischen Judenfeindschaft als Vernichtungsantisemitismus. Das propagandistische Maß des cineastischen Hasses sollte die Kinobesucher auf das Ziel der Nazis vorbereiten, alle Juden zu ermorden, denen man habhaft werden konnte. Noch im selben Jahr wurde das Warschauer Ghetto errichtet (2. Oktober 1940) sowie Juden aus Baden und der Saarpfalz in das frz. Internierungslager Gurs deportiert (21./22. Oktober 1940).

Der unter der Regie von Erich Waschneck (1887–1970) entstandene UFA-Spielfilm *Die Rothschilds* schildert in antisemitisch-propagandistischer Weise die Historie der jüdischen Bankiersfamilie Rothschild und greift vor allem das Nazi-Motiv von der „jüdischen Weltverschwörung" auf. Die Familie Rothschild wird als eine von „jüdischem Machtstreben" besessene Familie geschildert, die durch Tücke, Bestechung und Betrug auf Kosten ehrbarer Christen reich geworden ist und das Ziel verfolgt, ganz Europa unter die „Herrschaft des jüdischen Finanzkapitals" zu bringen. Der antisemitischen wie antibritischen Stoßrichtung des Films entsprechend haben sich die Rothschilds in London mit englischen Politikern verschworen, um Europa unter ihre Kontrolle zu bekommen. Am Ende des Films zeigt Nathan Mayer Rothschild, der Sohn des Gründers der Rothschild-Dynastie, auf eine Europa-Karte und verbindet auf dieser die Linien der Standorte des Hauses Rothschild zu einem Davidstern. Auf die Frage des mit ihm verbündeten Kommissars des britischen Schatzamtes: »Und was liegt da?« antwortet Nathan: »Jerusalem« und auf die Nachfrage: »Wollen Sie da auch eine Filiale gründen?« sagt dieser: »Umgekehrt, mein lieber Herr. Die Filialen von Jerusalem sind wir!« Am Ende des Films leuchtet der Davidstern über der britischen Insel. Im *Illustrierten Film-Kurier* von 1940 heißt es:

»Nach Börsenschluss macht Nathan seine Bilanz. Er hat Millionen verdient. Durch das Blut tapferer Soldaten. Und mit der Vernichtung zahlreicher Existenzen. Napoleon ist besiegt. Den Gewinn streicht Rothschild ein. […] Aber über die Himmel Europas zuckt der fahle gespenstische Schein auf, den das Zeichen der neuen Allianz ausstrahlt, der Stern der englisch-jüdischen Plutokratie, der Stern Davids […]« (Illustrierter Film-Kurier: Die Rothschilds, 1940)

Der Film endet mit der Einblendung des Textes: »Als die Arbeit an diesem Filmwerk beendet war, verließen die letzten Nachkommen der Rothschilds Europa als Flüchtlinge. Der Kampf gegen ihre Helfershelfer in England, die britische Plutokratie, geht weiter.« Die Familie Rothschild konstruiert der Film als „gefährlicher Parasit", als zerstörerische Kraft, die mit ihrer unermesslichen Goldgier und ihren „schmierig-schmutzigen Geschäften" die Welt zugrunde richtet. Die Gegenwehr gegen den „verschwörerischen Juden", dem als Staatenloser kein Vaterland heilig sei und der als Nachfahre des Ahasverus präsentiert wird, erscheint als legitime Notwehr, um die Unterjochung Europas seitens des „jüdischen Finanzkapitals" zu brechen.

Im Unterschied zum wenig erfolgreichen Film *Die Rothschilds* erwiesen sich die beiden anderen antisemitischen Propagandafilme als publikumsträchtig; der UFA-Spielfilm *Jud Süß* unter der Regie von Veit Harlan (1899–1964) verbuchte gar einen nennenswerten kommerziellen Erfolg. Der sich der gleichnamigen Novelle von Wilhelm Hauff frei bedienende Film benutzt die Techniken der Diabolisierung, der Sexualisierung sowie der Mimikrisierung, wobei die Präsentation Oppenheimers als galanter Verführer sowie als brutaler Vergewaltiger alle anderen ihm zugewiesenen Eigenschaften wie „Geldgier", „Machtbesessenheit", „Intriganz", und „Skrupellosigkeit" in den Hintergrund rückt. Die historische Figur des in Heidelberg im Jahr 1783 geborenen jüdischen Finanzbeamten Oppenheimer, der für die Verfehlungen seines herzoglichen Dienstherrn als Sündenbock herhalten musste und am 4. Februar 1783 nach einem Schauprozess in Stuttgart gehängt wurde, mutiert im Nazi-Propagandafilm vom Opfer eines Justizskandals zum Täter. Oppenheimers Missetaten bestehen vor allem darin, dass er „Rassenschande" begeht, reihenweise ehrbare arische Jungfrauen schändet und seinem Herzog Frauen zuführt. In *Jud Süß* ist „der Jude" der geile Lüstling, der sich brutal vergeht und sich nicht an das Verbot des sexuellen Verkehrs zwischen Juden und Nichtjuden hält. Oppenheimer wird so zu einem ernstzunehmenden Sexualkonkurrenten um die „arische Frau", zum erfolgreichen, schmierig-charmanten Verführer ohne Skrupel, der in seiner moralischen Verkommenheit auch nicht vor brutaler Vergewaltigung zurückschreckt, wenn er einmal nicht zum Zuge kommt. Der „fremde Mann", der in die Tore der ehrbaren Stadt Stuttgart gelassen wurde und zum geheimen Finanzrat aufstieg, ist der Beschmutzer des „arischen Volkskörpers", er infiltriert sein fremdes Sperma in ein rassisch überlegenes Volk, um es innerlich zu zersetzen und zu unterjochen. In der Schlüsselszene des Films heißt es kurz vor der Verurteilung Oppenheimers: »Fragt nur das alte Reichskriminalgesetz, da steht für alle Ewigkeit«:

> »Wo aber ein Jude mit einer Christin sich fleischlich vermenget, soll er durch den Strang vom Leben zum Tode gebracht werden. Ihm zur wohlverdienten Strafe, jedermann aber zum abschreckenden Exempel.« (Jud Süß, Regie: Veit Harlan, Deutschland 1940)

Der Spielfilm propagiert auf diese Weise offen das rassistische Konstrukt der NS-Ideologie von der „Rassenschande", das im sogenannten „Blutschutzgesetz" von 1935 kodifiziert wurde. Da Oppenheimer im Sinne der Nazi-Propaganda für alle Juden steht, endet der Film nicht mit seiner Hinrichtung, sondern mit einer öffentlichen Bekanntgabe des Landschaftskonsulenten Sturm:

> »Die Landstände verkünden durch meinen Mund den Wunsch des württembergischen Volkes: Alle Juden haben innerhalb dreier Tage Württemberg zu verlassen. Für ganz Württemberg gilt hiermit der Judenbann.« (Jud Süß, Regie: Veit Harlan, Deutschland 1940)

Die cineastische Eliminatorik erreicht an dieser Stelle ihren Höhepunkt und legitimiert die bevorstehenden Deportationen in die Vernichtungslager des Ostens. Der Kinozuschauer seiner Zeit, der nach Aussagen von Zeitzeugen Abscheu und Wut anlässlich des Treibens „des Juden" Oppenheimer empfand, wurde von der UFA auf „unterhaltsame Weise" auf „die Notwendigkeit" vorbereitet, sich „der Juden" zu entledigen, da diese sonst nicht damit aufhören würden, die rassisch wie moralisch überlegene dt. Volkgemeinschaft sozial wie biologisch zu penetrieren und ihr allen nur erdenklichen Schaden angedeihen zu lassen.

Neben der Sexualisierung „des Juden" bedient sich der Judenhass des Propagandafilms *Jud Süß* der Diabolisierung, welche bereits das Filmplakat illustriert; zu sehen ist der Schauspieler Ferdinand Marian (1902–1946) in seiner Rolle, dessen Augen gelb und dessen Gesicht grün koloriert sind. Sein Blick ist nicht direkt auf den Betrachter gerichtet und schwankt so zwischen Unterwürfigkeit und Boshaftigkeit. Auf dem Filmplakat ist Oppenheimer als „Ghetto-Jude" mit langem Bart und Schläfenlocken und noch nicht als württembergischer Finanzbeamter dargestellt. Im Verlauf der Spielfilmhandlung kommt das vermeintlich „Teuflische" Oppenheimers dadurch zum Ausdruck, dass er alle anderen Personen von sich abhängig macht und hierfür raffiniert, intrigant und planvoll vorgeht sowie durch den Tatbestand, dass er andere Personen ins Verderben stürzt und diejenigen, die sich seinem Willen nicht fügen, mit abgrundtiefer Boshaftigkeit verfolgt. Sachverhalte wie das Abreißen der Hälfte des Hauses des Schmieds Bogner, da dieser willkürlich erhobene Abgaben nicht zu zahlen gedenkt, oder die Folterung des Verlobten der von Oppenheimer begehrten Dorothea sind von der Filmhandlung, die sich den Anschein des Dokumentarischen gibt, sämtlich frei erfunden, um Oppenheimer vom historischen Opfer eines Justizskandals zum intriganten Täter zu stilisieren, der das baden-württembergische Volk aus Eigennutz bis aufs Blut auspresst und hierfür einen eher gutmütig und unfähig wirkenden Herzog ausnutzt.

Von filmischer Relevanz ist auch die narrative Technik der Mimikrisierung, die unabhängig von den jeweiligen gesellschaftlichen Verhältnissen ein stets gleichbleibendes „jüdisches Wesen" unterstellt, das „der assimilierte Westjude" durch diverse Anpassungstechniken an die „christlich-zivilisierte Gesellschaft" zu verbergen trachte. Es ist folglich kein Zufall, dass Oppenheimer in den Anfangsszenen noch im Kaftan und mit langem Bart zu sehen ist und so vom „Ghetto-Juden" zum „assimilierten Juden" mutiert, wobei sein Sinnen und Trachten stets auf den Schacher orientiert bleibt. Das Pejorativum von der „jüdischen Mimikrisierung" wird u. a. dadurch in Szene gesetzt, dass der Schauspieler Werner Krauss gleich mehrere „jüdische Rollen" spielt, was den Tatbestand der Verwandlungsfähigkeit „des Juden" unterstreichen soll, der jedoch stets der Gleiche bleibt.

Der Regisseur Fritz Hippler (1909–2002) drehte den am 29. November 1940 im UFA-Palast am Zoo uraufgeführten Film *Der ewige Jude* als Pseudo-Dokumentarfilm und setzte auf schockierende wie ekelerregende Bilder, was die Popularität des Streifens erhöhte. „Der Jude" wird als „bedrohlicher Untermensch" präsentiert und stellt die Kehrseite des Juden als „gefährlicher Machtmensch" dar, beide Stereotype bilden jedoch nur die zwei Seiten ein- und derselben Medaille, was der Film mittels einer Texteinblende gleich zu Beginn zu verstehen gibt:

> »Die zivilisierten Juden, welche wir aus Deutschland kennen, geben uns nur ein unvollkommenes Bild ihrer rassischen Eigenart. Dieser Film zeigt Originalaufnahmen aus den polnischen Ghettos, er zeigt uns die Juden, wie sie in Wirklichkeit aussehen, bevor sie sich hinter der Maske des zivilisierten Europäers verstecken.« (Der ewige Jude, Regie: Fritz Hippler, Deutschland 1940)

Der Film missbraucht für seine Aussage Originalaufnahmen aus dem Ghetto Litzmannstadt und zeigt verarmte Personen mit zerschlissener Kleidung. Hippler benutzt die Technik der Pathologisierung, insofern die Dargestellten mit tödlichen Krankheiten in Verbindung gebracht werden. „Der Jude" wird so zum Überträger von Flecktyphus und anderen ansteckenden Seuchen, was an die mittelalterliche Diffamierung des Juden als „Pestherd" anknüpft. Im Film heißt es Bezug nehmend auf das *Gesetz zum Schutze des dt. Blutes und der dt. Ehre*, wobei das Aufgreifen einer pseudo-medizinischen Sprache typisch ist: »Jüdischer Geist und jüdisches Blut werden nie wieder das dt. Volk verseuchen.« Der Charakter der nationalsozialistischen Judenfeindlichkeit als eliminatorischer Antisemitismus wird in einer Schlüsselszene des Films deutlich, in der Juden unmittelbar mit Ratten gleichgesetzt werden:

> »Parallele zu dieser jüdischen Wanderung durch die ganze Welt bieten uns die Massenwanderungen eines ebenso ruhelosen Tieres: Der Ratte. Die Ratten begleiten als Schmarotzer die Menschen von seinen Anfängen an. […] Wo Ratten auch auftauchen, tragen sie Vernichtung ins Land, zerstören sie menschliche Güter und Nahrungsmittel. Auf diese Weise verbreiten sie Krankheiten: Pest, Lepra, Typhus, Cholera, Ruhr usw. Sie sind hinterlistig, feige und grausam und treten meist in großen Scharen auf. Sie stellen unter den Tieren das Element der heimtückischen, unterirdischen Zerstörung dar - nicht anders als die Juden unter den Menschen.« (Der ewige Jude, Regie: Fritz Hippler, Deutschland 1940)

Neben der Animalisierung, welche die Funktion verfolgt, die Schwelle der Tötungshemmnis zu senken, bedient sich der Film auch der Kriminalisierung und der Sexualisierung „des Juden", wenn es heißt:

> »Das Parasitenvolk der Juden stellt einen großen Teil des internationalen Verbrechertums. So betrug 1932 der Anteil der Juden, die nur 1 % der Weltbevölkerung ausmachen, am gesamten Rauschgifthandel der Welt 34 %, an Taschendiebstählen 47 % [...], an internationalen Diebesbanden 82 %, am Mädchenhandel 98 %.« (Der ewige Jude, Regie: Fritz Hippler, Deutschland 1940)

Die Prozentzahl der vermeintlichen Beteiligung am Mädchenhandel wird vom Filmsprecher besonders betont. Die Technik der Sexualisierung benutzte auch der UFA-Spielfilm *Die Rothschilds*, in dem Nathan Rothschild lüstern der Frau seines „arischen Konkurrenten" nachstellt.

Der erste Teil des Films *Der ewige Jude* reproduziert das im Kontext der drei polnischen Teilungen entstandene Bild des „Ostjuden", in dem er das soziale Elend, das der dt. Nationalsozialismus durch das bereits am 10. Dezember 1939 errichtete NS-Ghetto Lodz selbst produziert hatte, als Wesen „des Juden" ausgibt. Der zweite Teil des Films wiederum agitiert gegen das sogenannte „assimilierte Westjudentum" und bedient sich der Technik der Mimikrisierung sowie des Schürens von Sozialneid. „Der Jude" erscheint so als Verstellungskünstler, der sich chamäleonhaft verwandeln und in andere soziale Umgebungen einschleichen kann. Der „Ghettojude" habe in Berlin und anderswo seinen Kaftan abgelegt, seinen Bart rasiert, sei höchst erfolgreich in das politische, kulturelle und gesellschaftliche Feld eingedrungen und habe dort „den Arier" in wachsendem Maße verdrängt. So heißt es beispielsweise:

> »Anfang des Jahres 1933 [waren] von hundert Staatsanwälten Berlins 15 Juden. Von hundert Richtern waren 23 Juden. Von hundert Rechtsanwälten 49 Juden. Von hundert Ärzten 52 Juden. Und von hundert Geschäftsleuten 60 Juden. Das Durchschnittsvermögen des einzelnen Deutschen betrug 810 Mark. Das Durchschnittsvermögen des einzelnen Juden betrug 10.000 Mark.« (Der ewige Jude, Regie: Fritz Hippler, Deutschland 1940)

Im dritten Teil des Films werden Szenen gezeigt, die religiöse Zeremonien, Religionsunterricht und jüdischen Gottesdienst wiedergeben sollen. Im Mittelpunkt steht die Schächtungsszene einer Kuh, die den Zweck verfolgt, das Judentum zu brutalisieren, Juden als barbarische, gefühllose Menschen zu konstruieren. Der Szenen-Kommentar lautet hier:

> »Diese Bilder sind ein eindeutiger Beweis für die Grausamkeit der Schächtmethode. Sie enthüllen zugleich den Charakter einer Rasse, die ihre stumpfe Rohheit unter dem Mantel frommer Religionsausübung verbirgt.« (Der ewige Jude, Regie: Fritz Hippler, Deutschland 1940)

Die Funktion des Films als unmittelbare propagandistische Vorbereitung des Holocausts verdeutlicht der Schlussteil, der einen Ausschnitt aus der Reichstagsrede Hitlers vom 30. Januar 1939 zeigt. Hitler wörtlich:

> »Wenn es dem internationalen Finanzjudentum in und außerhalb Europas gelingen sollte, die Völker noch einmal in einen Weltkrieg zu stürzen, dann wird das Ergebnis nicht der Sieg des Judentums sein sondern die Vernichtung der jüdischen Rasse in Europa!« (Der ewige Jude, Regie: Fritz Hippler, Deutschland 1940)

Entnazifizierungsverfahren stuften nach 1945 die zu beurteilenden Personen in fünf Kategorien ein und zwar: 1. Hauptschuldige (Kriegsverbrecher), 2. Belastete/Schuldige, 3. Minderbelastete, 4. Mitläufer und 5. Entlastete. Harlan wurde in seinem Entnazifizierungsverfahren als „Entlasteter" eingestuft. Der dt. Publizist Erich Lüth (1902–1989) rief im Jahr 1958 zum Boykott des neuen Harlan-Films *Unsterbliche Geliebte* auf und bezeichnete zur Begründung Harlan als „Nazifilm-Regisseur Nr. 1." Die Meinung des Hamburger Landgerichts, dass es sich hierbei gemäß § 826 BGB um eine unerlaubte Handlung bzw. um eine sittenwidrige Aufforderung handele, führte zur Verfassungsbeschwerde Lüths. Das Bundesverfassungsgericht gab in einem viel beachteten Urteil („Lüth-Urteil") vom 15. Januar 1958 der Verfassungsbeschwerde Lüths statt und verwies auf Art. 5 Abs. 1 Grundgesetz (Grundrecht auf freie Meinungsäußerung). Zu einer Debatte über Harlan und der Rolle des Schauspielers Marian kam es noch einmal anlässlich des im Jahr 2010 erschienenen Films *Jud Süß - Film ohne Gewissen* des Regisseurs Oskar Roehler. Der im Mai 1945 in britische Kriegsgefangenschaft geratene Hippler wurde interniert und zu zwei Jahren Gefängnis verurteilt. In seinem 1982 erschienenen Buch *Die Verstrickung* wies er Goebbels die Alleinschuld zu und sah sich als Opfer eines auf ihn ausgeübten Zwangs.

Aus *Jud Süß* ist eine unendliche Geschichte geworden, eine Geschichte von Schuld und dem Verdrängen wie Leugnen der eigenen Beteiligung am „Unfassbaren“. Dies betrifft auch den Schauspieler Heinrich George (1893–1946), der 1931 Franz Biederkopf in *Berlin - Alexanderplatz* spielte aber ebenso den Herzog Karl Alexander von Württemberg in *Jud Süß*. Wie so viele andere war sich auch George nach 1945 keiner Schuld bewusst, obwohl er noch wenige Wochen zuvor von der Leinwand im Film *Kolberg* dazu aufgerufen hatte »in dem herrlichen Kampf um Freiheit und Würde des Vaterlandes einen glorreichen Untergang zu finden«. Bis zu seinem Tod hat auch sein Sohn, der „Tatort-Kommissar“ Götz George (1938–2016), keine Schuld des Vaters erkennen können, er hat dessen Mitwirken an einem vernichtungsantisemitischen UFA-Film, welcher die Deportation und die Ermordung der Juden cineastisch vorbereiten half, bis zuletzt nicht wahrhaben wollen. An der Verdrängung beteiligte sich auch *Der Spiegel*, der in einem Kommentar zum Doku-Drama *George* aus dem Jahr 2013, in dem Götz George seinen „Über-Vater“ spielt, schrieb: »Heinrich George musste [sic!] in dem antisemitischen Hetzfilm ›Jud Süß‹ mitwirken und einige Blut-und-Boden-Parolen in dem Durchhalte-Machwerk ›Kolberg‹ aufsagen.« (*Der Spiegel*, 17.07.2013) Harlan, Hippler, George … sie alle sollen keine Täter, sondern Opfer eines von Goebbels bzw. den Nazis ausgeübten Zwangs gewesen sein, der ihnen keine Wahl ließ.

3.8 Die alltägliche Propaganda der „Elimination“

Der Alltagsrassismus formierte in vielfältiger Weise die „Volksgemeinschaft“ zur „antisemitischen Hassgemeinschaft“ und indoktrinierte bereits die jüngsten Mitglieder, so etwa durch den Zeichentrickkurzfilm *Vom Bäumlein, das andere Blätter hat gewollt* aus dem Jahr 1940. Dieser frühe dt. Animationsfilm verankerte den Holocaust bereits im Kinderzimmer. „Der Jude“ wird in diesem Kurzfilm zum „lebensbedrohlichen Schädling“ konstruiert, wobei die Zeichnung der „Kinderschreckfigur“ an antisemitische Karikaturen des *Stürmers* anknüpfte. *Der Stürmer* erreichte zwischen 1935 und 1939 eine Auflagenhöhe von bis zu 700 000 Exemplaren. Die in Nürnberg herausgegebene antisemitisch-pornographische Wochenzeitung propagierte den „Kampf gegen die

Juden" als existentielle Notwehr des „arischen Volkes", um sich gegen die „semitische Rasse" zu schützen, die sich durch ihre sexualverbrecherischen Triebe, perversen Gelüste sowie durch ihr krankhaftes Verlangen nach Verführung, Nötigung und Vergewaltigung der „arischen Frau" auszeichne. Insofern die triebhaften Aktivitäten „der Juden" laut *Stürmer* den Zweck verfolgten, die „arische Rasse" mittels sexualperverser Akte „blutsmäßig" zu vernichten, erteilte die Zeitung „die Absolution" für den Holocaust und propagierte die Vernichtung der Juden in den Haushalten ihrer Abonnenten sowie in öffentlichen Schaukästen, den sogenannten „Stürmerkästen", bis hinein ins kleinste Dorf.

Vertreibung und Deportation konnten Kinder auch mit dem Ende 1938 erschienenen antijüdischen Brettspiel *Juden raus!* spielen. Das Brett ähnelte dem eines *Mensch ärger dich nicht* Spiels. Die Spielfiguren bestanden aus sechs Holzfiguren und 36 Hütchen, auf denen in antisemitischer Weise Juden abgebildet waren. Das Ziel bestand darin, mittels Würfeln und Ziehen der Spielfiguren die virtuellen Juden aus dem „Judenhaus" innerhalb der mittelalterlichen Stadtmauern zur außerhalb gelegenen Deportationssammelstelle zu befördern. Die Sammelstelle war mit dem Text versehen »Auf nach Palästina!«

Am „Auszug der Juden" konnten sich auch Zuschauer von Rosenmontagsumzügen erfreuen. Motivwagen in diversen Städten benutzten das Thema zur Belustigung des Publikums. »Die Letzten ziehen ab« lautete das Spruchband eines Kölner Motivwagens aus dem Jahr 1938, auf denen als Juden konstruierte Jecken standen, die sich mit Kaftan, langem Bart, Pappnasen und schwarzem Zylinder ausstaffiert hatten. Der Hasswagen war alles andere als ein Einzelfall, was Filmaufnahmen des Karnevalsumzugs belegen. Im Jahr 1938 zu sehen waren gleich mehrere antisemitische Hetzwagen. Nach einem Schild »Wir finden die Letzten« tauchte eine riesige Pappfigur auf, die an eine Eisenkette gelegt und auf deren Bauch zu lesen war »Deviserich«. Der „jüdische Devisenschieber" folgte einem Motivwagen, der Fiorello Enrico LaGuardia (1882–1947) verhöhnte, den jüdischen Bürgermeister New Yorks, der als bekennender Gegner der Nazis die Stadt von 1934 bis 1945 regierte. Neben diversen Motivwagen zeigen die Filmaufnahmen des Kölner Karnevalsumzugs auch judenfeindliche Fußgruppen so etwa einen Polizisten, der „einen Juden" am Schlafittchen packt sowie mit Pappnasen ausstaffierte Akteure usw. Bereits im Jahr 1936 fuhr beim Faschingszug in Nürnberg ein antisemitischer Motivwagen mit der Aufschrift »Ab nach Dachau!« mit, dessen Karnevalsaktivisten als Juden konstruiert waren. An der Seite des Motivwagens drangsalieren auf dem historischen Foto zwei Polizisten einen „Juden“, der seine Hände hochhält. Das Konzentrationslager Dachau war bereits drei Wochen nach dem Reichstagsbrand am 22. März 1933 errichtet worden. Nach den Novemberpogromen 1938 waren hier etliche Juden inhaftiert.

Zur Vielfalt des antijüdischen Alltagsrassismus gehörten auch Kinderbücher wie *Trau keinem Fuchs auf grüner Heid* und *Der Giftpilz*. Das von Elvira Bauer im Jahr 1936 veröffentlichte Buch *Trau keinem Fuchs auf grüner Heid und keinem Jud bei seinem Eid!* führte Kinder in die Rassenideologie der Nazis ein. Der eliminatorische Charakter des Antisemitismus wird deutlich, wenn es heißt: »Der Vater des Juden ist der Teufel« und sodann: »Der Teufel sie nach Deutschland trug. Ins Land wollten sie schleichen, die Deutschen sollten weichen.« Wie zahlreiche andere Hasswerke, so konstruiert auch dieses einen eschatologischen Endkampf, der das christlich-antisemitische Motiv von den „roten Juden“ im Kontext des Antichristen aufgreift und die Ermordung von Juden zur elementaren Notwendigkeit des eigenen Überlebens erklärt.

Das von Ernst Hiemer im Jahr 1938 herausgegebene Buch *Der Giftpilz* senkt die kognitive Tötungsschwelle, indem es „den Juden“ entmenschlicht, wenn es etwa heißt:

> »›Und weißt Du auch, wer diese schlechten Menschen sind, die menschlichen Giftpilze?‹ fuhr die Mutter fort. Franz meint stolz: ›Natürlich kenne ich sie, Mutter! Das sind die Juden! Unser Lehrer hat uns oft über sie erzählt!‹ Die Mutter lobt ihren Sohn für seine Gescheitheit und erklärt die unterschiedlichen Arten von giftigen Juden: Der jüdische Vertreter, der jüdische Grundstückspekulant, der koschere Fleischhauer, der jüdische Doktor, der getaufte Jud, und so weiter. ›Wie auch immer sie sich verkleiden oder wie freundlich sie tun, uns tausendmal ihre guten Absichten einreden wollen, du darfst ihnen nicht glauben! Juden sind Juden, und das bleiben sie auch! Für unser Volk sind sie Gift.‹ ›Wie der Giftpilz!‹ sagt Franz. ›Ja, mein Kind! Genau wie ein einziger Pilz eine ganze Familie töten kann, so kann ein einzelner Jud ein ganzes Dorf, eine ganze Stadt, sogar ein ganzes Volk zerstören.‹« (Hiemer 1938: 4)

Der antisemitische Alltagsrassismus mobilisierte das gesamte Medienspektrum und richtete es sukzessive auf das Ziel der Vernichtung der Juden aus. Das diktatorische NS-Regime mobilisierte vom Kinderbuch über Motivwagen beim Karneval bis hin zum Täter-Kino sämtliche Bereiche alltäglicher Unterhaltung, um den eliminatorischen Gedanken in breiten Teilen der Bevölkerung zu verankern.

3.9 Patientenmord und Holocaust

Ein Zusammenhang zwischen den nationalsozialistischen Krankenmorden und der Ermordung der europäischen Juden besteht sowohl in ideologischer, personeller wie in organisatorischer Hinsicht. Nationalsozialistische Rassenideologie und Rassenhygiene betrachteten die „Stärkung der arischen Rasse" als oberstes Ziel. Insofern der „Volkskörper" durch die „Systemzeit" bereits in gefährlichem Ausmaß „rassisch" geschwächt sei, gelte es durch strikte Ordnung und bevölkerungspolitische Kontrolle eine Gesundung herbeizuführen, die den Einfluss „rassenschädigender Elemente" eliminieren müsse, um die bedrohlich fortgeschrittene „Degeneration und Entartung" zu stoppen. Als „rassenschädigend" galten Sachverhalte wie Geburtenschwund, Schwangerschaftsabbrüche, Alkoholismus und Geschlechtskrankheiten ebenso wie als „rassisch minderwertig" diffamierte Personengruppen. „Erbkranke" sowie „die Juden" hätten mit ihren „niederen Rassenelementen" und durch ihre überproportionale Vermehrung sowie durch „Rassenvermischung" eine gefährliche Schwächung des „arischen Volkskörpers" erzeugt.

Der enge Konnex zwischen Patientenmord und Shoah folgt u. a. aus der Intersektionalität, d. h. der Überschneidung der diskriminierenden Konstrukte „Jude" und „Erbkranker" in der Person des „behinderten Juden". Diese Form der intersektionalen Verknüpfung führte dazu, dass bereits unmittelbar nach dem dt. Überfall auf Polen Juden mit körperlichen, psychischen oder geistigen Behinderungen ermordet wurden. Die Vorstellung vom „ewigen Kampf" gegen „schlechte Rassenelemente" wie „niedere Rassen" spiegelt sich auch in der Zurückdatierung von Hitlers „Ermächtigungsschreiben" bezüglich der „Aktion T4". In der Festlegung des Beginns des systematischen Patientenmordes auf den 1. September 1939 verschmilzt der außenpolitische Krieg mit dem „Krieg gegen die Rassenschädlinge" zum „eschatologischen Endkampf" der „arischen Rasse" gegen „rassische Untermenschen", deren Eindringen in den Volkskörper nur durch Vernichtung des „lebensunwerten Lebens" zu begegnen sei. Die Befreiung der „Volksgemeinschaft" von „Ballastexistenzen" sowie „Fremdrassigen" erscheint als existentielles Gebot der Stunde, als zwingende Maßnahme, um dem eigenen Untergang zu entgehen und den Zerfall der „arischen Rasse" als Kulturträger Europas zu verhindern. So heißt es in Hitlers „Ermächtigungsschreiben" in euphemistisch-verklärender Sprache:

> »Reichsleiter Bouhler und Dr. med. Brandt sind unter Verantwortung beauftragt, die Befugnisse namentlich zu bestimmender Ärzte so zu erweitern, dass nach menschlichem Ermessen unheilbar Kranken bei kritischster Beurteilung ihres Krankheitszustandes der Gnadentod gewährt werden kann.« (Internationaler Militärgerichtshof Nürnberg: Der Nürnberger Prozess gegen die Hauptkriegsverbrecher vom 14. November 1945 bis 1. Oktober 1946: Urkunden und anderes Beweismaterial. Nürnberg 1947, Reprint München 1989, Deutsche Ausgabe, Band XXVI, S. 169)

Verbindungen bzw. intersektionale Verknüpfungen offenbaren sich in der Praxis auch anhand des Sachverhalts, dass jüdische im Unterschied zu nichtjüdischen Patienten von Anfang an keinerlei Chance besaßen dem Morden der von Bouhler und Brandt „ausgewählten Ärzte" zu entgehen. „Jüdischsein" wurde auf Basis der Einschätzung der Arbeitsfähigkeit sowie der Heilungschance des Patienten zur unheilbaren wie vererbbaren Krankheit, deren Verbreitung nur durch den Tod des Kranken beizukommen sei. Den Konnex zwischen Patientenmord und Shoah verdeutlicht der NSDAP-Propagandafilm *Erbkrank*, ein im Jahr 1936 gedrehter 24-minütiger Stummfilm. Auf einer eingeblendeten Textseite heißt es:

> »Jüdisch liberalistisches Denken trieb Millionen gesunde Volksgenossen in Not und Elend, während das Untaugliche übermäßig betreut wurde. Im Kampf ums Dasein behauptet sich nur das Gesunde. Was nach den Naturgesetzen in der Freiheit zugrunde gehen würde, wird behütet und gepflegt. […] Tief unter dem Tier stehen viele Idioten, die sich nie verständlich zu machen lernen und zumeist unrein sind. […] Das jüdische Volk stellt einen besonders hohen Prozentsatz an Geisteskranken.« (Erbkrank, Regie: Herbert Gerdes, Deutschland 1936)

Im Sinne einer Sündenbockfunktion sind „die Juden" hier Schuld an Not und Elend der „Volksgenossen". Ihr Anteil an den „Geisteskranken" sei nicht nur überproportional, ihre „rassenschädliche Wirkung" bestehe darüber hinaus in ihrer Denkweise, die sich einem Bazillus gleich in der „Systemzeit" verbreitet habe. Der vom Judentum inspirierte Liberalismus habe dazu geführt, den „Kampf ums Dasein" außer Kraft zu setzen, das „Untaugliche" an die Stelle des „Gesunden" zu setzen. Der Propagandafilm hatte u. a. die Funktion, die Sterilisation als zwingend notwendige Maßnahme zu propagieren, damit ein „wertvolles Volk" nicht zugrunde gehe. Durch die Animalisierung von Menschen mit körperlichen, geistigen und seelischen Behinderungen (»tief unter dem Tier«) sollten die Krankenmorde in der Zeit des dt. Nationalsozialismus ideologisch vorbereitet werden. Der „Aktion T4" fielen bis Kriegsende ca. 275 000 Menschen in Deutschland und in den vom Deutschen Reich besetzten Gebieten zum Opfer. Die Senkung der Tötungshemmnis bei Menschen mit Behinderungen beförderte zugleich den Verlust der Tötungshemmung bei Juden. Es ist folglich kein Zufall, dass Propagandafilme im Sinne der „nationalsozialistischen Rassenhygiene" Menschen mit Behinderungen stets mit Juden verknüpften. So heißt es im Fortsetzungsfilm von *Erbkrank*, dem Tonfilm *Opfer der Vergangenheit* aus dem Jahr 1937:

> »Das jüdische Volk stellt einen besonders hohen Prozentsatz an Erbkranken. Auch für sie müssen gesunde deutsche Volksgenossen arbeiten.« (Opfer der Vergangenheit, Regie: Gernot Bock-Stieber, Deutschland 1937)

Die praktische Wirkung der Intersektionalität zwischen dem Patientenmord und dem Holocaust zeigte sich im Jahr 1940 im Rahmen der „Aktion T4", nachdem gleich zu Kriegsbeginn die Entscheidung für systematische Patiententötungen gefallen war. Jüdische Geisteskranke wurden nunmehr gesondert erfasst, ihre Tötung erfolgte explizit auf Basis des nationalsozialistischen Rassenkonstrukts. Im Rahmen dieser durch Hitlers „Ermächtigungsschreiben" ausgelösten „Sonderaktion" wurden über 2000 jüdische Psychiatriepatienten ermordet. Die systematische Verbindung zwischen den Patiententötungen und der Shoah belegt überdeutlich auch der sogenannte „Gaskammerbrief" vom 25. Oktober 1941, der von einem der „Judenreferenten" Rosenbergs an Heinrich Lohse (1896–1964) adressiert war, den Reichskommissar für das Ostland, und sich auf dessen Bericht vom 4.10.1941 »bezüglich Lösung der Judenfrage« bezieht. Hierin heißt es:

> »Unter Bezugnahme auf mein Schreiben vom 18. Okt. 1941 teile ich Ihnen mit, dass sich Oberdienstleiter Brack von der Kanzlei des Führers bereiterklärt hat, bei der Herstellung der erforderlichen Unterkünfte sowie der Vergasungsapparate mitzuwirken. Zur Zeit sind die in Betracht kommenden Apparate in genügender Anzahl nicht vorhanden, sie müssen erst hergestellt werden. […] Ich darf darauf hinweisen, dass Sturmbannführer Eichmann, der Sachbearbeiter für Judenfragen im Reichssicherheitshauptamt, mit diesen Verfahren einverstanden ist. Nach Mitteilung von Sturmbannführer Eichmann sollen in Riga und Minsk Lager für Juden geschaffen werden, in die evtl. auch Juden aus dem Altreichgebiet kommen. Es werden zur Zeit aus dem Altreich Juden evakuiert, die nach Litzmannstadt, aber auch nach anderen Lagern kommen sollen, um dann später im Osten, soweit arbeitsfähig, in Arbeitseinsatz zu kommen. Nach Sachlage bestehen keine Bedenken, wenn diejenigen Juden, die nicht arbeitsfähig sind, mit den Brackschen Hilfsmitteln beseitigt werden. Auf diese Weise dürften dann auch Vorgänge, wie sie sich bei den Erschießungen von Juden in Wilna ergeben haben […], nicht mehr möglich sein.« (Hoppe 2011: 564/565)

Der Brief, welcher im „Nürnberger Ärzteprozess“ als Beweisdokument vorgelegt wurde, zeigt die nicht nur ideologisch existenten, sondern auch praktisch-organisatorischen wie personellen Verbindungslinien der beiden Massenmorde auf und verdeutlicht die zentrale Rolle der „Kanzlei des Führers“ als Schnittstelle zwischen der „Aktion T4“ und der „Aktion Reinhardt“. Die Kanzlei des Führers, die verantwortlich war für die sogenannte „Kindereuthanasie“, die Ermordung von ca. 5000 geistig und körperlich behinderten Kindern, als auch für die Planung und Durchführung der „Aktion T4“, brachte in der Person des SS-Oberführers Brack ihre „Erfahrungen“ auch bei der systematischen Ermordung der Juden sowie der Roma des „Generalgouvernements“, der sogenannten „Aktion Reinhardt“, ein. Dieser organisatorische Konnex ist vielfältig personell belegt, sodass Historiker gar von einem „T4-Reinhardt-Netzwerk“ sprechen, insofern nicht nur das Personal der „Aktion T4“ für die „Aktion Reinhardt“ übernommen wurde, sondern auch die entwickelte Tötungstechnologie durch Gas. Im „Gaskammerbrief“ heißt es:

> »Da nach Auffassung Bracks die Herstellung der Apparate im Reich viel größere Schwierigkeiten bereitet als an Ort und Stelle, hält es

> Brack für am zweckmäßigsten, wenn er umgehend seine Leute, insbesondere seinen Chemiker Dr. Kallmeyer, nach Riga sendet, der dort alles Weitere veranlassen wird.« (Hoppe 2011: 564/565)

Die Kanzlei des Führers gab als maßgeblich steuernde Instanz über 120 Personen, die im Morden mit Gas im Rahmen der „Aktion T4" „Erfahrungen" gesammelt hatten, die Order, sich der „Aktion Reinhardt" zur Verfügung zu stellen. Die Täter haben dies bereitwillig getan, zumal der Wechsel ihnen positionelle Verbesserungen versprach. Als erstes der drei Vernichtungslager im Rahmen der „Aktion Reinhardt" entstand das Lager Belzec, das über eine festinstallierte Gaskammer verfügte (im „Gaskammerbrief" verschleiernd als „Unterkünfte" bezeichnet). Erster Lagerkommandant wurde im Dezember 1941 Christian Wirth (1885–1944), ihm folgte Gottlieb Hering (1887–1945), beide Kommandanten waren maßgeblich an der „Aktion T4" beteiligt. Erster Lagerkommandant von Sobibor wurde SS-Obersturmbannführer Franz Stangl (1908–1971), mit dem gleich über zwanzig SS-Angehörige, die an Patientenmorden beteiligt waren, zur „Aktion Reinhardt" wechselten. Erster Lagerkommandant von Treblinka wurde Irmfried Eberl (1910–1948), auch er gehörte der „Aktion T4" an. Die ersten drei festinstallierten Gaskammern von Treblinka wurden von Spezialisten aus dem Personalbestand Bracks eingerichtet.

Die Existenz des engen Konnexes belegen auch die sogenannten „Probevergasungen" im Fort VII in Posen. Psychiatriepatienten wurden hier Anfang Oktober 1939 mit Kohlenstoffmonoxid ermordet, welches auch bei der „Aktion T4" zum Einsatz gelangte. Kohlenstoffmonoxid wurde in der Anfangsphase auch bei der „Aktion Reinhardt" benutzt, weil das Personal sich durch die „Aktion T4" mit diesem Gas bereits auskannte. Erst in einer späteren Phase wurde das Gas durch Verbrennungsmotoren produziert, da die Beschaffung von Kohlenstoffmonoxid aus Stahlflaschen Probleme verursachte.

3.10 Die Ermordung der deutschen und österreichischen Juden

Im Januar 1933 lebten in Deutschland gut eine halbe Million Juden, was 0,77 % der Gesamtbevölkerung entsprach. Jeder zweite von ihnen lebte in den sechs Großstädten Berlin, Breslau, Hamburg, Frankfurt, Köln oder Leipzig. Tausende waren bereits geflohen, als das systematische Morden begann. In den Jahren zwischen 1933 bis 1939 verließen ca. 250 000 Juden das Deutsche Reich. Im Jahr 1937 flohen 23 000 Juden, im Jahr darauf waren es bereits 33 000. Nach den Novemberpogromen erreichte die Massenflucht mit ca. 75–80 000 Juden ihren Höhepunkt. Im Jahr 1939 lebten noch 210 000 Juden im Deutschen Reich, was einem Anteil an der Gesamtbevölkerung von 0,3 % entsprach. Im Oktober 1941 wurde den dt. Juden die Auswanderung verboten. Zeitgleich begannen die systematischen Deportationen in die Vernichtungslager des Ostens.

Aus Berlin wurden über 50 000 dt. Juden deportiert. Die Reichsbahn stellte mit ihren Zügen, Fahrplänen und Strecken die Logistik in den Tod bereit. In der dt. Hauptstadt starteten die Deportationszüge vom Bahnhof Grunewald, dem Güterbahnhof Moabit sowie vom Anhalter Bahnhof. Eisenbahnschwellen des „Mahnmals Gleis 17" des Bahnhofs Berlin-Grunewald dokumentieren den Abfahrtstag, die Anzahl der Deportierten sowie den Zielort der jeweiligen Deportationszüge. Am 18. Oktober 1941 fuhr der erste Zug mit 1013 Berliner Juden Richtung Lodz. Es war derselbe Tag, an dem Heinrich Himmler per Erlass allen dt. Juden die Genehmigung zur Auswanderung untersagte. Von diesem Tag an rollte ein Deportationszug nach dem anderen, also bereits drei Monate vor Beginn der Wannsee-Konferenz.

Die Züge im Herbst 1941 waren indes nicht die ersten Deportationen. Frühere Deportationen intendierten jedoch nicht die Ermordung der Juden, wie beispielsweise die „Polenaktion", in deren Verlauf ca. 17 000 Juden aus unterschiedlichen dt. Städten am 28. und 29. Oktober 1938 nach Polen abgeschoben wurden. Im Unterschied zur „Polenaktion" stellten die Ereignisse in Pommern, in Süddeutschland sowie in Wien bereits eine Art Generalprobe des „großen Mordens" dar. Am 13. Februar 1940 wurden 1107 Juden aus Stettin und Umgebung von der SA und SS nachts aus ihren Wohnungen gezerrt und in das militärisch besetzte polnische Gebiet abgeschoben. Die Deportation der Stettiner Juden in ländliche Gebiete Lublins, das im Herbst 1939 nach Ende des Polenfeldzugs zu den annektierten Gebieten des sogenannten Generalgouvernements gehörte, betraf ein Siebtel der pommerschen Juden. Eine der frühen Deportationen – nach den verantwortlichen NSDAP-Gauleitern auch „Wagner-Bürckel-Aktion" genannt – ereignete sich im Oktober 1940 in Baden und der Saarpfalz. Im Rahmen der „Wagner-Bürckel-Aktion" wurden 6000 Juden in das unbesetzte Südfrankreich transportiert und von der Vichy-Regierung, die gegen die dt. Aktion in Berlin Protest einlegte, im Lager Gurs interniert. Bereits im Februar und März 1941 wurden ebenso bereits 5000 Wiener Juden in das „Generalgouvernement" deportiert.

Zum Zeitpunkt des Himmler-Erlasses vom 18. Oktober 1941, der die Auswanderung mit Wirkung vom 23. Oktober verbot, lebten im sogenannten „Altreich" noch ca. 150 000 Juden, von ihnen wurden 131 154 deportiert. Vor der „Fabrikaktion" im Februar/März 1943 lebten noch 75 816 Juden im „Altreich", die fast alle ausnahmslos zur Zwangsarbeit in Rüstungsbetrieben verpflichtet waren. Die Zahl der in Berliner Rüstungsbetrieben Zwangsarbeit leistenden Juden betrug ca. 15 000 Personen, als die Gestapo und SS-Einheiten am 27. Februar gleich nach Arbeitsbeginn über einhundert Betriebe absperrten, die jüdischen Arbeiter und Arbeiterinnen verhafteten und zu Sammelstellen transportierten. Anfang März 1943 wurden die Internierten in fünf Transporten nach Auschwitz verschleppt. Zwei Drittel der Deportierten wurden sogleich ermordet, während ein Drittel für Arbeitseinsätze u. a. der Buna-Werke der I.G. Farben AG (KZ Auschwitz III Monowitz) selektiert wurde. Die Anzahl der dt. Juden, die in sogenannten „Mischehen" oder im Untergrund überlebten, wird auf 15 000 geschätzt. Die Zahl der überlebenden Berliner Juden betrug ca. 6 000. In der Hauptstadt überlebten einige Juden als „Untergetauchte". Die sogenannten „U-Boote" waren auf „stille Helden" angewiesen oder aber auf Personen, die sich für ihre Unterstützung einen Vorteil versprachen. Von den 500 000 dt. Juden fielen ca. 165 000 dem Vernichtungswahn des dt. Nationalsozialismus zum Opfer.

Am 12. März 1938 lebten zum Zeitpunkt des Einmarsches der dt. Wehrmacht 206 000 Juden in Österreich, die im Geiste der „Nürnberger Gesetze" als Juden galten, was einem Anteil von drei Prozent an der Gesamtbevölkerung entsprach. Bereits unmittelbar danach kam es zu Übergriffen und Plünderungen, wurden Juden gezwungen, demütigende Rituale über sich ergehen zu lassen, wie die sogenannte „Reibpartie", d. h. das Abwaschen politischer Losungen, die als unerwünscht galten oder etwa die öffentliche Säuberung von Gehsteigen. Bereits im Frühjahr 1938 wurden österreichische Juden in Dachau und Buchenwald interniert. Die erste Verhaftungswelle führte zu einer forcierten Auswanderung, sodass sich im August 1938 die „Zentralstelle für jüdische Auswanderung in Wien" als eine von Adolf Eichmann geleitete SS-Dienststelle mit dem Ziel etablierte, die Auswanderung der Juden nur nach vorheriger systematischer Ausplünderung zu gestatten. Bereits im Oktober 1939 wurden im Rahmen des sogenannten „Nisko-Plans", d. h. des Versuchs ein „Judenreservat" in der polnischen Stadt Nisko im Karpatenvorland zu schaffen, ca. 1600 jüdische Männer aus Österreich nach Polen deportiert. Zwar scheiterte das „Nisko-Projekt" an diversen Widerständen, die Pläne eines „Judenreservats" wurden indes nicht aufgegeben, sodass im Frühjahr 1941 erneut Massentransporte einsetzten, die österreichische Juden in das Distrikt Lublin verschleppten. Als im Oktober 1941 ca. 5000 Juden in das Ghetto Litzmannstadt (Lodz) deportiert wurden, begann der systematische Massenmord an den österreichischen Juden. Bereits im Jahr darauf waren von den Verschleppten nur noch 600 Personen am Leben. Es folgten Deportationen nach Riga und Minsk, wo die Einsatzgruppen der Sicherheitspolizei und des SD mordeten. Bis Oktober 1942 fanden ebenso Deportationen in die Vernichtungslager des Generalgouvernements statt. Bereits Ende 1942 lebten von den ehemals 206 000 Juden nur noch 8102 Juden in Österreich, darunter zumeist Personen in sogenannten „Mischehen". Als im Oktober 1941 nach Unterbrechung die „Ost-Deportationen" wieder aufgenommen wurden, kursierten in Wien bereits Gerüchte von Massenerschießungen, woraufhin sich zahlreiche Juden, die einen Deportationsbefehl erhielten, umbrachten. Die Selbstmorde waren der Gestapoleitstelle unverzüglich zu melden. Lapidar vermerkte diese: „Salmiak", „Fenstersprung", „Strangulation", „Gift", „Morphium", „Leuchtgas", „Lauge". Die Zahl der jüdischen Einwohner in Wien betrug im Jahr 1934 ca. 176 000 Personen. Im April 1945 waren es gerademal 1000 bis 2000 Juden, die noch in der einst für das Judentum so bedeutsamen Donaumetropole lebten. Von den ehemals 206 000 österreichischen Juden des Jahres 1938 wurden 65 000 ermordet.

3.11 *Die Ermordung der europäischen Juden*

Die Zahl der Juden, die europaweit dem nationalsozialistischen Völkermord zum Opfer fielen, wird auf 5,6 bis 6,3 Millionen geschätzt. Gemeinhin wird von sechs Millionen Opfern des Holocaust gesprochen. Der Terminus Holocaust hat sich weltweit durchgesetzt, obwohl dieser problematisch ist, da der aus dem Altgriechischen entlehnte Begriff für „vollständig verbrannt" in der Septuaginta, d. h. der griech. Übersetzung der hebräischen Bibel, für das Tieropfer benutzt wird. Zu präferieren ist die Bezeichnung Shoah, was im Hebräischen „die Katastrophe" sowie „das große Unheil" bedeutet. Für die Shoah benutzte der dt. Nationalsozialismus die offizielle Tarnbezeichnung „Endlösung der Judenfrage". Eine Vorlaufphase der Shoah bildete der dt. Überfall auf Polen am 1. September 1939, insofern es während des Polenfeldzugs bereits zu Massenerschießungen, Ghetto- und Lagerbildungen sowie zur Methode des Verhungernlassens kam. Insbesondere die jüdischen Soldaten, welche in Gefangenschaft gerieten, hatten keine Überlebenschance. Der Beginn der Shoah als systematischer, von oben befohlener sowie gezielt vorbereiteter Genozid an den europäischen Juden ist mit dem Überfall der dt. Wehrmacht auf die Sowjetunion am 22. Juni 1941 anzusetzen.

Der Vernichtungsantisemitismus des dt. Nationalsozialismus rückte nunmehr die genozidale Elimination in den Mittelpunkt der Planung, was sich am Wirken der Einsatzgruppen der Sicherheitspolizei und des SD zeigt. Die neue Qualität der Brutalisierung der Kriegsführung kam u. a. durch den sogenannten „Kommissarbefehl" zum Ausdruck, der die Erschießung gefangener Politkommissare der Roten Armee vorsah. Einsatzkommandos hielten in Kriegsgefangenenlagern Ausschau nach „bolschewistischen Kräften". Der „Kommissarbefehl" führte zu Selektionen sowie Massenerschießungen, von denen vor allem Juden betroffen waren. Ab Mitte August 1941 gingen die mit den Buchstaben A, B, C und D bezeichneten Einsatzgruppen zum systematischen Massenmord an Juden über. Das Morden betraf nunmehr die Gesamtheit der Juden, ob Zivilist oder Rotarmist, Mann, Frau oder Kind. Die Massenmorde wurden von Angehörigen der Spezialeinheiten, von der dt. Wehrmacht, Polizeieinheiten sowie örtlichen Kollaborateuren begangen.

Für den dt. Vernichtungs- und Eroberungsfeldzug lassen sich die Massaker von Babyn Jar und Maly Trostinez als exemplarisch bezeichnen. Die 6. Armee der dt. Wehrmacht, Einsatzgruppen der Sicherheitspolizei und des SD arbeiteten in „Babyn Jar", einer Waldschlucht unweit der ukrainischen Hauptstadt Kiew, am 29. und 30. September 1941 eng zusammen als laut „Ereignismeldung der Einsatzgruppe C" 33 771 Juden getötet wurden. Am 28. September 1941 hieß es in der „Ereignismeldung" des Sonderkommandos 4a der Einsatzgruppe C zuvor:

> »Vorkommando 4a seit 19.9. unmittelbar mit kämpfender Truppe in Kiew. [...] Angeblich 150.000 Juden vorhanden. [...] Bei der ersten Aktion 1.600 Festnahmen. Maßnahmen eingeleitet zur Erfassung des gesamten Judentums. Exekution von mindestens 50.000 Juden vorgesehen. Wehrmacht begrüßt Maßnahmen und erbittet radikales Vorgehen.« (Mallmann 2011: 598)

Die Vernichtungsstätte Maly Trostinez befindet sich unweit der weißrussischen Hauptstadt Minsk. In umliegenden Wäldern wurden hier zwischen 1942 und 1944 überwiegend Juden, sowjetische Kriegsgefangene und Partisanen ermordet; ihre Gesamtzahl ist nur schwer zu ermitteln. Die enge Verwobenheit zwischen dem Schicksal der sowjetischen Juden und dem der Juden anderer Länder verdeutlicht die Liste der Deportationen nach Maly Trostinez. Belegt sind sechzehn Züge u. a. aus Wien (neun Züge), Theresienstadt (fünf Züge) sowie Königsberg/Berlin und Köln. Allein in Maly Trostinez wurden ca. 10 000 Wiener Juden ermordet, darunter auch diejenigen österreichischen Juden, die am 28. November 1941 von Wien in das Ghetto Minsk deportiert wurden, welches im Juli 1941 errichtet wurde nachdem die dt. Wehrmacht kurz zuvor die weißrussische Stadt besetzt hatte. In einem nur zwei Quadratkilometer umfassenden Areal wurden 60 000 Minsker Juden interniert, die sich durch gelbe Flecken kenntlich zu machen hatten. In den Monaten August und November folgten bereits durch SS und Polizeikräfte Razzien, Pogrome und Massenerschießungen mit dem Ziel, „Platz zu schaffen" für die Deportation von Juden aus dem „Altreich". Die Liste der Deportationen in das Ghetto Minsk umfasst zwischen dem 11. November 1941 und dem 5. Dezember sieben Züge und zwar aus Hamburg, Düsseldorf, Frankfurt a. M., Berlin, Brünn, Bremen/Hamburg und Wien. Für die Juden aus dem „Altreich", die zuvor die Leichen der Ermordeten zu beseitigen hatten, wurden zwei „Sonderghettos" innerhalb des Areals eingerichtet. Das Ghetto Minsk wurde am 23. September 1943 von der SS liquidiert. Die Opferzahl der sowjetischen Juden lässt sich auf 1,5 Millionen schätzen. Von den gut 3 Millionen sowjetischen Juden wurde somit fast jeder Zweite Opfer der Shoah.

Den Übergang zur systematischen Ermordung der polnischen Juden markiert die „Aktion Reinhardt", die zwischen März und Juli 1942 zur Errichtung der drei Vernichtungslager Belzec, Sobibor und Treblinka führte. In Belzec wurden laut Angaben der SS („Höfle-Telegramm") 434508 Personen ermordet, unter ihnen auch Sinti und Roma aus der Tschechoslowakei, Polen und Deutschland. Allein im Vernichtungslager Treblinka, wo vom 22. Juli 1942 bis zum 21. September die Deportationszüge aus dem schrittweise geräumten Warschauer Ghetto ankamen, wurden zwischen 700 000 und 1 Million Menschen ermordet. In den drei Vernichtungslagern Treblinka, Belzec und Sobibor fanden insgesamt 1 700 000 überwiegend polnische Juden den Tod, darunter 260 000 Juden des Warschauer Ghettos, unter ihnen Helene und David Reich, die Eltern Marcel Reich-Ranickis, die in den Gaskammern Treblinkas ermordet wurden. Auch in Majdanek gelangten zwischen September 1942 bis Oktober 1943 die Gaskammern zum Einsatz. In dem in der Nähe Lublins gelegenen Konzentrations- und Vernichtungslager wurden vor allem Juden aus Warschau und Białystok ermordet.

Wie stark wiederum das Schicksal der polnischen Juden mit dem der Juden anderer europäischer Länder verknüpft war, verdeutlicht die Historie des Ghettos Litzmannstadt, welches nach dem Warschauer Ghetto das zweitgrößte war und bis zum 19. Januar 1945 bestand, als die sowjetische Armee das verbliebene jüdische Personal eines „Aufräumkommandos" befreite sowie wenige Kinder und Erwachsene, denen es gelungen war, sich bis zum Ende versteckt zu halten. Eine Namensliste der aus Berlin in das Ghetto Litzmannstadt deportierten Juden umfasst alleine 4210 Personen – unter ihnen auch 122 Juden aus Emden – die in vier Transporten im Herbst 1941 in das Ghetto von Lodz deportiert wurden. Die Deportation und Ermordung der Berliner Juden beginnt mit dem Zug (Nr. 1013) am 18.10.1941 vom Bahnhof Grunewald nach Lodz. Im Sommer 1944 befanden sich noch 80 000 Juden im Ghetto Litzmannstadt, als die SS das Ghetto liquidierte.

Die noch Verbliebenen wurden in Auschwitz-Birkenau ermordet sowie im Vernichtungslager Kulmhof, dessen Vernichtungsmaschinerie zwecks Ermordung der Juden aus Litzmannstadt noch einmal in Betrieb genommen wurde. Im Mai 1945 waren von den 3,3 Millionen polnischer Juden noch ca. 380 000 am Leben. Bis zu drei Millionen polnischer Juden fanden den Tod in dt. Vernichtungslagern wie Belzec, Chełmno, Sobibor, Treblinka, Majdanek und Auschwitz-Birkenau oder starben an Unterernährung und Erschöpfung in überfüllten Ghettos. In Auschwitz-Birkenau, dem größten dt. Vernichtungslager, wurden ca. 1,1 Millionen Menschen ermordet. Von den 6 Millionen jüdischen Opfern der nationalsozialistischen Gewaltherrschaft fanden hier alleine über eine Million Juden aus nahezu ganz Europa den Tod, von denen die meisten sofort nach ihrer Ankunft und der Selektion auf der Rampe in den Gaskammern ermordet wurden.

Die Singularität der Shoah, welche diese von allen anderen historischen Genoziden qualitativ unterscheidet, liegt nicht zuletzt darin begründet, dass der nationalsozialistische dt. Staat das Ziel verfolgte, einfach alle Juden in den besetzten Ländern Ost-, West-, Süd- und Nordeuropas in sein Vernichtungsprogramm einzubeziehen. Niemals zuvor in der Geschichte hatte ein Staat die Intention verfolgt oder gar in die Tat umzusetzen vermocht, Menschen einzig und allein aufgrund ihrer Herkunft unabhängig von nationaler Zugehörigkeit, Alter, Geschlecht, politischer wie ideologischer Orientierung, sozialer wie beruflicher Stellung in kürzester Zeit in über 21 Ländern (Albanien, Belgien, Bulgarien, Dänemark, Deutschland, Estland, Frankreich, Griechenland, Italien, Jugoslawien, Lettland, Litauen, Luxemburg, Niederlande, Norwegen, Österreich, Polen, Rumänien, Sowjetunion, Tschechoslowakei, Ungarn) in industriell-bürokratischer Weise zu ermorden. Wie hochgradig dies den dt. Mördern in den besetzten Ländern gelang, war u. a. vom Maß des nationalen Widerstands und Protestes abhängig, von der Bereitschaft der Mittäterschaft lokaler Polizeikräfte wie faschistoider Parteien und Verbände vor Ort, der Stärke und Historie der nationalen Judenfeindschaft, vom Agieren christlicher Kirchen und überregionaler Organisationen, vom Verhalten der Zivilgesellschaft sowie von den jeweiligen staatlichen Autoritäten und Verwaltungen der eroberten bzw. verbündeten Staaten. Aus einem ganzen Bündel von Faktoren, zu denen auch geografische und militärische Prädiktoren zu zählen sind, resultierten recht unterschiedliche Überlebensquoten der Juden in den betroffenen Ländern.

3.12 Zusammenfassung

Der eliminatorische Antisemitismus ist ein Vernichtungsantisemitismus des Wortes wie der Tat und in Gestalt der Shoah seinem Wesen nach ein singulärer Völkermord. Die vielfach gestellte Frage „Warum die Deutschen? Warum die Juden?“ lässt sich nicht monokausal begründen; eine kausale Reduktion auf den Faktor „Sozialneid“ ist schon deshalb nicht plausibel, weil dieser bei allen Spielarten des Rassismus hochgradig ausgeprägt ist und nicht allein das Maß der Gewalt in Gestalt eines systematisch erfolgten, millionenfachen Massenmordes zu erklären vermag, der mit statistisch-bürokratischen Methoden ans Werk ging, um möglichst alle Juden ob arm oder reich, gebildet oder ungebildet, deutsch oder nicht deutsch zu erfassen und diese mit industriellen, geradezu fordistischen Methoden zu ermorden.

Der enge Konnex zwischen der als „Vernichtung lebensunwerten Lebens“ propagierten Ermordung von Psychiatrie-Patienten, den NS-Krankenmorden und dem Judenmord, weist auf die Relevanz der Faktoren „Rassentheorie“ und „nationalsozialistische Rassenhygiene“ hin. Die enge zeitliche Verflechtung zwischen der „Aktion T4“, der sogenannten „Kinder-Euthanasie“ und dem Überfall auf Polen sowie zwischen dem Überfall auf die Sowjetunion und der Phase des industriellen Massenmords verdeutlicht die elementare Bedeutung der durch den Vernichtungskrieg tagtäglich eingeübten Senkung der Tötungsschwelle und dessen mörderischem Agieren, das Unterschiede zwischen Zivilbevölkerung und „Feindsoldaten“ annullierte und den „Kriegsgefangenen“ lediglich als „unnützen Esser“ sowie störenden „Kriegsballast“ betrachtete.

Reduktionen auf einzelne Faktoren, die das Ensemble der antisemitischen Vernichtungsideologeme außer Acht lassen, laufen zudem Gefahr, den langen Weg zum Holocaust zu missachten, der in der Geschichte des Christentums und seiner tradierten Judenfeindlichkeit, in der Moderne, dem bereits seit der philosophischen Strömung der Aufklärung bereitgestellten „rassistischen Wissen“ sowie in der Spezifik der dt. Geschichte in Gestalt des dt. „Sonderwegs“ fundiert ist, zu dem der über ein Jahrhundert währende Kampf gegen die Judenemanzipation zählt. Die Shoah ist weder zwangsläufig noch voraussetzungslos und keineswegs unerklärbar als „deux ex machina“ vom Himmel gefallen. Der Holocaust ist maßgeblich in der deutschen Geschichte verankert, deren gesellschaftshistorische Gewalt bereits seit dem Völkermord an den Herero und Nama sowie dem Ersten Weltkrieg erkennbar war und deren Antisemitismus spätestens im Wilhelminischen Kaiserreich nahezu alle gesellschaftlichen Schichten und politischen Kräfte durchdrang. Die Beantwortung der Frage „Warum die Deutschen?“ resultiert nicht zuletzt aus dem Faktum, dass spätestens um 1900 der Antisemitismus die gesamte dt. Zivilgesellschaft hochgradig erfasst hatte. Eine millionenfache Täter- wie Mittäterschaft an der Shoah war maßgeblich dem antijüdischen Ressentiment geschuldet, das seit Beginn des 19. Jh.s immer größere Teile der dt. Bevölkerung erfasste und das sich bereits recht früh durch eine stark ausgeprägte eliminatorische Tendenz auszeichnete. Das Maß des um 1900 in Vereinen, Verbänden, Parteien, intellektuellen Kreisen, in der Literatur wie im Militär verbreiteten Antisemitismus ist trotz der Dreyfus-Affäre quantitativ wie qualitativ nicht mit dem Frankreichs vergleichbar und aufgrund der lediglich schwach entwickelten Zivilgesellschaft ebenso nicht mit dem Russlands – trotz der Tatsache, dass es zu Beginn des 20. Jh.s dort bereits zu mörderischen Pogromen kam.

Wenn auch der Holocaust keineswegs zwingend war, so ist er gleichwohl in der langen Welle des Antisemitismus angelegt. Die dt. Judenfeindschaft bildete einen durchgängigen roten Faden spätestens ab dem Zeitpunkt des Kampfes konservativ-reaktionärer Kräfte gegen die rechtliche Gleichstellung der Juden bis zum dt. Nationalsozialismus. Unstrittig ist, dass „Sozialneid“ in dieser „langen Welle“ eine relevante Rolle spielte, der durchaus rasche soziale Aufstieg von Juden insbesondere nach 1871 vielfältigen Neid nichtjüdischer Deutscher weckte. Lässt man die zu Beginn des 19. Jh.s gehaltenen Reden der dt. Tischgesellschaft indes Revue passieren, so werden die Grenzen monokausaler Erklärungsversuche deutlich. Für Brentano, von Arnim und Beuth stellten die Ideologeme der christlichen Judenfeindschaft, die „Gottesmord-“, „Ritualmord-“ und „Hostienfrevel-Legenden“ zentrale Theoreme ihres Hasses dar, der sich zugleich auf frühnationalistische Konzepte eines ethnisch-homogenen Staatsgebildes gründete. Die Reden der „christlichen Tischgenossen“ illustrieren die Anfang des 19. Jh.s beginnende völkische Fixiertheit auf „die Deutschen“ contra „die Juden“, die in späteren Jahrzehnten zur „Rassenfixierung“ mutierte, zum Gerede vom Endkampf zwischen dem „Arier“ als Kultur- wie Erbträger und dem Juden als kulturellen wie biologischen Zersetzer.

Kausale Antworten bezüglich der Shoah liegen dergestalt betrachtet in der Spezifik des Zusammenwirkens höchst unterschiedlicher wirtschaftlicher, politischer, sozialer wie ideologischer Faktoren der dt. Gesellschaftsgeschichte und der Gewaltförmigkeit ihrer Symbiose im Kontext einer verspäteten Nationalstaatsbildung von oben und einem sich etablierenden aggressiven hochkapitalistischen Nationalstaat, der seinen „Platz an der Sonne“ im Ensemble europäischer Mächte auch mit kriegerischen Mitteln zu erkämpfen gedachte. Rassenlehre und Sozialdarwinismus der Moderne, Nationalismus und Imperialismus, Antijudaismus und „Rassenantisemitismus“ gingen so eine integrale Mischung ein, deren Aggressivität sich gegen das innenpolitisch wie außenpolitisch imaginierte „Fremde“ richtete und deren Bestandteile der rassenhygienischen Ideologie vom „Survival of the Fittest“ huldigten, was „Ausmerzung rassisch Minderwertiger“, „Aufnordung“, „Zwangssterilisation“ und „Euthanasie“ einschloss. Die Radikalisierung des Sozialdarwinismus in Gestalt der dt. Rassenhygiene und ihre praktische Umsetzung seitens eines diktatorischen Regimes trug maßgeblich dazu bei, den Antisemitismus zum Vernichtungsantisemitismus in Gestalt des systematischen Völkermords zu transformieren.

Sechs Millionen europäische Jüdinnen und Juden wurden Opfer der Shoah. Die Massenmorde begannen mit dem Einmarsch der dt. Wehrmacht in Polen und endeten erst 1945. Zwar tragen Deutsche die Hauptschuld am Holocaust, bildete Nazideutschland den kausalen Dreh- und Angelpunkt der Massenmorde, doch die singuläre Dimension der Shoah angesichts der Vielzahl involvierter Länder sowie der Opfer aus nahezu ganz Europa und dem Maghreb war ohne aktive Mittäterschaft, vielfältige Kooperation, unterlassene Rettungsmaßnahmen, Schließen der Grenzen, Limitierung bzw. Unterbindung von Einwanderung sowie Wegsehen und Schweigen auch internationaler Organisationen nicht möglich. Hunderttausende Menschen hätten gerettet werden können, wenn sich beispielsweise die 32 Staaten, die sich auf der Konferenz von Evian vom 6. bis 15. Juli 1938 in Frankreich einfanden, zu einer humanitären Haltung durchgerungen hätten. Stattdessen überwog die Wahrnehmung der existentiell Bedrohten als kostenverursachende Flüchtlinge. Zwar darf die Konferenz von Evian nicht instrumentalisiert werden, um die Verantwortung des dt. Nationalsozialismus zu relativieren, doch es bleibt Fakt, dass die Singularität des Holocaust auch dem Sachverhalt geschuldet bleibt, dass der Genozid des Haupttäters in seinem ganzen Ausmaß nur möglich war durch das Heer der Mittäter, die in dt. Verantwortung mordeten, Konzentrations- und Vernichtungslager bewachten, Deportationszüge bereitstellten, Grenzen schlossen, Flüchtlinge zurückwiesen oder aber ihre eigenen Staatsbürger nicht vor der Deportation bewahrten. Die Irrfahrt der MS St. Louis ist so zu einem Symbol geworden für die unterlassene Hilfeleistung zahlloser Staaten. In Kuba, in den Vereinigten Staaten und in Kanada wies man die 907 jüdischen Flüchtlinge an Bord ab. Zum 80. Jahrestag der Pogromnacht hat der kanadische Premierminister Justin Trudeau hierfür die Worte gefunden: »Wir entschuldigen uns auch bei all jenen, die den Preis für unser Nichtstun bezahlt haben. Die wir zu dem Horror der Todeslager verdammt haben.« Noch immer stehen zahllose Entschuldigungen aus, werden Dimension und Tragweite von Täter- wie Mittäterschaft geleugnet.

4 Der Post-Shoah-Antisemitismus nach 1945

Der Zusammenbruch des dt. Nationalsozialismus bedeutete nach 1945 weder das Ende der Rassenlehren, des Rassismus im Allgemeinen noch des Antisemitismus im Besonderen. Da nur wenige dt. Juden überlebt hatten und von diesen nur wenige bereit waren, in das Land der Mörder zurückzukehren, modifizierte der Antisemitismus ein weiteres Mal seine Formen und seine Gestalt. Die Formulierung »Auschwitz werden uns die Deutschen niemals verzeihen!« wird dem 1909 in Wien geborenen österreichisch-israelischen Arzt und Autor Zvi Rex zugesprochen, der psychoanalytische Theoreme und Ansätze zur Erklärung gesellschaftlicher Prozesse nutzte. Der Ausspruch interpretiert den Antisemitismus nach 1945 im Sinne der Lehre Freuds als Schuldabwehr. Angesichts des Ausmaßes der Verbrechen sowie ihrer Täter- wie Mittäterschaft verdrängten Millionen Deutsche ihre Schuld- und Schamgefühle. Die Abwehr führte zu einer Täter-Opfer-Umkehr sowie zu einer Solidarisierung mit den Tätern des Völkermords, die sich weiterhin offen oder verdeckt zum dt. Nationalsozialismus bekannten und sich Anfang der 1950er-Jahre u. a. in der *Hilfsgemeinschaft auf Gegenseitigkeit der Angehörigen der ehemaligen Waffen-SS* (HIAG) organisierten.

Der „Schuldabwehr-Antisemitismus", auch „sekundärer Antisemitismus" genannt, ging mit Erinnerungsabwehr einher und verweigerte die Beschäftigung mit den Verbrechen des dt. Nationalsozialismus. Erst die vierteilige US-amerikanische TV-Serie *Holocaust,* die im Januar 1979 ausgestrahlt wurde, brach die kollektive Verdrängung in Deutschland auf, nachdem bereits die Frankfurter Auschwitz-Prozesse in den 1960er-Jahren die Öffentlichkeit wachgerüttelt hatten. Der Genozid an den europäischen Juden ließ sich nicht länger verschweigen und wurde Anfang der 1980er-Jahre mit dem Terminus „Holocaust" versehen. Die Thematisierung der Shoah war keineswegs identisch mit dem Ende des sekundären Antisemitismus, dieser modifizierte lediglich seine argumentativen Muster und blieb in Gestalt der sogenannten „Israel-Kritik" bis heute eine der wichtigsten Varianten des Antisemitismus nach 1945.

4.1 *Die „bleierne Zeit“ nach 1945*

In der unmittelbaren Nachkriegszeit sowie in den 1950er-Jahren existierte eine weitgehende Kontinuität in den antisemitischen Einstellungen der dt. Bevölkerung, die sich immer wieder in Taten, im Regierungshandeln sowie dem Agieren des Staatsapparats zeigte. Weitverbreitet war die Leugnung der dt. Schuld mittels der Standardantwort »Davon haben wir nichts gewusst« auf Fragen nach dem Holocaust. Antisemitischen Attacken ausgesetzt waren vor allem die ca. 300 000 jüdischen „Displaced Persons“, die in der amerikanischen Besatzungszone in DP-Lagern lebten. Ein Großteil der Juden und Jüdinnen war vor antisemitischen Übergriffen und Pogromen geflohen, die sich unmittelbar nach 1945 in Osteuropa ereigneten. Bekanntheit erlangte das Pogrom von Kielce, wo am 4. Juli 1946 über 40 polnische Juden ermordet wurden. Auslöser des Pogroms war das Gerücht, der neunjährige Junge Henryk Blaszczyk sei entführt worden. Am Vorabend behauptete der Vater im betrunkenen Zustand, der Junge sei nach Hause zurückgekehrt, weil er sich aus dem Keller habe befreien können, in dem ihn die Juden festgehalten hätten. Das Gerücht, welches sich auf die jahrhundertealte Ritualmordlegende stützte, nutzten örtliche Akteure, um die Rückkehr Kielcer Juden zu verhindern, die durch Flucht überlebt hatten. Obwohl bewaffnete Soldaten als auch Milizionäre vor Ort waren, verhinderten diese nicht, dass ein gewaltbereiter Mob sich vor dem Haus versammelte, wo sich das jüdische Komitee befand, und dort zur Mordtat schritt. Das Pogrom von Kielce sowie weitere Vorfälle im ganzen Land führten zu einer Fluchtbewegung in Richtung Westen. Allein in den drei Monaten nach dem Pogrom von Kielce, d. h. von Juli bis September 1946, waren es 60 815 Juden, die ihre Hoffnung darauf setzten, in die vom US-amerikanischen Militär kontrollierten DP-Camps in der amerikanischen Zone zu gelangen und dort sicher zu sein. Fast jeder vierte polnische Jude, der überlebt hatte, flüchtete bereits in diesen drei Monaten.

Bedingt durch die aus Polen fliehenden Juden stieg die Anzahl der jüdischen „Displaced Persons“ in der amerikanischen Besatzungszone stark an. Die Geflüchteten sahen sich zumeist konfrontiert mit der antisemitischen Stimmung im Nachkriegsdeutschland. Von „Bevorzugung“ war die Rede, von „Ostjuden“, die hier nicht hingehörten, von Schiebern und Schwarzhändlern, von Kriminellen, die den Schutz des amerikanischen Militärs genössen. Da die Westalliierten das Judentum als Nationalität erst im Januar 1946 anerkannten, sahen die nach Nationalitäten strikt getrennten DP-Camps bis zum Herbst 1945 keine eigene Unterbringung von Juden vor, sodass diese sich auch hier mit Antisemitismus konfrontiert sahen, zumal sie nicht selten mit Landsleuten einquartiert wurden, die keine Zwangsarbeiter gewesen waren, sondern Helfershelfer der Nazis. Nach der Errichtung jüdischer DP-Camps kam es ebenso zu schwerwiegenden Übergriffen seitens dt. Polizeikräfte bis diesen schließlich verboten wurde, jüdische DP-Lager zu betreten.

Der 1927 in Kaunas geborene Zwi Katz, der vor der Befreiung Insasse einer Außenstelle des KZs Dachau war, kommentiert diese Zeit mit folgenden Worten:

> »Ich war gerettet. Aber ich hatte vier lange Jahre nichts gelernt und war allein in einer fremden Welt. Schlimmer noch: Ich war ein ›DP‹, ein Mensch ohne Heimat. Litauen, das Land meiner Kinderjahre, war jetzt ein riesiges jüdisches Massengrab. Friedhöfe sind aber kein Platz zum Leben, und ich musste mir eine andere Heimat finden.« (Europa nach dem Krieg, Geo Epoche Nr. 77, S. 82)

Nach einem mehrwöchigen Aufenthalt in seiner Heimat kehrte der im Jahr 1922 in Łódź (Polen) geborene Joseph Podemski in das DP-Camp Bergen-Belsen zurück:

> »Ich kam wieder, weil ich es nicht mehr ausgehalten habe. Es war wie in einer Geisterstadt! Das Viertel, in dem wir gewohnt hatten, war eine Geisterstadt. Man lebte nur mit seinen Erinnerungen. Man wusste, dass hier einmal ein Geschäft gewesen war, zu dem mich meine Mutter geschickt hatte. Dort war eine Bäckerei gewesen und dort etwas anderes. Aber die Menschen waren nicht mehr da! Es war kein Leben mehr dort. Alles war weg.« (Europa nach dem Krieg, Geo Epoche Nr. 77, S. 90)

Die 1924 in Čeradice (Tschechien) geborene Lilly Friedman schildert ihre DP-Zeit wie folgt:

> »Wir waren befreit, aber wir blieben noch drei Jahre in Deutschland. Niemand wollte uns haben. Israel war noch unter britischer Verwaltung, Schweden nahm ein paar Leute auf. Aber niemand wollte die Überlebenden haben. Wir hatten nichts zu bieten: Wir hatten kein Geld, waren krank und brauchten Hilfe.« (Europa nach dem Krieg, Geo Epoche Nr. 77, S. 93)

Während die Alliierten in der Anfangsphase mittels Kriegsverbrecherprozessen, Reeducation-Programmen sowie Entnazifizierungsverfahren durchaus gewillt waren, den Einfluss nationalsozialistischer Kräfte wie des antisemitischen Denkens auf die zukünftige Entwicklung Deutschlands auszuschalten, änderte sich das diesbezüglich angestrebte wie realisierte Maß der Politik mit Beginn des Kalten Kriegs zugunsten der Etablierung alter Nazi-Seilschaften in Gesellschaft, Kultur, Presse, Ökonomie, Justiz und Politik. Symptomatisch hierfür war das von der VVN gegen den Regisseur Veit Harlan angestrebte Schwurgerichtsverfahren. Nachdem das erstinstanzliche Urteil vom 23. April 1949, welches Harlan freisprach, vom Obersten Gerichtshof für die Britische Zone in Köln aufgehoben wurde, traf das Landgericht Hamburg im „Fall Harlan“ die endgültige Entscheidung. Am 29. April 1950 wurde Harlan vom Richter Walter Fritz Tyrolf freigesprochen. Das NSDAP-Mitglied Tyrolf arbeitete bereits seit 1940 als Staatsanwalt in Hamburg und beantragte bis 1945 auch bei Diebstählen und der sogenannten „Rassenschande“ die Todesstrafe. Von Tyrolfs (mindestens) 18 Anträgen auf Todesstrafe wurden 15 vollstreckt. In seinem Urteil folgte der Hamburger Staatsanwalt der Version Harlans, es habe sich um einen „Nötigungsnotstand“ gehandelt, Goebbels habe den Regisseur gezwungen, den Film zu drehen. Vor dem Gerichtssaal wurde Harlan nach seinem Freispruch begeistert von Anhängern und Ewiggestrigen gefeiert. Urteile wie dieses ermunterten die sich etablierende rechtsradikale Szene, sodass es Anfang der 1950er-Jahre gleich zu einer Serie von Schändungen jüdischer Friedhöfe in ganz Deutschland kam, nachdem bereits 1947 eine erste Welle zu verzeichnen war. Vorfälle wie diese gehörten zum Alltag von Juden im Nachkriegsdeutschland. Ein Foto vom Dezember 1959 zeigt die restaurierte Synagoge Köln im Stadtteil Neustadt-Süd an der Roonstraße gegenüber dem Rathenauplatz. Zu erkennen sind zwei mit dicker schwarzer Farbe gemalte Hakenkreuze, die in der Nacht vom 24. auf den 25. Dezember geschmiert wurden. Die offizielle Politik, voran Bundeskanzler Konrad Adenauer, für den dies „dumme Jungen Streiche“ waren, reagierte mit Verharmlosung.

Die Methode des Verdrängens, des »Davon haben wir nichts gewusst!«, des Bagatellisierens wie Leugnens stieß Ende der 1950er-Jahre erstmals mit dem „Ulmer Einsatzgruppen-Prozess“ an ihre Grenzen. Von hoher Bedeutung war, dass der Prozess gegen Angehörige der Gestapo, des SD und der Ordnungspolizei vor einem dt. Gericht stattfand und der Urteilsspruch des „Ulmer Schwurgerichts" sich von Rechtskräften nicht einfach als „Siegerjustiz" abtun ließ, wie dies etwa beim Nürnberger Kriegsverbrecherprozess der Fall war. »Deutsche Täter vor deutschen Gerichten!« war auch die Linie des hessischen Staatsanwalts Fritz Bauer (1903–1968), dessen energische wie aufklärerische Arbeit bereits in seiner eigenen Justizbehörde behindert wurde und der sich vielfältigen Angriffen und offener Feindschaft ausgesetzt sah. Der an Naziverbrechen hochgradig beteiligte dt. Juristenstand hielt aufs engste zusammen und behinderte Strafverfolgungen wie potentielle Verurteilungen, wo er nur konnte.

Die Angeklagten des Ulmer Prozesses gehörten dem „SS-Einsatzkommando Tilsit" an, welches in Litauen zwischen Juni und Juli 1941 für die Ermordung von 5502 Menschen verantwortlich war, wobei es sich zumeist um Juden handelte, darunter Kinder, Frauen und Männer sowie einige als Kommunisten geltende Personen. Gestützt auf den sogenannten „Kommissarbefehl" erschoss das Einsatzkommando ebenso 700–800 kriegsgefangene Russen (vgl. BGH, 07.09.1962 - 4 StR 259/62). Sowohl in der Wahrnehmung als auch hinsichtlich der Verfolgung der NS-Verbrechen stellte der „Ulmer Einsatzgruppen-Prozess" ein erstes Anzeichen einer Wende dar, zumal als Resultat des Prozesses die *Zentrale Stelle der Landesjustizverwaltungen zur Aufklärung nationalsozialistischer Verbrechen* in Ludwigsburg gegründet wurde, um weitere Strafverfolgungen zu ermöglichen. Für die Nachkriegsgeschichte und ihren Umgang mit NS-Verbrechen war es charakteristisch, dass die Angeklagten lediglich als „Gehilfen" verurteilt wurden. Gemordet hatten in der Sichtweise des Ulmer Gerichts nur die Haupttäter und diese waren in Gestalt von Hitler, Himmler oder Heydrich tot. Die dt. Gesellschaft wurde von der dt. Justiz in ihrer Verantwortung für ihre verbrecherischen Taten systematisch entlastet. In einem von der Öffentlichkeit aufmerksam registrierten Prozess wurden dennoch erstmals dt. Täter nicht mehr wegen „Nötigungsnotstand" freigesprochen, wie dies noch bei Harlan der Fall war, sondern zu zwischen 3 und 15 Jahren Zuchthaus und Verlust der bürgerlichen Ehrenrechte von 2 bis 10 Jahren verurteilt, auch wenn dies angesichts ihrer Taten nicht nur den Opfern als Hohn erschien. Die dominante Sichtweise, dass aktiv und eigenständig agierende Judenmörder nur Gehilfen gewesen sein sollten, mag heutzutage mehr als Kopfschütteln hervorrufen, zumal diese Ansicht auch in der damaligen Zeit prozesstechnisch gesehen alles andere als zwingend war, gleichwohl sorgte der „Ulmer Einsatzgruppen-Prozess“ dafür, dass die Schlussstrichmentalität allmählich der Einsicht wich, derartige Menschheitsverbrechen dürften nicht ungesühnt bleiben.

4.2 Die 1960er-Jahre bis zur Wiedervereinigung

Anfang der 1960er-Jahre wuchs die Bereitschaft der internationalen wie der dt. Öffentlichkeit, bedingt durch den Eichmann-Prozess in Jerusalem sowie die Auschwitz-Prozesse in Frankfurt a. M., sich mit den Verbrechen des Nazi-Regimes zu beschäftigen. Im Jahr 1960 gelang es dem israelischen Geheimdienst Mossad, den SS-Obersturmbannführer Adolf Eichmann, der als Leiter des zentralen Referats für „Judenangelegenheiten“ im Reichssicherheitshauptamt maßgeblich für die europaweite Vertreibung und Deportation der Juden verantwortlich war, in Argentinien ausfindig zu machen und nach Israel zu entführen, mit dem Ziel, ihm dort den Prozess zu machen. Der Eichmann-Prozess fand zwischen dem 11. April und 15. Dezember 1961 vor einem Jerusalemer Gericht statt, das sich bei der Anklage wegen „Verursachung des Todes von Millionen von Juden durch Vernichtungslager, Einsatzgruppen, Arbeitslager, Konzentrierung und Massendeportation“ auf Akten des Nürnberger Prozesses gegen die Hauptkriegsverbrecher sowie auf über 100 Zeugenaussagen – zumeist Überlebende der Shoah – stützte. Im Gerichtssaal wurden ebenso Zeugenaussagen von Personen verlesen, die nicht anwesend waren, weil sie befürchteten, in Israel selbst verhaftet und unter Anklage gestellt zu werden, darunter Wilhelm Höttl (1915–1999), ein ehemaliger Mitarbeiter des Eichmann-Referats, der bereits beim Nürnberger Prozess über ein Gespräch mit Eichmann ausgesagt hatte:

> »Ich fragte ihn, wie viele das seien, worauf er antwortete, die Zahl sei zwar ein großes Reichsgeheimnis, doch würde er sie mir sagen, da ich auch als Historiker dafür Interesse haben müsste […]. Er habe kurze Zeit zuvor einen Bericht für Himmler gemacht, da dieser die genaue Zahl der getöteten Juden wissen wollte. Er sei auf Grund seiner Informationen dabei zu folgendem Ergebnis gekommen: In den verschie-

> denen Vernichtungslagern seien etwa vier Millionen Juden getötet worden, während weitere zwei Millionen auf andere Weise den Tod fanden, wobei der Großteil davon durch die Einsatzkommandos der Sicherheitspolizei während des Feldzuges gegen Russland durch Erschießen getötet wurde.« (Benz 1991: 1)

Die Anklage wurde vom Generalstaatsanwalt Gideon Hausner erhoben und umfasste außer »Verbrechen gegen das jüdische Volk« ebenso »Verbrechen gegen die Menschlichkeit«, »Kriegsverbrechen« sowie »Mitgliedschaft in einer verbrecherischen Organisation«. Eichmann wurde in zweiter Instanz zum Tode verurteilt und in der Nacht zum 1. Juni 1962 gehängt. Weltweit gesendete Bilder und Tonaufnahmen des Eichmann-Prozesses trugen mit dazu bei, dass der Holocaust zum Gegenstand des öffentlichen Bewusstseins wurde. Als Buchhalter und Organisator der Shoah stellte Eichmann die planmäßige Tötung der europäischen Juden nicht in Abrede, vielmehr schilderte er diese bürokratisch-präzise, wobei er auf die Verteidigungsstrategie setzte, er selber sei kein hochrangiger Nazi gewesen, habe keine einzige Anordnung im eigenen Namen gegeben, sondern stets nur im Auftrag gehandelt. Eichmann leugnete seinen eigenen Anteil am Holocaust, indem er Hunderte seiner persönlich getroffenen Anordnungen als unbedeutend für den Verlauf der Vernichtung erklärte. Die historische Bedeutung des Eichmann-Prozesses bestand darin, dass im Unterschied zum Nürnberger Kriegsverbrecherprozess erstmals die Ermordung der europäischen Juden im Mittelpunkt des Justizgeschehens stand. Während in Nürnberg die Shoah noch als Nazi-Verbrechen unter zahlreichen anderen Untaten des Regimes rangierte, verdeutlichte der Jerusalemer Prozess das ganze Ausmaß des Genozids sowie die bürokratische Planung des industriell betriebenen Massenmords. Die Singularität sowie die europaweite Dimension des Verbrechens wurden in ihrer ganzen Tragweite und Tragödie für das Judentum, für die Opfer wie für die Überlebenden erstmals sichtbar. Bereits im „Ulmer Einsatzgruppen-Prozess“ kam zwar die Ermordung der Juden im Baltikum zur Sprache, nunmehr standen jedoch über zwanzig europäische Länder, deren Juden systematisch ermordet wurden, im Mittelpunkt der Befragung des israelischen Staatsanwalts, der einen der Hauptschuldigen vor sich hatte, der eigeninitiativ gewillt gewesen war, das Planziel der Wannsee-

Konferenz optimal zu erfüllen. Nach dem Eichmann-Prozess war in der Breite der dt. Bevölkerung eine Leugnung des systematischen Massenmords sowie seiner europäischen Dimension nicht mehr möglich, die Verdrängung wich – wenn auch erst allmählich – einer Beschäftigung mit dem Holocaust, die indes von einem Schuldeingeständnis noch weit entfernt war.

Ins Blickfeld der dt. Öffentlichkeit geriet die Shoah erneut zwei Jahre später durch die in Frankfurt a. M. geführten drei Auschwitzprozesse. Im Rahmen des ersten Auschwitzprozesses (1963–1965) besichtigte erstmals eine Delegation eines dt. Gerichts das Konzentrations- und Vernichtungslager in Polen. Am 19. August 1965 verhängte das Gericht insgesamt sechs lebenslange Zuchthausstrafen, zehn Freiheitsstrafen zwischen dreieinhalb und vierzehn Jahren sowie eine zehnjährige Jugendstrafe. Von den zwanzig Angeklagten sprachen die Richter drei aus Mangel an Beweisen frei. Robert Mulka, der Adjutant des Lagerkommandanten von Auschwitz, erhielt 14 Jahre Zuchthaus wegen „gemeinschaftlicher Beihilfe zum gemeinschaftlichen Mord".

Die beginnende Vergangenheitsaufarbeitung nutzte die im Jahr 1964 gegründete NPD zur antisemitischen Propaganda, deren Kern die Holocaustleugnung („Auschwitzlüge") bildete, die in den 1970er-Jahren auch von der Deutschen National-Zeitung verbreitet wurde. Wie sehr die Bereitschaft zur Aufarbeitung der Nazivergangenheit auch in Teilen der dt. Gesellschaft auf Widerstand stieß, verdeutlichte die Demutsgeste des sozialdemokratischen Bundeskanzlers Willy Brandt am 7. Dezember 1970 vor dem Denkmal für die Opfer des Aufstands im Warschauer Ghetto. Der „Kniefall Brandts" am Ghetto-Mahnmal wurde in Deutschland vielerorts mit den Sätzen »Musste das sein?« und »War das nötig, so weit zu gehen?« quittiert. Zwar war der Anteil der Holocaust-Leugner in der dt. Bevölkerung gesunken, doch dies bedeutete noch immer kein Schuldeingeständnis oder Verständnis für den Akt der Empathie Brandts.

Ende der 1960er/Anfang der 1970er-Jahre waren München und Berlin Schauplatz eines für die Nachkriegsordnung vergleichsweise neuen Phänomens, des antisemitischen Terrors nichtstaatlicher Akteure. Am 13. Februar 1970 ereignete sich ein Brandanschlag auf das wegen der Sabbatfeier gut besuchte Gebäude der Israelitischen Kultusgemeinde München. Das im Treppenhaus des Gebäudes mit Benzin gelegte Feuer breitete sich rasch aus.

Sieben jüdische Bewohner des Hauses, fünf Männer und zwei Frauen, wurden getötet, darunter auch zwei Überlebende des Holocausts. Zwar gilt der Anschlag bis heute als unaufgeklärt, vieles weist indes auf linksterroristische Kräfte hin. Der damalige Vorsitzende der Jüdischen Gemeinde in Berlin, Heinz Galinski, sah bereits nach dem Attentat deutliche Parallelen zum Bombenanschlag auf das Jüdische Gemeindehaus in West-Berlin am 9. November 1969, wofür die Gruppe „Tupamaros West-Berlin" die Verantwortung trug. Am bewusst ausgewählten Jahrestag des Novemberpogroms 1938 platzierten die Linksmilitanten eine Bombe mit einem Zeitzünder im Jüdischen Gemeindehaus, in dem sich 250 Personen wegen der Gedenkveranstaltung befanden, darunter neben Galinski auch der damalige Regierende Bürgermeister von Berlin Klaus Schütz. Obwohl der Zeitzünder bereits ausgelöst war, explodierte die Bombe wegen einer veralteten Zündkapsel nicht. Laut Experten hätte ihre Sprengkraft ausgereicht, um das Gebäude zu zerstören. Eine Anklage wurde nicht erhoben, obwohl die Täter im Unterschied zum Münchner Fall der Staatsanwaltschaft bekannt waren. Der über linksterroristische Gruppierungen arbeitende Politikwissenschaftler Wolfgang Kraushaar konnte nachweisen, dass die Bombe den „Tupamaros West-Berlin" von einem V-Mann des Berliner Verfassungsschutzes geliefert wurde. In seiner Studie *Wann endlich beginnt bei Euch der Kampf gegen die heilige Kuh Israel?* sieht Kraushaar die Verbindungslinien zum Münchner Anschlag, wie dies bereits Galinski im Jahr 1970 formulierte, als erhärtet an.

Die Attentate in München und Berlin sind als ein sich radikalisierender Antisemitismus von relevanten Teilen der sich bereits in Auflösung begriffenen 68er Bewegung zu deuten. Neben der Tat tritt der Antisemitismus in der ideologischen Begründung des Berliner Anschlags offen zu Tage. In der linksradikalen Zeitschrift *883* ließ Dieter Kunzelmann (1939–2018), der Gründer der „Tupamaros West-Berlin", in einem „Brief aus Amman" verlauten:

> »Palästina ist für die BRD und Europa das, was für die Amis Vietnam ist. Die Linken haben das noch nicht begriffen. Warum? Der Judenknax. ›Wir haben 6 Millionen Juden vergast. Die Juden heißen heute Israelis. Wer den Faschismus bekämpft ist für Israel.‹ So einfach ist das, und doch stimmt es hinten und vorne nicht. Wenn wir endlich gelernt haben, die faschistische Ideologie ›Zionismus‹ zu begreifen, werden wir nicht mehr zögern, unseren simplen Philosemitismus zu

ersetzen durch eindeutige Solidarität mit AL FATAH, die im Nahen Osten den Kampf gegen das Dritte Reich von gestern und Heute und seine Folgen aufgenommen hat. Was heißt Solidarität? Unseren Kampf aufnehmen.« (Dieter Kunzelmann: Brief aus Amman, in: agit 883 Nr. 42, 27.11.1969)

Der „Brief aus Amman" illustriert die Verschränkung von sekundärem Antisemitismus als Schuldabwehr-Antisemitismus mit der sogenannten Israel-Kritik sowie dem Antizionismus. Historische Verantwortungsübernahme für die Shoah – und das zu einem Zeitpunkt, als in Deutschland noch geschwiegen und geleugnet wurde, die Mörder auf angesehenen Posten saßen oder für ihre Taten bereits staatliche Pensionen kassierten – wird als „Judenknax" diffamiert. Die faschistische bzw. nationalsozialistische Ideologie, die ein relevantes Movens des Völkermords darstellte, setzt Kunzelmann mit einer jüdischen Nationalbewegung gleich, die zum Zeitpunkt des Massenmords eine der wenigen organisierten Kräfte war, die das Überleben von Juden und Jüdinnen sichern half. Israel wird sodann mit Nazideutschland gleichgesetzt und der terroristische Kampf, der Israel das Existenz- und Verteidigungsrecht abspricht, gar zum antifaschistischen Widerstand umgemünzt. Kunzelmann war alles andere als ein Einzelfall, vielmehr machte sich 1969 der Antizionismus in Teilen der Linken breit, wovon die Kampagne gegen den israelischen Botschafter Asher Ben-Nathan zeugt, der bereits ein halbes Jahr vor dem Berliner Attentatsversuch am 9. Juni 1969 an der Universität Frankfurt von linksradikalen Studierenden mit den Rufen »Ha, ha, ha – Al Fatah ist da« sowie »Zionisten raus aus Deutschland« empfangen wurde. Nachdem bereits in Frankfurt das Mikrofonkabel zerschnitten wurde, erklärte zwei Tage später der ASTA der Uni Hamburg: »Der Herrenmensch Ascher Ben-Natan wird in Hamburg nicht reden«. Der neudeutsche Antizionismus wurde von nun an zu einer antisemitischen Obsession linksradikaler Kräfte.

Das Jahr 1970 stellt sich laut Kraushaar als »die opferreichste Terrorwelle in Mitteleuropa seit dem Zweiten Weltkrieg« dar, deren Ziel Israelis und Juden waren. Neben dem Anschlag auf das Gebäude der Israelitischen Kultusgemeinde in München handelte es sich um drei weitere terroristische Aktionen, eine Flugzeugentführung auf dem Münchner Flughafen Riem, die scheiterte, sowie zwei Paketbombenattentate auf Verkehrsflugzeuge. Während eine der beiden Maschinen notlanden konnte, stürzte die andere Maschine ab, wobei alle 38 Passagiere und 9 Mitglieder der Crew ums Leben kamen. Die Terrorwelle im Februar 1970, die von München aus organisiert wurde, kostete insgesamt 55 Menschen das Leben.

Die Münchner Terroranschläge im Februar 1970 hätten die Sicherheitsbehörden aufschrecken lassen müssen. Aus der heutigen Sichtweise bleibt es unverständlich, wie es zum Münchner Olympia-Attentat vom 5. September 1972 kommen konnte, bei dem Terroristen der palästinensischen Terrororganisation *Schwarzer September* am Morgen des 5. September elf israelische Sportler im weitgehend unbewachten Olympischen Dorf als Geiseln nehmen konnten. Bereits im Verlauf der Aktion wurden zwei Geiseln erschossen bzw. starben an ihren Verletzungen. Der Versuch, die zum Militärflugplatz in Fürstenfeldbruck gebrachten Geiseln zu befreien, endete mit einem Fiasko und kostete sämtlichen israelischen Geiseln das Leben, sodass insgesamt elf israelische Sportler ermordet wurden.

Im Jahr 1978 wuchs in Deutschland nach der Ausstrahlung der vierteiligen US-amerikanischen Serie *Holocaust* zwar die Ächtungsbereitschaft des Antisemitismus, doch im gleichen Atemzug nahmen in der sich diesbezüglich polarisierenden Gesellschaft diejenigen Vorfälle zu, die darauf verwiesen, dass ein relevanter Teil die Bereitschaft zum Schuldeingeständnis nicht mitzutragen gedachte. In den 1980er-Jahren stieg zwar der Bevölkerungsanteil, der die Frage »Würden Sie sagen, es ist [wäre] für Deutschland besser, keine Juden im Land zu haben?« des Instituts für Demoskopie Allensbach mit »Nein« beantwortete, von 43 % (1983) auf 67 % (1987), gleichzeitig reihte sich indes ein antisemitischer Vorfall an den anderen. Im Mai 1985 war dies die Bitburg-Affäre, im Herbst 1985 der Skandal um die Inszenierung des Theaterstücks *Der Müll, die Stadt und der Tod* von Rainer Werner Fassbinder, zwei Jahre darauf im Jahr 1987 der dt. Historikerstreit und im Jahr 1988 die missglückte Rede des Bundestagspräsidenten Philipp Jenninger zum 50. Jahrestag der Reichspogromnacht im Deutschen Bundestag.

Bereits vier Jahre vor dem Fall der Mauer signalisierte Bitburg das Bestreben der Regierung Kohl die „Vergangenheit zu entsorgen“ und zur vermeintlichen „Normalität“ zurückzukehren. Anlass der Affäre war der Besuch des US-amerikanischen Präsidenten Ronald Reagan in Deutschland. Anlässlich des 40. Jahrestags der bedingungslosen Kapitulation der Wehrmacht am 8. Mai 1945 wünschte die Bundesregierung eine „Versöhnungsgeste". Reagan und Kohl sollten gemeinsam den Soldatenfriedhof in Bitburg in der Eifel besuchen, wo sowohl Wehrmachtssoldaten als auch Angehörige der Waffen-SS bestattet sind. In der Wochenzeitung *Die Zeit* kritisierte der Philosoph Jürgen Habermas den Bitburg-Besuch mit den Worten:

> »Wie einstmals Richthofen und seine Kameraden [über den Gräbern von Verdun, d. Verf.], sollten sich auch jetzt ritterliche Kriegsgegner gegenseitig Achtung bezeugen, um der Gegenwart die Aura einer zum Schein regulierten Vergangenheit zu verleihen. Natürlich passte zu diesem Konzept das Konzentrationslager Dachau nicht - als KZ nicht, und erst recht nicht als ein KZ, das sich sofort mit Kommunisten und Sozialdemokraten gefüllt hatte. Übriggeblieben von diesem Plan ist schließlich der deutsch-amerikanische Händedruck der Veteranengeneräle neben den SS-Gräbern von Bitburg.« (Jürgen Habermas: Die Entsorgung der Vergangenheit, Die Zeit vom 17. Mai 1985)

Der Zweite Weltkrieg war ein verbrecherischer Krieg gewesen und die Wehrmacht eine verbrecherische Organisation, die sich aktiv am Holocaust beteiligte. Die Wehrmachtsführung erließ unzählige verbrecherische Befehle wie den Kommissarbefehl vom 6. Juni 1941, der es gestattete, gefangene sowjetische Parteifunktionäre zu erschießen, sowie den sogenannten Sühnebefehl vom 16. September 1941, der vorsah, dass für jeden aus dem Hinterhalt getöteten Wehrmachtssoldaten 50 bis 100 Zivilisten zu töten seien. Die Geschichtsklitterung der Bitburg-Affäre kommt darin zum Ausdruck, dass der Besuch des Friedhofs auch wenn es dort keine SS-Gräber gegeben hätte, bereits ein Skandal war, insofern eine verbrecherische Organisation wie die dt. Wehrmacht von ihrer Schuld entlastet und als „ritterlicher Kriegsgegner" präsentiert werden sollte. Bitburg war Teil der geistig-moralischen Wende, die der promovierte Historiker Kohl der Politik verordnete, um den Deutschen in nationalistischer Weise ihr „nationales Selbstwertgefühl" zurückzugeben. Bitburg stellte den Auftakt für den kurze Zeit darauf entbrennenden Historikerstreit ebenso wie für die Diskussion um die „Wehrmachtsausstellung" in den 1990er-Jahren dar und offenbarte, dass die Mehrheit der Bevölkerung wie das konservative Regierungslager gewillt war zu verdrängen und die Verbrechen der Wehrmacht zu leugnen. Der Wunsch, auf der

Suche nach „nationaler Identität" einen „Schlussstrich", eine Wende in Richtung vermeintlicher „Normalität" zu vollziehen, wurde zunehmend lauter.

In Gestalt der Mär von der „sauberen Armee", vom „sauberen dt. Frontsoldaten", die der FDP-Bundestagsabgeordnete Erich Mende (1916–1998) in unzähligen Bundestagsreden bereits seit den 1950ern stets aufs Neue präsentiert hatte, offenbarte sich in Teilen der Bevölkerung der Wille nach „Entlastung", die Ablehnung einer historischen Aufarbeitung der Wehrmachtsverbrechen sowie die Abwehr des Eingeständnisses kollektiver wie individueller Schuld. In einem Gespräch mit Günter Gauss, das am 24. Juni 1964 gesendet wurde, sagte Mende Bezug nehmend auf den damaligen Besuch des türkischen Staatspräsidenten in Bonn:

> »Und da habe ich auf Wunsch von Theodor Heuss das Ritterkreuz erstmalig bei diesem Staatsempfang in Schloss Brühl angelegt; wenn Sie wollen, als Bekenntnis zur Bundeswehr, als Bekenntnis zu einer soldatischen Tugend, die ja nicht erst seit 1939 existent ist, und nicht nur beim deutschen Volk. Schließlich ist das Eiserne Kreuz eine Tapferkeitsauszeichnung aus dem Jahr 1812/13, und Tapferkeit ist in allen Armeen der Welt eine selbstverständliche Tugend, wenn sie mit reinen Händen, an den Gesetzen des Völkerrechts festhaltend, erbracht wurde.« (Günther Gauss im Gespräch mit Erich Mende, ARD-Sendung vom 24.06.1964)

Der Major der dt. Wehrmacht Mende, dem das Ritterkreuz des Eisernen Kreuzes im Jahr 1944 verliehen wurde, trug die Auszeichnung als einer der ersten wieder öffentlich und mit Stolz. Die erbitterten Auseinandersetzungen um die Wehrmachtsausstellung belegen, dass Mendes Aktivitäten und die seiner Mitstreiter durchaus nachhaltige Effekte erzielten.

Wie stark latenter wie offener Antisemitismus in den 1980er-Jahren in der dt. Kulturszene verankert war, offenbarte der Skandal um die Frankfurter Inszenierung des Theaterstücks *Der Müll, die Stadt und der Tod* von Rainer Werner Fassbinder (1945–1982), der zum Zeitpunkt der geplanten Aufführung bereits drei Jahre tot war. Auch aus der heutigen Perspektive ist die Debatte ein Lehrstück, insofern der bis heute andauernde Streit das Unverständnis des Terminus wie des Sachverhalts „Antisemitismus" offenbart sowie die damit einhergehende Ansicht, Antisemitismus liege nur und erst dann vor, wenn Juden als „Rasse" ausgegrenzt und getötet würden.

Bei Fassbinders Stück handelt es sich eindeutig um ein Werk des literarischen Antisemitismus. In dystopischer Atmosphäre schildert das Stück eine verkommene Metropole, die von einem „jüdischen Immobilienspekulanten" beherrscht wird, der korrupte Lokalpolitiker sowie einen bestechlichen Polizeipräsidenten schmiert. „Der Jude", der im Stück sowie bei der Angabe der Charakterrollen stets nur „der Jude" genannt wird, hält sämtliche Fäden der marodierenden Stadt in der Hand und ist einzig und allein an Geld, Gewinn und Profit interessiert. Fassbinder setzt die judenfeindlichen Stereotype vom gierig-schmierigen, reichen Juden, der sich im Geist antisemitischer Sexualisierung bei einer Prostituierten ausheult und mit seiner grenzenlosen Habgier die Welt zerstört, nicht in einer den Rassismus enthüllenden, sondern den Antisemitismus reproduzierenden Weise in Szene. Verschärfend kommt hinzu, dass der Autor auf eine jüdische Persönlichkeit anspielte, wobei es für die Einschätzung des Tatbestands unerheblich ist, ob Fassbinder den Frankfurter Kaufmann Ignatz Bubis (1927–1999) persönlich kannte oder nicht. Die Debatte um das Stück begann bereits vor der Inszenierung, zumal es schon 1976 gedruckt erschienen war. Der Streit um Fassbinders Stück ist bis heute ein Streit darüber, ob der Sachverhalt akzeptiert wird, dass Antisemitismus bereits dann vorliegt, wenn Rassifizierungstechniken zum Einsatz gelangen, die Juden als Juden markieren („der Jude"), mit generalisierenden Eigenschaften konnotieren („geldgeil", „sexsüchtig") und wenn unerfüllte eigene Wünsche (Reichtum, Geld, Macht) auf eine soziale Minderheit projiziert werden, die als nicht zugehörig bzw. gar als schädlich konstruiert wird. Nahezu mühelos erfüllt Fassbinders Stück diese Kriterien, sodass es zu denken gibt, warum der antisemitische Charakter des Werks bis heute bestritten wird. »Die Stadt schützt mich, das muss sie. Zudem bin ich Jude«, sagt „der Jude" alias Bubis in Fassbinders Schauspiel. Es ist die antisemitische Legende vom Juden, der Profit aus dem Holocaust schlägt, die hier verbalisiert wird, zumal es kein antisemitischer Charakter des Stücks ist, der dies über einen Juden sagt, sondern „der Jude" im Stück selbst.

Als sich der hessische Schriftsteller Gerhard Zwerenz in einem in der *Zeit* am 9. April 1976 abgedruckten Artikel zu Wort meldete, wurde die Debatte um Fassbinders Theaterstück zu einem Lehrstück in Sachen „linker Antisemitismus". Fassbinder hatte zuvor in seinem Werk Motive des 1973 erschienenen Romans *Die Erde ist unbewohnbar wie der Mond* von Zwerenz verarbeitet. Der *Zeit*-Artikel von Zwerenz bedient gleichfalls antisemitische Narrative wie die Markierung und folgt der Methode, die schon der Journalist Otto Glagau in seiner Artikelserie in der *Gartenlaube zum Börsen- und Gründungs-Schwindel in Deutschland* 1874 benutzte, nämlich die suggestive Unterstellung eines Zusammenhangs zwischen dem „Jüdischsein" und der Wirtschaftsspekulation, wenn es heißt:

> »In Frankfurt trieb die Bauspekulation ihre giftigen Blüten. Wer das kritisiert und den jüdischen oder israelischen Anteil daran unerwähnt ließe, machte sich unglaubwürdig. [...] Wenn von zehn wichtigen Maklern in Frankfurt acht jüdischer Herkunft sind, kann ich nicht nur über einen Perser schreiben, den es auch gibt. Der kritische Realismus ist unschuldig an seinen Gegenständen, ebenso wie die jüngeren Generationen der Deutschen unschuldig am Dritten Reich sind.« (Gerhard Zwerenz: Linker Antisemitismus ist unmöglich, Die Zeit vom 9. April 1976)

Auffallend sind die rassifizierenden Markierungen („jüdischer Herkunft", „israelisch", „Perser") wie das Nichtbegreifen einer spezifischen Verantwortung der Nachgeborenen, insofern Zwerenz eine moralische Verpflichtung durch die von ihm selbst vorgenommene Gleichsetzung mit juristischer Schuld bzw. Täterschaft negiert. Überdeutlich werden Elemente des sekundären Antisemitismus, dessen Vorhandensein nicht voraussetzt, dass der Akteur die Zeit des Nationalsozialismus selbst erlebt hat. Zwerenz streitet in seinem Artikel gar die Möglichkeit der Existenz eines linken Antisemitismus per se ab, wenn es heißt:

> »Ein ›linker Antisemitismus‹ ist unmöglich. Linke Kritik kann nicht rassistisch, biologistisch, nationalistisch argumentieren. [...] Für Rationalisten gibt es keine Judenfrage als Rassenproblem.« (Gerhard Zwerenz: Linker Antisemitismus ist unmöglich, Die Zeit vom 9. April 1976)

Deutlich wird an dieser Stelle abermals die Relevanz einer durchgehenden Verwendung des Terminus „Antisemitismus" für jegliche Formen und Varianten der Judenfeindschaft. Die Begrenzung des Antisemitismus auf den Rassenantisemitismus bzw. auf den biologistischen Antisemitismus läuft stets wie hier bei Zwerenz auf Verharmlosung oder auf in Abrede Stellen des Tatbestands hinaus. Auffallend ist die Parallele zur Reinwaschung Martin Luthers. Während Luther kein Antisemit gewesen sein könne, da es Rassenlehren zu seiner Zeit noch gar nicht gegeben habe, er also „nur" Antijudaist sei, kann laut Zwerenz ein Linker erst gar kein Antisemit sein, da dieser als „Rationalist" die Rassentheorie ablehne. Die Entlastungsfunktion wird daran ersichtlich, dass Zwerenz die sich folgerichtig anschließende Frage, ob es dann aber linke Judenfeindschaft gebe und Fassbinders Stück als literarisches Dokument „linker Judenfeindschaft" zu gelten habe, erst gar nicht stellt. Die enge Fassung des Antisemitismusbegriffs funktioniert folglich als Vehikel der Leugnung des Tatbestands sowohl bei Luther in der „Luther-Dekade", in unzähligen Luther-Biographien wie bei Fassbinder. Zwerenz entlastet nicht nur Fassbinder, sondern stellt gleich allen Linken einen Freibrief aus, nicht antisemitisch sein zu können.

Antisemitismus existierte in der Mitte des 20. Jh.s keineswegs nur in einem der beiden dt. Staaten, sondern ebenso in der DDR. Juden galten in der DDR als „Opfer des Faschismus". Derartig verfehlte und verschleiernde Subsumtionen existierten in Westdeutschland in Gestalt des „Volkstrauertags". Was die DDR in negativer Hinsicht unterschied war die fehlende Bereitschaft, Juden zu „entschädigen". Gewiss wurden unzählige „Entschädigungen" auch in Westdeutschland verweigert, diesbezügliche Verfahren verschleppt oder gar mit abstrusen Begründungen, welche die Opfer verhöhnten, ablehnend beschieden, in der DDR gab es jedoch erst gar kein staatliches Entschädigungsgesetz. „Arisierte Unternehmen" gingen nahtlos in volkseigene Betriebe (VEB) über. In der kommunistischen Geschichtsschreibung war der Holocaust nur eines unter vielen Nazi-Verbrechen, gebührte den Kommunisten das Privileg, die wichtigste Opfergruppe der Barbarei zu sein.

In der Endphase des Stalinismus verschärfte sich auch in der DDR der Antisemitismus als 1952 in Prag gegen Mitglieder der Kommunistischen Partei der Tschechoslowakei (KSČ) der sogenannte Slansky-Prozess geführt wurde. Antisemitismus wie Antizionismus dominierten von Anfang an den Prozess. Symptomatisch war, dass auch die Staatsanwaltschaft explizit darauf verwies, dass von den 14 Angeklagten elf Personen „jüdischer Herkunft" seien. Auf diese Weise wurde eine „jüdische Verschwörung" innerhalb der KSČ suggeriert, was mit vergleichbaren Entwicklungen in der Sowjetunion korrespondierte. Im Januar 1953 erschien in der *Prawda* ein Artikel, der jüdische Ärzte bezichtigte, an einer Verschwörung beteiligt zu sein. Die Mediziner und Medizinerinnen, darunter auch die Moskauer Ärztin Maria Weizmann, die Schwester des ersten israelischen Staatspräsidenten Chaim Weizmann (1874–1952), sollten einer international agierenden jüdisch-zionistischen Organisation angehören, welche die Ermordung Stalins durch Verabreichung von Gift beabsichtigt hätte. Narrative wie das vom Juden als „Giftmischer", vom jüdischen Arzt, der den Goi wie etwa in Luthers Tischreden vergiften wolle, sowie antisemitische Verschwörungstheorien tauchten im stalinistischen Gewand in einer Zeit wieder auf, als die Sowjetunion den außenpolitischen Bruch mit Israel vollzog. Die judenfeindliche Propaganda steigerte sich von Tag zu Tag, Verhaftungen folgten auf Verhaftungen. Nur durch den Tod Stalins am 5. März 1953 unterblieb eine neue Schauprozesswelle bzw. die Hinrichtung oder Deportation zahlloser Juden in den GULAG.

Auch der Kniefall Brandts in Warschau im Jahr 1970 offenbarte den Antisemitismus in sozialistischen Ländern. Während Brandts Geste in der westlichen Presse stark beachtet wurde, galt dies für die polnische Presse nicht. Den diesbezüglichen Hintergrund bildete die antisemitische Stimmung zwei Jahre zuvor im Kontext der März-Unruhen 1968 in Polen. Die antisemitische Kampagne, bei der davon die Rede war, es existiere in Polen eine „zionistische fünfte Kolonne", führte zu Massenentlassungen von Juden aus dem Staatsapparat wie aus Betrieben und bewirkte in den Jahren zwischen 1968 und 1971 eine fluchtartige Auswanderung Tausender polnischer Juden.

In Deutschland verdeutlichte der Historikerstreit, den der FAZ-Artikel Ernst Noltes vom 6. Juni 1986 mit dem Titel *Vergangenheit, die nicht vergehen will* auslöste, das Erstarken geschichtsrevisionistischer Kräfte, die auf eine Relativierung der Shoah sowohl bezüglich ihrer Singularität als auch hinsichtlich ihrer Rolle und Relevanz für das Selbstverständnis und Geschichtsbewusstsein Deutschlands drängten. Bereits der Historikerstreit offenbarte, dass in einem wiedervereinigten Deutschland die Rolle des Holocausts als identitätsstiftendes Geschichtsbild umkämpft bleiben würde.

4.3 Die Auswirkungen des Jahres 1989

Der Zusammenbruch der DDR sowie des sozialistischen Staatensystems insgesamt führte sowohl im wiedervereinigten Deutschland als auch in den sich neu etablierenden Nationalstaaten Osteuropas zu neuen Rahmenbedingungen des Antisemitismus. Anfang der 1990er-Jahre zeigten sich antisemitische Tendenzen in Deutschland vor allem an Versuchen, den Holocaust zu relativieren sowie eine diesbezügliche moralische Verpflichtung Deutschlands zu negieren. Symptomatisch hierfür waren Äußerungen des CDU-Politikers Steffen Heitmann, der sich in einem Interview in der *Süddeutschen Zeitung* am 18. September 1993 wie folgt äußerte:

> »Die deutsche Nachkriegssonderrolle war ja in gewisser Weise eine Fortsetzung der angemaßten Sonderrolle der NS-Zeit. Das ist zu Ende. […] Ich glaube, dass der organisierte Tod von Millionen Juden in Gaskammern tatsächlich einmalig ist - so wie es viele historisch einmalige Vorgänge gibt. Wiederholungen gibt es in der Geschichte ohnehin nicht. Ich glaube aber nicht, dass daraus eine Sonderrolle Deutschlands abzuleiten ist bis ans Ende der Geschichte. Es ist der Zeitpunkt gekommen - die Nachkriegszeit ist mit der deutschen Einheit endgültig zu Ende gegangen - dieses Ereignis einzuordnen.« (Steffen Heitmann im Interview mit Heribert Prantl, SZ vom 1. September 1993)

Einerseits kamen revisionistische Relativierungsversuche nunmehr aus der Mitte der Gesellschaft – zumal Heitmann der Wunschkandidat Kohls für die Bundespräsidentenwahl war – andererseits zeigte der Rückzug seiner Kandidatur, dass die nach der Wiedervereinigung sich häufenden antisemitischen Tabubrüche mit starken Gegenreaktionen zu rechnen hatten. Die Polarisierung der dt. Gesellschaft zeigte sich auch bei den darauffolgenden Ereignissen bzw. Debatten wie etwa um Daniel Goldhagens Buch *Hitlers willige Vollstrecker* (1996), der Walser-Bubis-Debatte (1998) sowie der Auseinandersetzung um die erste Wehrmachtsausstellung (1995–1998). Der Antisemitismus blieb auch im neuen Jahrtausend in Deutschland weiter auf der Tagesordnung, diesbezügliche Skandale folgten nunmehr dichter aufeinander, beginnend mit antisemitischen Tönen und Reaktionen anlässlich der Zwangsarbeiterentschädigungen (2000), Norman Finkelsteins

Buch *Die Holocaust-Industrie* (2001), das die Legende vom Juden vermarktete, der an der Shoah verdient, Walsers Roman *Tod eines Kritikers* (2002), in dem dieser mittels tradierter judenfeindlicher Stereotype den Literaturkritiker Marcel Reich-Ranicki in übelster Weise angriff, die Möllemann-Affäre um dessen Wahlkampfflugblatt (2002), die Affäre um den CDU-Bundestagsabgeordneten Martin Hohmann (2003), der die Juden als „Tätervolk" während der Oktoberrevolution und des Stalinismus bezeichnete und sich bei seinen Ausführungen auf *Der internationale Jude* von Henry Ford berief.

Die dt. Wiedervereinigung war der Auslöser für Tabubrüche neuer Qualität, die sich nahezu alle um den Holocaust, um die Frage nach der dt. Verantwortung sowie der Relevanz der Shoah für das nationale Selbstverständnis eines vereinigten Deutschlands drehten. Die antisemitischen Vorkommnisse belegen den in der Mitte der Gesellschaft noch immer tief verankerten „Schuldabwehrkomplex", der sich in den genannten Affären durch das wiederkehrende Motiv der Täter-Opfer-Umkehr offenbarte, das sich auch bei Teilen der Linken in zahllosen Kommentaren bzw. Stellungnahmen zu Israel (sogenannte „Israel-Kritik") auffinden lässt. Der tiefenpsychologische Wunsch, nicht zum „Volk der Täter" zu gehören eint in dieser Hinsicht höchst unterschiedliche Lager.

Der Zusammenbruch des sozialistischen Staatensystems verstärkte den Antisemitismus ebenso in zahlreichen osteuropäischen Ländern und führte zu steigender Auswanderungsaktivität nach Israel und in die USA sowie von russischen Juden nach Deutschland. Ein starkes Wiederaufleben antisemitischer Tendenzen ist in nahezu allen osteuropäischen Staaten festzustellen, die EU und NATO beitraten. Adäquate Reaktionen blieben seitens offizieller Institutionen und Einrichtungen der EU aus. Zu einem Eklat kam es, als im Jahr 2004 die lettische Außenministerin Sandra Kalniete zur Eröffnung der Leipziger Buchmesse ausführte, dass Nationalsozialismus und Kommunismus gleich kriminell gewesen seien. Der einzige, der darauf reagierte, als Kalniete sagte »Es darf niemals eine Unterscheidung zwischen ihnen geben, nur weil eine Seite auf der Seite der Sieger gestanden hat«, war Salomon Korn, der Vize des Zentralrats der Juden, der aus Protest den Saal verließ. Das Herunterspielen der Beteiligung von Letten am Holocaust ist seit dem EU-Beitritt auf diese Weise zu einem gesamteuropäischen Problem geworden. Kalniete repräsentiert einen „osteuropäischen Prototyp", der das eigene unstrittige Leiden unter der kommunistischen Herrschaft instrumentalisiert, um die Beteiligung politischer Kräfte oder von Teilen der eigenen Bevölkerung am Holocaust zu relativieren bzw. klein zu reden oder um gar zu äußern, man würde sich wegen einer Handvoll krimineller Kollaborateure nicht „in Sippenhaft nehmen lassen". Relativierung, Verdrängung bis hin zur Leugnung von Mittäterschaft beim Holocaust ist indes alles andere als ein Problem, das nur in Lettland existiert.

Der Zusammenbruch des Kommunismus und die Rekonfiguration osteuropäischer Nationalstaaten führten zu einer Rückbesinnung auf Nationalhistorien, die ihrerseits alles andere als frei von Antisemitismus sind. In etlichen Ländern kürte man nach 1989 Nationalhelden, die aktiv am Schüren von Judenhass oder gar an Kollaboration und Mord beteiligt waren. In Ungarn verdeutlicht dies ein in Budapest jüngst aufgestelltes Denkmal, dessen Errichtung heftige Proteste vorausgingen, von denen sich Ungarns rechtsnationale Regierung unter Victor Orbán indes nicht beirren ließ. Das Budapester Denkmalensemble zeigt einen Adler – der für das Deutsche Reich steht – und der einen das friedliche Ungarn symbolisierenden Erzengel Gabriel angreift. Wie die Rede Kalnietes, so blendet auch das Denkmal die Mitverantwortung Ungarns an der Shoah aus. Negiert wird auf diese Weise, dass der ungarische „Reichsverweser" Miklós Horthy (1868–1957) ein Verbündeter Nazideutschlands war und sich die ungarische Armee am Angriff der dt. Wehrmacht sowohl auf die Sowjetunion als auch auf Jugoslawien beteiligte. Unter Horthys Regentschaft verschärfte sich die Judenfeindschaft wie der politische Antisemitismus in Gestalt einer ganzen Serie staatlicher Gesetze. Bereits 1920 wurde ein Numerus Clausus speziell für jüdische Studierende eingeführt, um diesen den Zugang sowohl zu akademischen Abschlüssen als auch zum späteren Staatsdienst zu erschweren. Ende der 1930er-Jahre folgten Gesetze, die eindeutige Parallelen zu den „Nürnberger Gesetzen" aufwiesen. Bereits vor dem Einmarsch der dt. Wehrmacht am 19. März 1944, den das umstrittene Denkmal symbolisieren soll, war die ungarische Regierung mitbeteiligt an der Judenpolitik des dt. Nationalsozialismus. Im Jahr 1940 ging Ungarn dazu über, Juden in den ungarisch besetzten Gebieten zu vertreiben und dadurch dem dt. Zugriff auszuliefern. Juden aus der Südslowakei wie aus Siebenbürgen fanden so den Tod in dt. Vernichtungslagern des Ostens. Kritiker des Denkmals wiesen darauf hin, dass die unmittelbar nach dem Einmarsch der Wehrmacht stattfindenden Massendeportationen vom 15. Mai bis zum 9. Juli 1944 in ihrem Ausmaß ohne die Unterstützung ungarischer Kräfte wie des Beamtenapparats und der Polizei gar nicht möglich gewesen wären. Von den ungarischen Juden wurden 550 000 bis 564 000 Opfer der Shoah. Das Denkmal vom unschuldigen, überfallenen Ungarn vertuscht ebenso, dass die Pfeilkreuzler noch 1944/1945 Tausende Juden ermordeten, woran in Budapest das Mahnmal „Schuhe am Donauufer" an derjenigen Stelle erinnert, wo die ungarischen Faschisten Juden zusammentrieben und erschossen, erschlugen oder ertränkten und in die Donau stießen.

Die Problematik der identitätsbildenden Rückbesinnung vieler postkommunistischer Länder auf ihre nationalen Traditionen der Zwischenkriegszeit verdeutlicht ebenso der Fall des von der Fidesz zu neuen Ehren erhobenen Iván Héjjas (1890–1950). Héjjas gründete nach dem Ersten Weltkrieg eine Freischärler-Miliz und befehligte in der revolutionären Nachkriegskrise Erschießungen von Juden und Kommunisten. Im Jahr 1947 wurde Héjjas hierfür zum Tode verurteilt, hatte sich jedoch längst nach Franco-Spanien abgesetzt und starb dort im Jahr 1950. Seit langem fordert die ungarische Rechte seine „Rehabilitierung". Diverse Fidesz-Politiker üben sich diesbezüglich im Schulterschluss, was auch hinsichtlich des Kultes um den Reichsverweser Horthy gilt, der neuen Leitfigur des postkommunistischen Ungarns. In Rumänien wiederum gilt dies für die Gestalt von Ion Antonescu, gleichfalls ein unmittelbarer Verbündeter der Achsenmächte und Diktator des Königreichs Rumänien von 1940 bis 1944. Unter seiner Regierung fanden zwischen 280 000 und 380 000 rumänischer wie ukrainischer Juden den Tod in Konzentrationslagern oder durch Massenerschießungen, Pogrome und Massaker. In der Slowakei ist es Jozef Tiso, der in jüngster Zeit von nationalkonservativen wie katholischen Kräften heldisch verehrt wird und der als slowakischer Staatspräsident ebenfalls tief in den Holocaust verstrickt war.

4.4 *Aktuelle Trends und Ereignisse*

Der Aufwärtstrend rechtspopulistischer wie völkisch-nationalistischer Strömungen und Parteien sowie deren europaweite Vernetzung ist im 21. Jh. unübersehbar. Deutschland, Österreich, Polen, Ungarn, Frankreich, Italien aber auch die skandinavischen Länder u. a. verzeichnen einen Bedeutungsanstieg rechtspopulistischer Kräfte, die nicht davor zurückschrecken, die „antisemitische Karte" zu spielen. In Ungarn ist es Ministerpräsident Viktor Orbán, der offen antisemitisch zündelt. In verschwörungstheoretischer Manier hetzt Orbáns Fidesz-Partei von Mal zu Mal aggressiver gegen den 1930 in Budapest geborenen US-amerikanischen Philanthropen George Soros. Die von Soros unterstützten Bürgerrechtsorganisationen, Bildungseinrichtungen sowie politischen Initiativen verfolgten den Zweck, Ungarn durch „Fremdstämmige" zu zerstören. Soros fördere die illegale, „unkontrollierte Masseneinwanderung", um das „Ungarntum" zu vernichten, er wolle die Einwanderung so lange steigern bis Ungarn nicht mehr den Ungarn und Europa nicht mehr den Europäern gehöre, so Orbán. Die von der Fidesz-Partei betriebene Kampagne gegen den ungarisch-jüdischen Investor Soros läuft spätestens seit 2015 auf Hochtouren. Der ungarische Fall widerlegt naive Vorstellungen, die von einer Ablösung des klassischen Antisemitismus durch einen israelbezogenen Antisemitismus sprechen, von einem „neuen Antisemitismus", der sich nicht mehr auf überkommene Stereotype stütze. Der »gute, alte Antisemitismus«, so tönte der Journalist Henryk Broder, habe »kulturell und politisch ausgedient«. Eine glatte Fehleinschätzung, insofern etwa das Bild, welches Orbán von Soros zeichnet, aus der Geschichte des »guten, alten Antisemitismus« sattsam bekannt ist. In der Imagination ungarischer Antisemiten des 21. Jh.s stellt Soros einen der „Sprecher des Judentums" auf dem jüdischen Friedhof zu Prag dar, wie dies einst die *Protokolle der Weisen von Zion* verschwörungstheoretisch propagierten. Soros ist laut Fidesz der mächtige jüdische Spekulant, der alle Fäden in der Hand hält und für den der EU-Ratspräsident Jean-Claude Juncker lediglich eine willfährige Marionette darstellt. Der Investor lasse Regierungen nach seiner Pfeife tanzen und benutze die Flüchtlingspolitik, um europäische Identitäten zu demontieren und das gesunde, ungarische Nationalbewusstsein zu destruieren. Soros ist in der Propaganda der „rote Jude", der Antichrist, der die jüdische Weltordnung errichten und das Christentum zerstören will. In immer neuen Reden spricht Orbán davon, Soros beabsichtige den „Bevölkerungswechsel" Europas, eine endzeitliche „Umvolkung", durch die Europa zu einem „Einwanderungskontinent" werde und die jahrhundertealte christliche Tradition dem Untergang geweiht sei. Im Jahr 2017 waren in ganz Ungarn Plakate mit dem Konterfei eines „grinsenden Soros" zu sehen, versehen mit dem Text »99 Prozent lehnen illegale Einwanderung ab«; in deutlich größeren Lettern stand darunter »Lassen wir nicht zu, dass es Soros ist, der am Ende lacht!« Im Rahmen dieser offiziellen Kampagne der ungarischen Regierung rief Orbán öffentlich dazu auf, Soros und dessen „Imperium" zu bekämpfen:

> »Wir mögen es nicht, wenn das Schicksal unserer Nation, nicht in unseren eigenen, sondern in den Händen von Herrschern eines Imperiums liegt. Auch heute bedroht uns wieder ein Imperium. Wir sind die Behinderer eines Plans, welcher Nationen beseitigen und ein Mischvolk Europa will. Wir sind die Behinderer eines finanziellen und politischen Imperiums, welches den Plan heute umsetzen will, egal was es kostet. Lasst uns bei der Wahrheit bleiben. Um den Plan von George Soros umzusetzen über ganz Europa, wollen sie alle Nationen, die dem im Wege stehen und nationale Interessen repräsentieren, auslöschen. Inklusive uns. In den letzten Jahren haben Soros NGOs alle Ebenen der europäischen Entscheidungsfindungsprozesse umfasst. [...] Sie verhalten sich wie Aktivisten der Agitation des Propaganda-Apparats der kommunistischen Soviet-Partei. Alte Kriegspferde ... Erkennbar an ihrem Gestank! [...] Lasst es uns klar sagen. Migration ist nicht das Ziel, aber ein Instrument des Soros Plans. Millionen von Menschen landeten in unglücklichen Umständen. Aus Afrika und dem mittleren Osten geködert, nach Europa. Außerdem direkt hierher transportiert worden, um die Nation zu schwächen und der christlichen Kultur den finalen Schlag zu verpassen.« (www.youtube.com/watch?v=YxtlnZBmWqA)

Einige Jahre zuvor hatte sich die ungarische Jobbik-Partei antisemitisch hervorgetan. Im Herbst 2012 forderte ein Abgeordneter der Partei im ungarischen Parlament die Auflistung aller ungarisch-israelischen Doppelstaatsbürger, da diese eine Gefahr für die Nation bildeten; zuvor hatte die Partei bereits eine Auflistung „israelischen Kapitals" in Ungarn gefordert. Insbesondere für Überlebende des ungarischen Holocaust stellt dies eine unerträgliche Provokation dar, zumal derlei Listen den Auftakt der Deportation ungarischer Juden bildeten.

In Polen zeigt sich, dass die fundamentalistisch geprägte Rekatholisierung der postkommunistischen Gesellschaft sowie die enge Verwobenheit von PiS-Regierung und ultrakonservativem Klerus dazu beitragen, den Antisemitismus zu schüren. Im April 2019 zelebrierte eine polnische Gemeinde ein „Judasgericht", wofür eine große Strohpuppe mit der Aufschrift „Judas 2019" und „Verräter" auf einem Mast gehängt wurde. Die „Judas"-Puppe wurde durch die Straßen geschleift – wobei Kinder diese mit Stöcken schlugen – und sodann angezündet. Orthodoxe Kopfbedeckung und Haartracht sowie eine überlange gekrümmte Nase konstruierten die Puppe zum Juden. Im 18. Jh. war das „Judasgericht" in Polen eine weitverbreitete Volksbelustigung. Zwar hat die Römisch-katholische Kirche in Polen den Brauch mittlerweile untersagt, nichtsdestotrotz scheint in der südpolnischen Kleinstadt die Gemeinde nahezu geschlossen die Wiederaufnahme des Brauchs in ihrem Ort begrüßt zu haben. Ähnliche Traditionen des „Judasverbrennens" existierten vor Kurzem auch noch in Frankreich, Griechenland und Spanien.

Eine Ermutigung für das aktuelle Judasverbrennen in Polen ließe sich in der im März 2018 erfolgten Verabschiedung des Holocaust-Gesetzes vermuten, die im ganzen Land zum Anstieg antisemitischer Vorfälle führte. Das Holocaust-Gesetz stellt Bemerkungen einer Komplizenschaft Polens bei der Shoah unter Strafe. Israels Ministerpräsident Benjamin Netanjahu sprach von Anstrengungen, die polnische Historie mithilfe eines Verbots zu ändern, welches auch nur die Erwähnung einer Beteiligung von Polen am Holocaust bestrafe. Netanjahus öffentliche Äußerung: »Die Polen haben sicherlich mit den Nazis zusammengearbeitet« führte im Februar 2019 zum Platzen eines gemeinsamen Treffens der osteuropäischen Staaten Polen, Ungarn, Tschechien und der Slowakei in Israel durch die Absage seitens der polnischen Regierung. Die wachsende Stärke des polnischen Geschichtsrevisionismus kündigte sich bereits mit der Debatte über das im Jahr 2012 erschienene Buch *Angst* des polnisch-amerikanischen Historikers Jan T. Gross an, der in seiner Publikation den Tatbestand thematisierte, dass unmittelbar nach dem Zweiten Weltkrieg bei den Pogromen von Rzeszów, Kraków und Kielce mehr als 1500 Juden und Jüdinnen getötet wurden. Gross sprach von einem Fortleben des traditionellen katholischen Antisemitismus sowie des Glaubens an einen „jüdischen Bolschewismus“ gepaart mit der Angst vieler Polen, den unter den Deutschen angeeigneten jüdischen Besitz an überlebende Juden zurückgeben zu müssen. Von nationalkonservativer wie rechter Seite war Gross daraufhin als „Nestbeschmutzer“ attackiert worden. Gross hatte bereits im Jahr 2000 das Buch *Nachbarn* veröffentlicht, welches die Ermordung der jüdischen Einwohner der Stadt Jedwabne im Jahr 1941 durch Polen und Volksdeutsche behandelt. Während sich noch zu Beginn des neuen Millenniums relevante Teile der polnischen Gesellschaft dem schmerzlichen Gedanken öffneten, dass Polen während der dt. Besatzung nicht nur Opfer waren, stellt das Holocaust-Gesetz der PiS-Regierung den Versuch dar, auf juristischem Weg eine kritische Aufarbeitung zu unterbinden sowie Äußerungen des wissenschaftlich abgesicherten Tatbestands einer Mittäterschaft von Polen zu kriminalisieren.

In Frankreich spielt wie in Polen die Rechte eine relevante Rolle, jedoch resultiert die Gefährlichkeit des sozialen Phänomens ebenso aus dem Antisemitismus jüngerer Personen mit Migrationshintergrund aus arabisch-muslimischen Ländern sowie der spezifischen Vermischung höchst heterogener Trägerschaften der Judenfeindschaft, zu denen jüngst auch Teilgruppierungen der Gelbwesten-Bewegung zu zählen sind. Gewiss stellt die Formulierung „Gelbwesten greifen jüdischen Philosophen an“ anlässlich der antisemitischen Beschimpfung des frz. Intellektuellen Alain Finkielkraut am Rande einer Demonstration der „Mouvement des Gilets jaunes“ eine unzulässige Verallgemeinerung dar und ist nicht weniger falsch als der Versuch der Rassemblement National (bis Juni 2018: Front National), ihren eigenen relevanten Beitrag am Antisemitismus zu leugnen, indem jegliche Schuld verallgemeinernd auf junge Muslime der Banlieus geschoben wird; doch dass es in den Reihen der Gelbwesten-Bewegung durchaus bedenkliche Tendenzen gibt und Sprüche die Runde machen, die Macron in antisemitischer Weise als Rothschild-Banker diffamieren, als Marionette von Juden und Freimaurern und „Juden raus“ Rufe auf Demonstrationen zu hören waren, ist nicht von der Hand zu weisen.

Allein im Jahr 2018 waren es 541 antisemitische Übergriffe in Frankreich, womit die Zahl im Vergleich zum Vorjahr (311 Fälle) um 74 % stieg. Die Liste der Vorfälle ist lang, diverse Träger des

Antisemitismus scheinen sich in Frankreich im Kontext einer sozial wie politisch verunsicherten Gesellschaft zu radikalisieren. Das Überschmieren von Briefkästen mit dem Konterfei der Holocaust Überlebenden und frz. Politikerin Simone Veil (1927–2017) mit Hakenkreuzen gehört zu den Straftaten ebenso wie Schmierereien an jüdischen Geschäften und jüdischen Synagogen, Schändungen jüdischer Friedhöfe wie jüngst im elsässischen Quatzenheim sowie diverse Hass-Posts der sich immer weiter radikalisierenden digitalen Netzwelt. Der Antisemitismus ist ein Problem der frz. Republik und hat ihre jüdische Gemeinschaft, die mit knapp 500 000 Juden trotz verstärkter Auswanderung nach Israel noch immer die größte in ganz Europa ist, stark verunsichert; viele frz. Juden fühlen sich nach den Vorfällen in ihrem Land nicht mehr sicher. Der Angriff auf die jüdische Schule Ohr Torah, bei dem drei Schüler und ein Lehrer im Jahr 2012 vom Terroristen Mohamed Merah im Rahmen der Anschlagsserie in Toulouse und Montauban getötet wurden, der Anschlag im Jahr 2015 als ein Komplize der „Charlie Hebdo"-Mörder vier Menschen in einem koscheren Supermarkt tötete, der antisemitisch-motivierte Mord an der Jüdin Sarah Halimi im Jahr 2017 sowie schließlich die Ermordung der Holocaust-Überlebenden Mireille Knoll (1932–2018), die nur knapp der Razzia des Wintervelodroms in Paris (Rafle du Vélodrome d'Hiver) im Juli 1942 entkommen war, haben die jüdische Gemeinde tief geschockt.

Nach Frankreich ist die jüdische Gemeinde Großbritanniens die zweitgrößte in Europa. Der Antisemitismus war in Großbritannien in jüngerer Zeit vergleichsweise nicht besonders stark ausgeprägt, gleichwohl das Land, das viele Flüchtlinge aus ganz Europa aufnahm, immer schon mit Antisemitismus zu kämpfen hatte, der sich im 19. und 20. Jh. u. a. aus antimigrantischen Ressentiments speiste. In den letzten Jahren sind indes auch in England antisemitische Übergriffe deutlich angestiegen, fühlen sich auch hier Juden nicht mehr sicher. Erschreckend ist der ausgeprägte Antisemitismus in Teilen der britischen Labour Partei. Antisemitische Affären stellen in der Labour Partei längst keine singulären Randerscheinungen mehr dar. Entsprechende Verfahren verlaufen bei parteiinternen Untersuchungen meist im Sande. Im Jahr 2018 wurde indes der langjährige Londoner Bürgermeister Ken Livingstone aus der Partei ausgeschlossen. Livingstone hatte Entschuldigungen bzw. „Klarstellungen" zu antisemitischen

Äußerungen abgelehnt. Der ehemalige Labour-Politiker hatte u. a. gesagt, Adolf Hitler habe den Zionismus unterstützt, die englischen Juden würden die Torys wählen, weil sie reicher geworden wären und verglich das Agieren britischer Truppen in Nordirland mit der Verfolgung der Juden durch die Nazis. Livingstone stellt indes nur die Spitze des Eisbergs dar, auch andere Labour-Aktivisten fallen immer wieder durch Holocaust-Relativierungen auf.

Früh warnten Kritiker davor, dass Populismus, migrantenfeindliche Stimmungsmache und die Weißsein-Ideologie des US-amerikanischen Präsidenten Donald Trump dazu beitragen werden den Antisemitismus auch in den USA zu schüren, zumal dieser stets ein integraler Bestandteil der US-amerikanischen Rechten war; so zeichnete sich etwa die Politik der weißen Vorherrschaft des Ku-Klux-Klan durch antinegride Gewalt- und Terrorakte ebenso wie durch militanten Antisemitismus aus. Kaum war Trump im Amt, mehrten sich antisemitische Tabubrüche, judenfeindliche Schmierereien wie Gewaltakte quasi über Nacht. Mitglieder von Alt-Right und Ku-Klux-Klan, Neonazis, Neo-Konföderierte, Anhänger der Militia movement, White Nationalists und Komplizen der White-Supremacy grölen seitdem militanter wie nie zuvor „Jews Will Not Replace Us". Lautstark war der Spruch im August 2017 bei rechtsextremen Demonstrationen in Charlottesville zu hören. Bei zahllosen weiteren Aufmärschen der Rechten ertönt der Slogan als identitätsstiftender „kultureller Code" der Szene. In einem Land, in dem sich Juden bislang sicher fühlten, breiten sich seitdem Unsicherheit und Ängste aus.

Das Attentat in der Tree-of-Life-Synagoge in Pittsburgh am 27. Oktober 2018 belegt, dass diese Gefühle alles andere als irrational sind. Der Täter erschoss elf Besucher des nahe der Carnegie Mellon University gelegenen Gotteshauses. Die als Hasskriminalität eingestufte Tat war der gravierendste Gewaltakt gegen Juden in der Geschichte der Vereinigten Staaten. Der von der Polizei festgenommene Tatverdächtige Robert Bowers macht jüdische Organisationen und Einzelpersönlichkeiten für die „Vernichtung der weißen Rasse" verantwortlich. Auf einem Internet-Account von Bowers finden sich Posts mit den Sprüchen: »Jews are the children of satan (john 8:44)« und »HIAS likes to bring invaders in that kill our people. I can't sit by and watch my people get slaughtered.« HIAS steht für die „Hebrew Immigrant Aid Society", eine jüdische Auswanderungshilfsorganisation, die in den Augen von Bowers Teil einer globalen jüdischen Verschwörung ist, welche die USA mit Migranten „zu überschwemmen“ beabsichtigt. Bowers gibt sich als Bekenner des Glaubenssatzes der US-amerikanischen Neonazi-Szene, den „Fourteen Words“, die lauten: »We must secure the existence of our people and a future for White children.« In einem Land, in dem sich Juden bislang sicher fühlten, stellt das Pittsburgh-Attentat derzeit einen tiefen Einschnitt dar. In einer Synagoge nahe San Diego ereignete sich im April 2019 am letzten Tag des jüdischen Pessachfestes ein weiteres Hassverbrechen. Hier starb eine Person, mehrere wurden verletzt. Unterhalb der Ebene unmittelbarer Gewaltakte ist es die Vielfalt der Tabubrüche, die das veränderte Klima in den USA anzeigt. Symptomatisch hierfür ist eine Karikatur in der New York Times vom 25. April 2019, die den US-amerikanischen Präsidenten Trump mit Kipa und Blindenbrille zeigt, der von einem Hund mit dem Gesicht des israelischen Premierministers Netanjahu geführt wird, der einen Davidstern als Halsband trägt. Wie in den Karikaturen des klassischen Antisemitismus so ist auch hier „der Jude“ eine „mächtige Gestalt“, welche die Fäden in der Hand hält, das Geschehen lenkt während Politiker ob Trump oder Juncker nur willfährige Schachfiguren darstellen. Gleichzeitig wird die Tötungshemmnis durch die Darstellung des Juden in tierischer Gestalt gesenkt.

In Deutschland stellte die Beschneidungsdebatte einen Beleg dafür dar, dass der totgesagte „gute, alte Antisemitismus“ lebendiger denn je und gefährlich wie eh und je ist. Die Beschneidungsdebatte offenbarte darüber hinaus einen neuen Trend, insofern die Kampagne als Ausdruck einer sich nach dem 11. September entwickelnden spezifischen Form aufklärerisch-säkular gespeister religiöser Intoleranz zu werten ist, die sich sowohl gegen das Judentum als auch gegen den Islam richtet. Die Debatte wurde durch ein Urteil des Landgerichts Köln im Juni 2012 ausgelöst, das die Beschneidung von Jungen aus religiösen Gründen für strafbar erklärte. Die durch das Urteil erzeugte Rechtsunsicherheit bewirkte eine tiefe Irritation der jüdischen Gemeinde und führte dazu, dass das Jüdische Krankenhaus Berlin bereits angesetzte Zirkumzisionen absagte. Der Bundestag löste die Situation, indem er in dritter Lesung am 12. Dezember 2012 den Gesetzentwurf der Bundesregierung über den *Umfang der Personensorge bei einer Be-*

schneidung des männlichen Kindes verabschiedete. Der Gesetzentwurf erklärte die Beschneidung von Jungen aus religiösen Gründen für zulässig, wenn diese »nach den Regeln der ärztlichen Kunst durchgeführt« werde. Für den Entwurf stimmten 434 Abgeordnete, 100 stimmten dagegen, 46 Parlamentarier enthielten sich der Stimme. Die Fraktionsdisziplin war bei namentlicher Abstimmung aufgehoben. Das Abstimmungsergebnis verdeutlicht, dass antisemitische Ressentiments im säkularistischen Gewand auch in der Linken stark verbreitet sind. Von den Parlamentariern der Linken stimmten 17 mit Ja, 44 mit Nein, zehn Abgeordnete enthielten sich. Wäre es nach der Linkspartei gegangen, so wäre die jüdische Beschneidung kriminalisiert worden. Die Linke hatte sich stark an der Beschneidungsdebatte beteiligt, Gegner einer Zirkumzision aus religiösen Gründen kamen u. a. in Presseorganen wie der Wochenzeitung *Der Freitag* sowie der *jungle world* ausführlich zu Wort. Politiker der Linkspartei setzten die Zirkumzision gar mit der weiblichen Genitalverstümmelung gleich und gingen mit keinem einzigen Satz darauf ein, dass bei einer Annahme des von relevanten Teilen ihrer Fraktion gestützten alternativen Gesetzentwurfs jüdisches Leben in Deutschland so nicht mehr möglich gewesen wäre. Die identitätskonstruierende Funktion der Beschneidung männlicher Kinder am achten Tag schienen sie einfach nicht begreifen zu wollen. Ein Verständnis dafür, dass ein Verbot der jüdischen Beschneidung „eine seit 1945 beispiellose Einschränkung jüdischen Lebens in unserem Land" dargestellt hätte, wie dies die Vizepräsidentin des Jüdischen Weltkongresses Charlotte Knobloch formulierte, war nicht erkennbar.

Spätestens mit der Beschneidungsdebatte hat auch die Linkspartei ein gravierendes antisemitisches Problem. Das Abstimmungsverhalten ihrer Fraktion zur juristischen Regulierung der Zirkumzision ist bis heute nicht kritisch aufgearbeitet worden. Im Jahr 2015, drei Jahre nach der Beschlussfassung im Deutschen Bundestag, veröffentlichte der Abgeordnete Wolfgang Gehrcke eine Schrift mit dem Titel *Rufmord. Die Antisemitismus-Kampagne gegen links.* Gehrcke kann in seinem Buch keine antisemitischen Vorkommnisse in seiner Partei ausmachen und versucht darüber hinaus beredet, kritische Einwände gegen das „Israel-Gedicht" von Günther Grass sowie an Artikeln Jakob Augsteins, dem Herausgeber der Wochenzeitung *Der Freitag*, als gezielte Hetze und Denunziation vom Tisch zu wischen. Bezeichnend ist, dass

Gehrcke, der zu den 44 Linkspartei-Abgeordneten zählte, die den Gesetzentwurf zur Beschneidung der Bundesregierung ablehnten, in seiner Publikation mit keiner Silbe auf die Zirkumzision und die diesbezügliche Rolle seiner Partei eingeht. Der ideologische Background seiner eigenen antisemitischen Haltung bezüglich der Beschneidung wird ersichtlich, wenn der Autor religionsfeindliche Positionen von „Klassikern des Sozialismus" verteidigt und einer linken Variante rassistischer Assimilation huldigt, wenn es heißt:

> »Das Ziel [sozialistischer Theoretiker, d. Verf.] war aber nicht Assimilation im Sinne von Anpassung an die christlich geprägte bürgerliche Gesellschaft. Und die politische Emanzipation, d. h. gleiche Rechte für Juden, hielten die Theoretiker der Arbeiterbewegung für einen notwendigen, aber nicht hinreichenden Schritt, weil sie in der bürgerlichen Gesellschaft zwangsläufig auf Schranken stieß. Sie hatten eine andere Emanzipation auf ihre Fahnen geschrieben: die menschliche Emanzipation; die Emanzipation der gesamten Gesellschaft von kapitalistischen Ausbeutungsverhältnissen. Daran sollten Juden aktiv teilnehmen. Ihre Selbstbefreiung beinhaltete nach Auffassung von Sozialisten auch die Selbstbefreiung von reaktionären religiösen Bindungen und Auffassungen und die Hinwendung zur Aufklärung, die viele städtische Juden auch vollzogen. Angesichts der starken Assimilierungstendenzen gerade der gebildeten Juden in den Städten schien es nur noch eine Frage der Zeit, dass sie, rechtlich gleichgestellt, in ihren jeweiligen Gesellschaften aufgingen.« (Gehrcke 2015: 142/143)

Überdeutlich wird hier die Anlage des Rassismus wie speziell des Antisemitismus bei Gehrcke in einem aufgeklärt-linken Universalismus. „Assimiliert euch! Verabschiedet Euch von der reaktionären Bindung an Euer Judentum! Werft die Beschneidung über Bord und werdet eins mit uns Linken!" so lauten de facto die religions- wie judenfeindlichen Losungen des Bundestagsabgeordneten der Linkspartei. Während die Assimilation von rechts das Böse verkörpert, wird die Assimilation von links als fortschrittliche Selbstauflösung des Judentums präsentiert. Dem religiösen Judentum werden Existenzberechtigung wie das Recht auf religiöse Beschneidung abgesprochen, da im Sozialismus die Religion als reaktionäre Erscheinung ohnehin verschwinden werde. Deutlicher lassen sich antisemitische Positionen nicht artikulieren, die bei Gehrcke nichts anderes darstellen als der unreflektierte ideologische Mainstream der „christlich-säkularen Leitkultur" des

Westens und dessen rassistischem Kern, der statt kultureller, religiöser wie ethnischer Vielfalt das Verschwinden des „Fremden" erwartet, sein Aufgehen im „Wir", wobei das „völkisch-nationale Wir" bei Gehrcke lediglich antikapitalistisch wie säkular imaginiert wird, ohne dass dieser erkennt, dass er den jahrhundertealten antisemitischen Deutungsmustern der christlich-geprägten Kultur bezüglich der Brit Mila folgt. Das führende Mitglied der Linkspartei bekennt sich offen zur rassistischen Assimilation, wenn es wortwörtlich heißt: »Gescheitert ist die Assimilation nicht aus guten Gründen, viele Argumente ihrer Befürworter sind bis heute gültig.« Alles nur eine Antisemitismus-Kampagne gegen links? Die Linkspartei hat mit ihren 44 Nein-Stimmen, die gegen jüdisches Existenzrecht in Deutschland stimmten, ein eklatantes antisemitisches Problem, dem sie sich offen stellen muss statt es als „Rufmord" zu leugnen.

Die dt. Beschneidungsdebatte, ob von „rechts" oder von „links" geführt, ist uneingeschränkt als antisemitischer Feldzug zu werten und dies aus folgenden Gründen. *Erstens:* Es existiert eine besondere Verpflichtung in Deutschland, Bedingungen zu schaffen, damit Juden sich in Deutschland willkommen geheißen fühlen. Ein Bekenntnis zur historischen Schuld schließt den selbstverständlichen Schluss ein, dass man jüdisches Leben in Deutschland nicht noch unnötig erschweren darf. Im Judentum erfolgt die Beschneidung von Jungen am achten Lebenstag. Wer die Relevanz dieses religiösen Sachverhalts in Gerichtsurteilen, persönlichen Erklärungen bzw. Stellungnahmen oder „alternativen Gesetzentwürfen" ausblendet und nicht bedenkt, dass durch ein Verbot der Zirkumzision Juden die Ausübung ihrer Religion unmöglich gemacht würde, der macht jüdisches Leben unnötig schwer. Wer „übersieht", dass ein Verbot der Zirkumzision eine existentielle Bedrohung des religiösen Judentums darstellt, der stellt die jüdische Existenz ausgerechnet in Deutschland in Frage.

Zweitens: Ein Ausblenden des Sachverhalts, dass die Beschneidung jahrhundertelang instrumentalisiert wurde, um Juden zu diffamieren, auszugrenzen, und zu verfolgen, ignoriert nicht nur die Historie der Judenfeindschaft, sondern übersieht ebenso, dass die eigene Positionierung zur jüdischen Beschneidung zutiefst durch eine langwährende christlich-säkular geprägte Dominanzkultur geprägt ist, deren Antisemitismus sich stets aufs Neue der Beschneidung als Gegenstand des Hasses bediente, zumal darüber hinaus die Kastrationsangst bis heute ein psychoanalytisches Movens der Judenfeindschaft darstellt, was Sigmund Freud analysierte.

Drittens: Die dt. Beschneidungsdebatte konstruierte in vielfältigen Varianten das Judentum als eine altertümliche, archaische Religion und folgte so der Jahrhunderte existenten Dominanz der christlichen Religion und deren Archaisierung des Judentums. Entsprechend der christlichen Vorstellung vom „neuen Bund", der den „alten Bund" ablöse, erschien das Judentum als antiquierte Glaubensrichtung, die sich überholten Riten unterwerfe. In säkularer Sichtweise wiederum produzierte die Beschneidungsdebatte den Eindruck, das Judentum und damit auch Juden passten nicht zur modernen, aufgeklärten Gesellschaft.

Die Variante der Archaisierung illustrierte eine Karikatur des *Berliner Kurier* zur Beschneidungsdebatte im Juli 2012. Zu sehen ist ein zum Juden konstruierter Mohel, der die Kopfbedeckung eines muslimischen Hodschas trägt, das blutende Glied eines kastrierten Jungen in der linken Hand und in der Rechten ein blutendes, großes Messer haltend. Auf seinen entsetzten Spruch: »Oh-Oh, heute ist nicht mein Tag« antwortet der kastrierte Jugendliche mit jüdischer Kopfbedeckung – keineswegs acht Tage alt, sondern im Alter eines Pubertierenden – »Kopf hoch, es wird bald nicht mehr strafbar!« Die Mischung der beiden Charaktere im Kontext der Kastration soll beide Religionen gleichermaßen als archaisch diffamieren, wobei sich die Karikatur bei der Darstellung des „muslimisch-jüdischen Mohels" zugleich des biologistisch-rassistischen Konstrukts des „Semiten" bedient und Muslime wie Juden zur „semitischen Rasse" konstruiert.

Viertens: Die dt. Beschneidungsdebatte bediente sich der Technik der Kriminalisierung, was die Webpage des Bundes Deutscher Kriminalbeamter (BDK) verdeutlichte, die eine Pressemitteilung zu einer Petition präsentierte, die sich gegen die Beschneidung richtete. Zu sehen war dort das Bild eines Kindes, das sein Gesicht in den Armen vergraben hatte, während das Stofftier unbeachtet vor seinen Füßen lag. Das sind die „klassischen Bilder" von Kindern, die Opfer von sexueller Gewalt wurden. Dasselbe Bild wird auch auf der Startseite des BDK für das Kinderschutzprojekt RISKID benutzt; einem Projekt, das von einem Kinderarzt und einem Polizeibeamten anlässlich mehrerer durch Misshandlung sowie durch Vernachlässigung verursachter Todesfälle von Kindern initiiert wurde. In solchen zirkumzisionsbezogenen Varianten der Kriminalisierung erschien „der Jude" im Kontext der Beschneidungsdebatte in sexualisierter Weise erneut als „Kinderschänder".

Fünftens: Der antisemitische Kampagnencharakter folgt aus dem Sachverhalt, dass die Beschneidungsdebatte von langer Hand vorbereitet war und nicht wie häufig in der Debatte suggeriert wurde mit dem Kölner Gerichtsurteil vom Himmel fiel. Dies wird am Tatbestand deutlich, dass die Urteilsbegründung sich auf Argumente von Juristen im Umkreis der bayerischen CSU berief, die bereits im Vorfeld versucht hatten, die herrschende juristische Sichtweise, welche die Beschneidung nicht als Körperverletzung wertete, zu kippen und die Zirkumzision strafrechtlich zu verfolgen.

Sechstens: Die Beschneidungsdebatte lässt sich als eine Variante der Schlussstrichdebatte unter die „dt. Vergangenheit" bezeichnen, insofern der Diskurs die verschwindend kleine jüdische Existenz in Deutschland radikal infrage stellt. Die Debatte offenbart dabei deutliche Aspekte einer Täter-Opfer-Umkehr, die für den sekundären Antisemitismus typisch ist. Das laut Charlotte Knobloch »ungehemmte Schwadronieren über ›Kinderquälerei‹«, das Verweigern eines »Mindestmaßes an Empathie« signalisiert, dass relevante Teile der Antizirkumzisions-Akteure angesichts des Holocaust eine psychologische »Entlastung« suchen. In der Beschneidungsdebatte ist „der Jude" endlich auch einmal der „Täter" und kann sich nicht „schon wieder" als „Opfer stilisieren". Es entlastet den Antisemiten, dass „der Jude" in der Beschneidungsdebatte nicht der „bessere Mensch" ist, sich vielmehr in einer Defensivrolle befindet und sich verteidigen muss, weil er gleichfalls „Dreck am Stecken" habe. Die verbale Schärfe mit der insbesondere in Deutschland die Debatte geführt wurde, lässt sich nicht ohne den sekundären Antisemitismus erklären.

Siebtens: Der antisemitische Kampagnencharakter resultiert schließlich aus dem Sachverhalt, dass die Akteure international vernetzt ihren Feldzug führen. In den USA, wo die männliche Beschneidung bis heute ein Routine-Eingriff ist und der Anteil je nach Bundesstaat zwischen 50 bis 70 Prozent liegt, formiert sich bereits seit längerem eine Antizirkumzisionsbewegung. Hier agitiert die Vereinigung *Intact America* gegen die Beschneidung mit Hilfe von Comic Heften, deren Held namens *Foreskin Man* eine

Art „arischer Sigurd“ im blauen Batman-Kostüm darstellt. Der „Vorhautmann“ kommt dem „wehrlosen Kind“, um das sich „blutdürstige Juden“ scharen, zu Hilfe und rettet das Opfer vor dem „barbarischen Ritus“ einer nicht zu unserer zivilisierten Welt gehörenden „archaischen Religion“. Der *Foreskin Man* verdeutlicht nicht nur den internationalen Charakter der Kampagne, sondern auch die durch die christlich-säkulare Dominanzkultur international stets gleichen Argumentationsmuster, welche die Stereotype der jahrhundertelangen Judenfeindschaft reproduzieren: das Judentum als grausame Religion, das Christentum als Religion der Güte, der Jude, der durch die „irreversible Beschneidung“ über einen „physisch andersgearteten Körper“ verfügt, der „beschnittene Körper“, der einen spezifischen jüdischen Charakter, sein „Anderssein“ nach sich zieht wie etwa die sogenannte „jüdische Nase“, das beschnittene Kind, dem das Recht auf freie Religionswahl (und damit die gewünschte Konversion zum Christentum) genommen werde bis hin zum „beschnittenen Körper“, der blutleer sei, sodass „der Jude“ wie in der Ritualmordlegende stets „frisches Blut“ christlicher Kinder benötige. In Island wiederum hat sich im Jahr 2018 ein Bündnis von Parlamentsabgeordneten gefunden, das einen Gesetzentwurf vorlegte, um die männliche Beschneidung aus religiösen Gründen zu verbieten und mit Haftstrafen von bis zu sechs Jahren zu ahnden.

Die Beschneidungsdebatte wird in Deutschland auch in jüngster Zeit erneut aufgegriffen, sie ist keinesfalls ad acta gelegt, wie etwa ein Artikel in der *Zeit* vom 14. März 2018 mit dem Tenor „Beschneidung überdenken!“ belegt. Es heißt hier: »Das Gesetz, das der Bundestag vor fünf Jahren verabschiedete, stellt religiöse Gebote über das Grundgesetz. Es sollte reformiert werden.« Im Verlauf der antisemitischen Beschneidungsdebatte hat die dt. Gesellschaft in erschreckender Weise nichts dazu gelernt, die Debatte ist auch heute noch immer so möglich wie im Jahr 2012, was etliche der 521 online Kommentare verdeutlichen, die auf den Zeit-Artikel hin erfolgten.

Gleichwohl das Verkennen der Relevanz des vermeintlich „alten Antisemitismus“ ein großer Fehler wäre, heißt dies noch lange nicht, dass der israelbezogene Antisemitismus (sogenannte „Israel-Kritik“) in Deutschland unbedeutend ist. Die antisemitische Israel-Kritik ist in Teilen der Linken und nicht nur dort weiterhin präsent und offenbart sich spätestens, wenn am al-Quds Tag antizionistisch-antisemitische Propagandaveranstaltungen und Demonstrationen alljährlich durchgeführt werden. Zwar spielt der Antisemitismus von Personen mit arabisch-muslimischem Hintergrund keineswegs die Rolle wie in Frankreich, darf indes auch in Deutschland nicht ignoriert werden, wie dies diverse körperliche Übergriffe u. a. in Berlin offenbaren, wo im Jahr 2012 ein Rabbiner von mehreren jungen Männern beleidigt und durch Schläge ins Gesicht verletzt wurde. Das Gefährliche des Antisemitismus im 21. Jh. liegt nicht zuletzt im Zusammenspiel heterogener Akteure, diverser Motive, multipler Diskurse wie judenfeindlicher Theoreme, was Verstärkungseffekte produziert. Statt in Schulen und in der Öffentlichkeit über Gegenstrategien zum Antisemitismus zu diskutieren, produziert eine Gesellschaft, die im Rahmen einer Beschneidungsdebatte in ihrer Breite klare Antworten auf die Frage schuldig bleibt, ob Juden und das Judentum in Deutschland willkommen sind, die falschen Signale und ermuntert antisemitische Akteure zu ihren Taten.

Zu den aktuellen Trends der letzten Jahre zählt auch der wachsende Judenhass auf dt. Fußballplätzen sowie der „digitale Hass“ gegen Juden im Netz. „Juden-Schweine, Juden-Schweine“, „Juden Jena“, „Zecken, Zigeuner und Juden - Babelsberg 03“, oder „Schiedsrichter, zieh dein Judentrikot aus“ brüllt der Neonazi-Hooligan Block in zahlreichen Stadien, ohne dass dies große Konsequenzen hätte. Polizisten und Ordner schauen in Fußballstadien noch immer viel zu häufig weg, Vereine greifen keineswegs konsequent durch. „Ex oder Jude“, so heißt es bei etlichen Jugendlichen in Sportvereinen, ohne dass dies zurückgewiesen würde. Von antisemitischen Übergriffen betroffen sind nicht zuletzt die Sportler von TuS Makkabi Frankfurt sowie TuS Makkabi Berlin. Die vierzig Makkabi Sportvereine sehen sich mit steigendem Antisemitismus konfrontiert.

Neben der rechten Fußballszene ist es der „RechtsRock“, der in neuer Weise vor allem junge Menschen an antisemitisches Gedankengut heranführt. Der RechtsRock bemüht u. a. das Ideologem von der „jüdischen Weltverschwörung“, in dem er in seinen Liedtexten Metaphern und Stereotype benutzt, die jahrhundertelang als kulturelle Codes dienten, die „den Juden“ zum nationalen wie internationalen Feind generierten. Die Verschlüsselungen des Bildes vom „geldgeilen Juden“ bedienen sich im RechtsRock auch antiamerikanischer wie antikapitalistischer Rhetorik. So heißt es im Lied „Die Maske fällt" der RechtsRock-Band „In Tyrannos" beispielsweise:

> »Federal Reserve Bank, Dollarherrschaft, / ein Zentralbanksystem, welches unendlich rafft. / Das Gesamtkapital der Vereinigten Staaten / in Händen von ein paar Finanzmagnaten. / Regierung, Senat und US-Parlament / kontrollieren nicht mal einen einzigen Cent. / Private Bankiers, die die Geldströme leiten, / der größte Betrug aller Zeiten. // Kehrreim: Geld herrscht über Amerika und Amerika über die Welt! / Banken-Allianzen, Geld regiert die Welt. / Doch wer regiert das Geld? Die Maske fällt, sie fällt, sie fällt. / Die Maske fällt! // Mit der Lizenz zum Geld drucken / können sie alle Länder schlucken, / können sie Staaten auspressen, können sie Völker auffressen. // Geld ihr Gebet, / Gott und Prophet, / Spekulation, / Goldener Thron. //« (Büchner 2018: 92)

Die im Mittelpunkt des Liedes stehende Frage »Doch wer regiert das Geld?« bedient sich bezüglich ihrer antisemitischen Antwort, die vorgibt, komplexe Machtverhältnisse in Politik und Wirtschaft zu erklären, des vom dt. Nationalsozialismus propagierten Gegensatzes zwischen „raffendem" und „schaffendem Kapital" sowie eines Vorrats antijüdischer Stereotype, welche die *Protokolle der Weisen von Zion* massenwirksam durch ihre vermeintliche Erklärungskraft komplexer gesellschaftlicher Verhältnisse propagierten. Spätestens die Codes »Gott und Prophet«, »goldener Thron« (vgl. „goldenes Kalb") machen die aufgeworfene Frage zu einer rhetorischen Floskel, damit der Konsument des Liedtextes umso lauter „der Jude" grölen kann. Neu sind indes nicht nur die vielfältigen Formen der Verschlüsselungen im RechtsRock, sondern ebenso die Vertriebswege, die von kostenlosen Verteilaktionen auf Schulhöfen bis hin zum Internet bzw. digitalen Plattformen reichen. Antisemitisches Gedankengut findet sich indes nicht nur in der RechtsRock-Szene, sondern in erschreckendem Maß ebenso in weiteren Musikrichtungen, die von Jugendlichen konsumiert werden, was etwa die Debatte um die Echo-Verleihung (12. April 2018) an den Rapper Kollegah (bürgerlicher Name Felix Blume) verdeutlichte. In einem Interview am 9. November 2018 mit der Musikseite *hiphop.de* stilisierte sich Kollegah zum Opfer einer gegen ihn gerichteten Hetzkampagne und äußerte, dass in den Palästinensergebieten »genau das Gleiche passiert, was bei uns mal passiert ist, in Deutschland, nämlich während des Holocausts«. Angesichts rechter Musikszenen sind neue pädagogische Konzepte gefragt, um über den schulischen Unterricht darauf zu reagieren und Gleichsetzungen mit der systematischen Ermordung von sechs Millionen europäischen Juden entschieden zurückzuweisen.

Im Juli 2018 wurde eine an der TU Berlin erstellte Studie zum Antisemitismus im Netz vorgestellt. Für den Untersuchungszeitraum (2007–2017) der Erhebung konstatieren die Forscher eine anteilsmäßige Zunahme antisemitischer Posts um mehr als 30 Prozent. Ebenso ließ sich eine argumentative Radikalisierung des online-Antisemitismus feststellen, Juden würden immer häufiger als „Schädlinge" diffamiert. Die empirische Studie stützt unsere Ansicht, dass der israelbezogene Antisemitismus bzw. der Antizionismus zwar auch im Netz eine relevante Erscheinungsform des Judenhasses darstellt, indes von einer Ablösung des „klassischen Antisemitismus" durch einen „neuen Antisemitismus" keine Rede sein kann. Die Studie ergab, dass der Antisemitismus im Netz zu 54 % mehrheitlich klassische Ressentiments sowie antisemitische Narrative des Mittelalters sowie des dt. Nationalsozialismus bedient. Zwar sei die Judenfeindschaft vom rechten Rand der Gesellschaft sowie von Personen mit arabisch-muslimischem Migrationshintergrund keineswegs zu vernachlässigen, doch sei der Antisemitismus aus der Mitte der Gesellschaft als deutlich gefährlicher einzuschätzen zumal dieser derzeit auf wenig Gegenrede stoße.

4.5 Zusammenfassung

Der Post-Shoah-Antisemitismus nach 1945 ist durch neuartige Erscheinungsformen der Judenfeindschaft geprägt, die sich indes mit traditionellen Varianten mischen sowie überkommene Muster aufgreifen und adaptieren. Unmittelbar nach 1945 bildete sich der sekundäre Antisemitismus heraus, der sich als „Schuldabwehr-Antisemitismus" bis heute in vielfältigen Versionen findet. Seine extremste Form stellt die offene Holocaust-Leugnung dar. Die Behauptung, Auschwitz sei eine Lüge („Auschwitzlüge") bzw. eine „Erfindung der Juden" ist in zahlreichen vor allem europäischen Staaten, darunter allen deutschsprachigen, unter Strafe gestellt. Der sekundäre Antisemitismus als Schuldverdrängung geht mit der Schuldprojektion einher, d. h. der Verlagerung der eigenen Emotionen und Affekte auf andere Personen bzw. Menschengruppen. Nach 1945 wurden Täter- wie Mittäterschaft, Schuld und Verantwortung u. a. auf die Alliierten projiziert. In den 1960er-Jahren hieß es etwa, dokumentarische Aufnahmen aus Konzentrationslagern seien von den Alliierten nachgestellt worden, um das deutsche Volk zu belasten, die Menschen seien in Wahrheit an Seuchen gestorben. Die Schuldprojektion führt ebenso zur Relativierung der Verbrechen oder etwa zur Gleichsetzung von Opfer- und Täterschicksal. Typisch hierfür ist, dass die NPD die alliierten Luftangriffe als „Bomben-Holocaust" bezeichnet. Im Jahr 2005 kam es diesbezüglich zu einem Eklat im Sächsischen Landtag, als der NPD-Fraktionschef Holger Apfel den Terminus in einer Rede benutzte. Der NPD-Vorsitzende Udo Voigt legte gegenüber der Presse nach und betonte, der Begriff Holocaust treffe sicherlich auf »die Vernichtung der Juden wie auch der Deutschen zu.« Vorermittlungen der Hamburger Staatsanwaltschaft bezüglich der getätigten Äußerungen führten zu keinem Verfahren und dies obwohl es im § 130 Volksverhetzung heißt:

> »Mit Freiheitsstrafe bis zu fünf Jahren oder mit Geldstrafe wird bestraft, wer eine unter der Herrschaft des Nationalsozialismus begangene Handlung […] in einer Weise, die geeignet ist, den öffentlichen Frieden zu stören, öffentlich oder in einer Versammlung billigt, leugnet oder verharmlost.« (Strafgesetzbuch, § 130, Absatz 3)

Spätestens die Nichtahndung des Terminus „Bomben-Holocaust" zeigt, dass in Deutschland das Gesetz alles andere als konsequent angewandt wird. Die projektive Thematisierung der „Leiden der Deutschen" durch alliierte Luftangriffe und Vertreibungen nach 1945 ist indes keine Spezifik der NPD, sondern vielmehr eine Tendenz, die nach der dt. Wiedervereinigung auch in der Gesamtbevölkerung gestiegen ist und mit einer neuerlichen Schlussstrich-Forderung korrespondiert.

Eine geläufige Methode der Schuldprojektion stellt beim sekundären Antisemitismus auch die Täter-Opfer-Umkehr dar, bei der die Schuld für einen Übergriff beim Opfer selbst gesucht wird. Extremformen des „Victim Blaming" finden sich bei Vertretern der extremen Rechten, die Äußerungen Hitlers kolportierend davon reden, es sei das „Weltjudentum" gewesen, welches dem Deutschen Reich 1933 den Krieg erklärt habe. Auch das Schauspiel *Der Müll, die Stadt und der Tod* von Fassbinder stellt insofern ein Beispiel des „Victim Blaming“ dar, als das Opfer des Holocausts mit antijüdischen Pejorativen wie Vorteilssucht, Machtgeilheit und Geldgier konstruiert wird. „Der Jude“ erscheint bei Fassbinder als Person, die Profit aus dem Holocaust zieht, diesen moralisch instrumentalisiert, um der Mehrheitsgesellschaft zu schaden sowie als ein die Gesellschaft zerstörendes, zersetzendes Element, welches am Antisemitismus nicht unschuldig sei. Eine Variante der Täter-Opfer-Umkehr stellt schließlich auch die Wiederaufnahme des christlich geprägten Stereotyps vom rachsüchtigen Juden dar, der nicht verzeihen könne und das Prinzip „Auge um Auge, Zahn um Zahn“ anwende, während ein Christ imstande sei zu vergeben. Der Täter mutiert auf diese Weise zum Opfer der Rachsucht des Juden.

In dem Maß wie der Antisemitismus zumindest auf partielle Ächtung in der Gesellschaft stieß, entwickelten sich weitere Versionen des sekundären Antisemitismus. Hierzu gehört die Methode des Transfers, d. h. dasjenige, was der Akteur gerne dem Juden sagen würde, äußert er nunmehr gegenüber einer anderen Person oder bezüglich eines abstrakten Sachverhalts. So speist sich beispielsweise der antimuslimische Rassismus in Deutschland hochgradig aus einem umgelenkten Antisemitismus. Erscheinungsformen des „umgelenkten Antisemitismus“ stellen sowohl bei der Rechten wie bei der Linken existente „Wall-Street-Fantasien“, verkürzte Kapitalismuskritiken sowie Personifizierungen des Kapitalismus dar. Nicht zuletzt ist die in Deutschland mit hohem verbalen Aggressionspotential geführte Beschneidungsdebatte ein Beispiel für den umgelenkten Antisemitismus.

Als umgelenkter Antisemitismus interpretieren lässt sich auch die sogenannte „Israelkritik“, die nach 1945 einen stetig wachsenden Stellenwert erreichte und von höchst unterschiedlichen Akteuren betrieben wird. Der Antisemitismus offenbart sich bereits im Terminus „Israelkritik“, insofern dieser das Kriterium der Zwangskollektivierung erfüllt. Kritik wird nicht geübt an einer konkreten Politik von Politikern einer ganz bestimmten Regierung Israels, sondern verallgemeinernd im Sinne einer konstruierten Kollektividentität an „ganz Israel“. Deutlich wird dies etwa, wenn man bedenkt, dass bei einer digitalen Suche das Wort „Israelkritik“ zahllose Treffer landet, während der Terminus

„Deutschlandkritik“ im Netz de facto nicht existiert. Israelbezogener Antisemitismus macht aus dem älteren Motto „An allem sind die Juden schuld“ gewissermaßen den Slogan „An allem ist Israel schuld“ und zeichnet sich dadurch aus, dass das Selbstbestimmungsrecht von Juden wie die staatliche Existenz Israels abgelehnt wird und alle Juden in Kollektivhaftung genommen werden. Das Spezifikum als sekundärer Antisemitismus ist daran erkennbar, dass zumeist Vergleiche der Politik Israels mit der Vernichtungspolitik des dt. Nationalsozialismus gezogen werden, so wird beispielsweise der Gaza-Streifen als „größtes KZ der Erde“ bezeichnet. Um zu entscheiden, wann eine Kritik an Israel antisemitisch ist, hat der Israeli Natan Scharanski einen „3-D-Test“ entwickelt, wobei das dreimalige „D“ für „Dämonisierung“, „doppelte Standards“ und „Delegitimierung“ steht. Kritik an Israel ist folglich dann antisemitisch, wenn Israel mit Nazideutschland verglichen, gleichgesetzt oder als staatliche Verkörperung des Bösen dargestellt wird („Dämonisierung“), wenn ausschließlich, übermäßig oder einseitig Israel attackiert wird und stets im Fokus steht („doppelte Standards“) oder aber dem Staat Israel das Existenz- und Verteidigungsrecht abgesprochen wird („Delegitimierung“).

Die Etablierung postkommunistischer Nationalstaaten nach dem Zusammenbruch des Sowjetsystems führte seit Beginn der 1990er-Jahre zu einer Identitätssuche osteuropäischer Staaten, die häufig zu einer neuerlichen Identifikation mit antisemitischen Nationalhelden der Zwischenkriegszeit führte sowie mit bedenklichen Tendenzen der Relativierung bzw. Leugnung der Mittäterschaft wie Kollaboration von Teilen der eigenen Bevölkerung sowie staatlicher bzw. politischer Instanzen am Holocaust einherging.

Resümee

Antisemitismus nimmt in Deutschland unstrittig zu. Dies ist ein Tatbestand, der sich auf Basis quantitativer Daten der Polizeistatistiken, seriöser Recherche- und Informationsstellen sowie der empirischen Meinungsforschung nicht länger in Abrede stellen lässt. Der Terroranschlag von Halle im Oktober 2019 verdeutlicht die fortschreitende Gewaltbereitschaft, die weder vor körperlichen Attacken auf Juden und Jüdinnen noch vor Mord zurückschreckt. Antisemitische Enthemmung und Verrohung ist zu einem Teil des Alltags geworden. Auf deutschen Schulhöfen ist das Wort „Jude" zu einem Schimpfwort geworden, unter Jugendlichen in Sportvereinen ist der Ausspruch „Ex oder Jude" zu einem Standardspruch avanciert. Noch immer überwiegen indes in der gesellschaftlichen Debatte Versuche, den Antisemitismus zu externalisieren. Mal ist es das Darknet, mal der rechte Rand der Gesellschaft, mal „die Muslime" oder „die arabischen Migranten", welche die alleinige Schuld trügen. Selbst noch bei einer Besichtigung des Stadttempels, der Hauptsynagoge von Wien, höre ich den Spruch »Antisemitismus ist doch ein Importproblem. Das kannten wir früher ja überhaupt nicht.«

Die quantitative wie qualitative Zunahme des Antisemitismus, seine alltägliche Sichtbarkeit, das Überschreiten von Grenzen, die noch gestern als Tabu galten, die sich stetig radikalisierende judenfeindliche Sprache im Internet – und dies keineswegs nur in „dunklen Kanälen" – verweisen auf einen eindeutigen Sachverhalt: Antisemitismus ist ein gesamtgesellschaftliches Problem, Judenfeindschaft ist ein Phänomen der Mitte, was nicht zuletzt die mit hochgradiger Schärfe und antisemitischen Tönen geführte dt. Beschneidungsdebatte belegt. Auch erweist sich die Ansicht, die Relativierung der Shoah sei ausschließlich ein Problem rechter Gruppierungen, wie etwa des notorischen Holocaust-Leugners David John Cawdell Irving, als Verdrängung der jüngeren dt. Geschichte nach 1945. Bereits ein Griff in den Bücherschrank ruft nicht nur Bücher von Ernst Nolte in Erinnerung, sondern ebenso das in dt. Sprache 1998 erschienene *Schwarzbuch des Kommunismus,* welches durch seine Gleichsetzung von Kommunismus und Nationalsozialismus den Terminus des „Roten Holocaust" salonfähig machte und auf diese Weise die Singularität der Shoah in Abrede stellte. Die Empörung über die Verbrechen „der anderen" so hat Noam Chomsky das *Schwarzbuch des Kommunismus* zu recht kritisiert, verfolgt die Funktion der Ablenkung von der Einzigartigkeit der Verbrechen der Deutschen, von der Singularität der systematischen Ermordung der europäischen Juden sowie von der europaweiten Kollaboration mit dem dt. Nationalsozialismus.

Anwachsender Antisemitismus wie speziell die Relativierung des Holocausts ist derzeit indes alles andere als ein rein deutsches Problem. Die Relevanz des *Schwarzbuch des Kommunismus* verdeutlicht etwa die staatlich verordnete Geschichtspolitik des ungarischen Ministerpräsidenten Victor Orbán sowie dessen Chefideologin, der Historikerin und Museumsleiterin Mária Schmidt. So soll das „Haus des Terrors" in Budapest zugleich an die Herrschaft der faschistischen Pfeilkreuzler-Partei wie an die Herrschaft der Kommunisten erinnern. Eine Darstellung und kritische Aufarbeitung der Kollaboration des Regimes des ungarischen Reichsverwesers Miklós Horthy mit dem dt. Nationalsozialismus unterbleibt nicht nur, vielmehr sind kaum Bilder jüdischer Opfer zu sehen, stattdessen erblickt man an der Außenfassade des Gebäudes wie im Inneren unzählige Bilder der Opfer des Ungarnaufstands von 1956, deren Präsentation darüber hinaus der bildhaften Präsens der jüdischen Opfer im „The United States Holocaust Memorial Museum" in Washington nachgeahmt ist, um in bewusster Absicht die Gleichsetzung der Opfer der Shoah mit den Opfern des Ungarnaufstands zu suggerieren. Die Chefhistorikerin Orbáns ignoriert so in der von ihr maßgeblich gestalteten Ausstellung des Terror-Hauses gezielt die antisemitische Politik des Horthy-Regimes vor der dt. Besatzung von 1944 und spricht gar davon, Ungarn habe „zwei Genozide" durchlitten. Der „doppelte Opfermythos" soll zur alles beherrschenden Leitmaxime ungarischer Erinnerungskultur avancieren. Holocaust-Revisionismus im Kontext der Renationalisierung postkommunistischer Systeme ist zu einem europaweiten Problem geworden und trägt mit dazu bei, rechtsextremistische Kräfte in Europa zu stärken.

Das derzeitige Anwachsen von Antisemitismus in verschiedenen Ländern wirft vielfältige Fragen auf und verweist darauf, dass der Antisemitismus nicht zuletzt in gesellschaftlichen Umbruchphasen, in krisenhaft erlebten Zeiten und angesichts der derzeitigen Schwäche liberaler Demokratien an Stärke gewinnt.

Althergebrachte Varianten des Antisemitismus mischen sich dabei mit neuen Formen und gehen komplexe Wechselwirkungen ein. So greift beispielsweise das Internet den im realen Raum existierenden Antisemitismus auf, spiegelt diesen und wirkt zugleich als virtueller Raum im Kontext medialer Charakteristika wie Anonymität und körperlose Kommunikation als enthemmender Verstärker, der über Rückkoppelungseffekte judenfeindliche Sprechakte „in real life" katalysatorisch verschärft.

Zwar gilt es, neue Erscheinungen des Antisemitismus, die es unstrittig gibt, präzise zu erfassen, das Attentat von Halle zeigt indes gleichwohl, dass das Konzept eines vermeintlichen „neuen Antisemitismus" in die Irre leitet. Der Antisemitismus ist vielmehr bezüglich seiner ideologischen Elemente ein in der westlichen europäischen Kultur tief tradiertes Bewusstsein, sodass überkommene Feindbildkonstrukte, althergebrachte Rassifizierungstechniken, antisemitische Legenden sowie Verschwörungstheorien zwar stets adaptiert werden, indes gleichwohl in ihrem Kern reaktivierte, althergebrachte antijüdische Ressentiments verkörpern.

Die antisemitische Propaganda eines Victor Orbán und seiner Fidesz-Partei gibt hierfür ein Beispiel. Der von Orbán zu seinem Lieblingsfeind erkorene George Soros wird auf den Plakaten der ungarischen Regierung gemeinsam mit dem EU-Kommissionspräsidenten Junker stets mit grotesk großer Nase dargestellt. Weder ist die antisemitische Physiognomisierung neu, noch die Vorstellung, dass der „mächtige Jude" alles und jeden steuere und das Ziel verfolge, nationale Kulturen zu zerstören, um so die Herrschaft über „christliche Länder" zu erringen. „Der Jude" als eine dunkle Gestalt, die einen geplanten Angriff auf nationale Identitäten steuere und die „Weltmigration" instrumentalisiere, um als Totengräber die christliche Lebensform zu zerstören, ist als Motiv in Gestalt der *Protokolle der Weisen von Zion* sattsam bekannt. In Zeiten globaler Migration besteht die Adaption der althergebrachten Verschwörungslegende in ihrer Stoßrichtung, um gegen die Transnationalität der EU-Migrationspolitik zu polemisieren und sich der Aufnahme von Flüchtlingen mittels festgelegter EU-Quoten zu verweigern. Der derzeit in zahlreichen Ländern wie auch in Deutschland ausgeprägte antimigrantische wie auch der antimuslimische Rassismus stellen nicht zuletzt einen relevanten Faktor bezüglich des Anwachsens des Antisemitismus dar. Das jahrelange Hofieren von Orbán seitens der CSU sowie sein Tolerieren bzw. Gewähren lassen seitens der CDU stellen eines der vielen Versatzstücke dar, die erklären, wie auf Basis korrelierender Wechselwirkungseffekte verschiedener Spielarten des Rassismus der Antisemitismus in den letzten Jahren nicht nur in Deutschland, sondern europaweit derart stark anwachsen konnte.

Im Unterschied vom Paradigma des „neuen Antisemitismus" ist der aktuelle Antisemitismus noch immer hochgradig der „alte Antisemitismus", der über zweitausend Jahre indes seine Motive, Stereotype und Legenden immer wieder modifizierte, an aktuelle Entwicklungen adaptierte und gemäß seiner jeweiligen historischen Funktionen anpasste. Der „alte Antisemitismus" ist bis auf die heutigen Tage existent, sodass es in Deutschland ein fataler wie tödlicher Irrtum wäre, den „klassischen Täter" aus dem rechtsterroristischen Spektrum zu unterschätzen. Das Postulat vom „alten Antisemitismus" ist indes kein Votum dafür, neue Erscheinungen auszublenden, zumal die Heterogenität der antisemitischen Täterstruktur etwa in Frankreich bereits deutlich ausgeprägter ist als in Deutschland. Die Heterogenisierung der Täterstruktur macht die Antisemitismusbekämpfung sicherlich nicht leichter. Antisemitismus hat leider viele Täter. Doch es ist und bleibt von zentraler Bedeutung, den Sachverhalt sorgfältig zu registrieren, dass die geistigen Brandstifter des Antisemitismus, wen immer sie auch zu realen Taten verführen mögen, aus der Mitte der Gesellschaft kommen. Brandstifter sind die geistig-politischen Täter, die von einem „Juden-Gen" sprechen, vom „Weltjudentum", von einem George Soros, der für alle Übel verantwortlich sei und mittels seines international operierenden Finanzkapitals den muslimischen Flüchtling über das Mittelmeer an die Donau schleuse, die von Israel als einem imperialistischen Kolonialstaat sprechen, die vom Holocaust-Denkmal als einem „Denkmal der Schande" reden sowie davon, dass Hitler und die Nazis nur ein Vogelschiss in unserer über 1000-jährigen Geschichte seien. Den geistig-politischen Tätern darf nicht länger mit Zurückhaltung und Ignoranz begegnet werden, ihnen muss entschieden Widerstand geleistet werden.

Literaturverzeichnis

Adler-Rudel, Salomon: Ostjuden in Deutschland 1880 - 1940, Tübingen 1959.
Aly, Götz: Europa gegen die Juden 1880 - 1945, Frankfurt a. M. 2017.
Aly, Götz: Warum die Deutschen? Warum die Juden? Gleichheit, Neid und Rassenhass 1800 - 1933, Frankfurt a. M. 2011.
Aly, Götz u. a.: Die Verfolgung und Ermordung der europäischen Juden, München 2009.
Aly, Götz; Roth, Karl Heinz: Die restlose Erfassung, Frankfurt a. M. 2005.
Aly, Götz: „Endlösung". Völkerverschiebung und der Mord an den europäischen Juden, Frankfurt a. M. 1995.
Aly, Götz; Heim, Susanne: Vordenker der Vernichtung, Hamburg 1991.
Andryszak, Lisa; Bramkamp, Christiane: Jüdisches Leben auf Norderney, Berlin 2014.
Apelt, Andreas H. (Hrsg. u. a.): Antisemitismus in der DDR und die Folgen, Halle 2016.
Bahr, Hermann: Der Antisemitismus. Ein internationales Interview, Weimar 2005.
Bärsch, Claus-Ekkehard: Erlösung und Vernichtung: Joseph Goebbels. Zur Psychologie und Ideologie eines jungen Nationalsozialisten 1923 - 1927, München 1987.
Banse, Ewald: Abendland und Morgenland. Landschaft, Rasse, Kultur zweier Welten, Hamburg 1926.
Battenberg, Friedrich: Das europäische Zeitalter der Juden, Darmstadt 1990.
Bauer, Fritz (Hrsg.): Antisemitismus. Zur Pathologie der bürgerlichen Gesellschaft, Frankfurt a. M. 1965.
Bauer, Kurt: Die dunklen Jahre. Politik und Alltag im nationalsozialistischen Österreich 1938 - 1945, Frankfurt a. M. 2017.
Bautz, Franz J.: Geschichte der Juden. Von der biblischen Zeit bis zur Gegenwart, München 1983.
Bajohr, Frank; Löw, Andrea (Hrsg.): Der Holocaust. Ergebnisse und neue Fragen der Forschung, Frankfurt a. M. 2015.
Bajohr, Frank: „Unser Hotel ist judenfrei". Bäder-Antisemitismus im 19. und 20. Jahrhundert, Frankfurt a. M. 2003.
Bebel, August: Sozialdemokratie und Antisemitismus, Berlin 1906.
Beek, Gottfried zur: Die Geheimnisse der Weisen von Zion, Charlottenburg 1922.

Begley, Louis: Der Fall Dreyfus, Frankfurt a. M. 2009.
Behr, Hartwig: Vom Leben und Sterben - Juden in Creglingen, Würzburg 2001.
Beller, Steven: Antisemitismus, Stuttgart 2009.
Ben-Itto, Hadassa: „Die Protokolle der Weisen von Zion". Anatomie einer Fälschung, Berlin 1998.
Ben-Sasson, Haim Hillel: Geschichte des jüdischen Volkes (3 Bde.), München 1978.
Benz, Wolfgang: Antisemitismus. Präsenz und Tradition eines Ressentiments, Schwalbach 2016.
Benz, Wolfgang: Handbuch des Antisemitismus, Berlin 2011 ff..
Benz, Wolfgang: „Der ewige Jude". Metaphern und Methoden nationalsozialistischer Propaganda, Berlin 2010.
Benz, Wolfgang: Die Protokolle der Weisen von Zion. Die Legende von der jüdischen Weltverschwörung, München 2007.
Benz, Wolfgang: Was ist Antisemitismus? München 2004a.
Benz, Wolfgang; Wetzel, Juliane (Hrsg.): Solidarität und Hilfe für Juden während der NS-Zeit, Berlin 2004b.
Benz, Wolfgang (Hrsg.): Die Judenfrage, München 2003.
Benz, Wolfgang: Der Holocaust, München 2001.
Benz, Wolfgang; Bergmann, Werner (Hrsg.): Vorurteil und Völkermord. Entwicklungslinien des Antisemitismus, Freiburg 1997a.
Benz, Wolfgang (Hrsg.): Jahrbuch für Antisemitismusforschung Bd. 6, Frankfurt a. M. 1997b.
Benz, Wolfgang (Hrsg.): Dimension des Völkermords, München 1996a.
Benz, Wolfgang: Feindbild und Vorurteil. Beiträge über Ausgrenzung und Verfolgung, München 1996b.
Benz, Wolfgang: Antisemitismus in Deutschland. Zur Aktualität eines Vorurteils, München 1995.
Benz, Wolfgang: Der Holocaust, München 1991.
Benz, Wolfgang (Hrsg.): Die Juden in Deutschland 1933 - 1945. Leben unter nationalsozialistischer Herrschaft, München 1989.
Berding, Helmut: Moderner Antisemitismus in Deutschland, Frankfurt a. M. 1988.
Berger, David (Hrsg.): History and Hate. The Dimensions of Anti-Semitism, Philadelphia 1986.
Berger, Sara (Hrsg. u. a.): Die Verfolgung und Ermordung der europäischen Juden, Berlin 2017.
Bergmann, Werner; Wyrwa, Ulrich: Antisemitismus in Zentraleuropa, Darmstadt 2011.
Bergmann, Werner (Hrsg. u. a.): Antisemitismusforschung in den Wissenschaften, Berlin 2004.

Bergmann, Werner: Geschichte des Antisemitismus, München 2002.
Bergmann, Werner (Hrsg. u. a.): Schwieriges Erbe. Der Umgang mit Nationalsozialismus und Antisemitismus, Frankfurt a. M. 1995.
Bering, Dietz: Der Name als Stigma. Antisemitismus im deutschen Alltag 1812 - 1933, Stuttgart 1988.
Beuys, Barbara: Heimat und Hölle. Jüdisches Leben in Europa durch zwei Jahrtausende, Reinbek bei Hamburg 1996.
Beyrau, Dietrich: Antisemitismus und Judentum in Polen 1918 - 1939, in: Geyer, Dietrich (Hrsg.): Nationalitätenprobleme in Osteuropa, Göttingen 1982.
Bieberstein, Johannes Rogalla von: Der Mythos von der Verschwörung, Wiesbaden 2008.
Black, Edwin: IBM und der Holocaust. Die Verstrickung des Weltkonzerns in die Verbrechen der Nazis, München 2001.
Blaschke, Olaf: Katholizismus und Antisemitismus im Deutschen Kaiserreich, Göttingen 1997.
Blume, Michael: Warum der Antisemitismus uns alle bedroht. Wie neue Medien alte Verschwörungstheorien befeuern, Ostfildern 2019.
Bodenheimer, Alfred: „Haut ab!“. Die Juden in der Beschneidungsdebatte, Göttingen 2012.
Bogdal, Klaus-Michael (Hrsg. u. a.): Literarischer Antisemitismus nach Auschwitz, Stuttgart 2007.
Böhler, Jochen: Der Überfall. Deutschlands Krieg gegen Polen, Frankfurt a. M. 2009.
Böhm, Franz (Hrsg. u. a.): Judentum. Schicksal, Wesen und Gegenwart (2 Bde.), Wiesbaden 1965.
Borschtschagowski, Alexander: Orden für einen Mord. Die Judenverfolgung unter Stalin, Berlin 2000.
Bracher, Karl Dietrich (Hrsg. u. a.): Deutschland 1933 - 1945. Neue Studien zur nationalsozialistischen Herrschaft, Bonn 1992.
Brakelmann, Günter; Rosowski, Martin (Hrsg.): Antisemitismus. Von religiöser Judenfeindschaft zur Rassenideologie, Göttingen 1989.
Braun, Christina von (Hrsg. u. a.): Das bewegliche Vorurteil. Aspekte des internationalen Antisemitismus, Würzburg 2004.
Braun, Christina von (Hrsg. u. a.): Der ewige Judenhass, Stuttgart 1990.
Brechtken, Magnus (Hrsg. u. a.): Die Nürnberger Gesetze - 80 Jahre danach, Göttingen 2017.
Brechtken, Magnus: „Madagaskar für die Juden“. Antisemitische Idee und politische Praxis 1885 - 1945, München 1998.
Brenner, Michael; Meyer, Michael A. (Hrsg. u. a.): Deutsch-Jüdische Geschichte in der Neuzeit (4 Bde.), München 1996 ff.

Brewitz, Walther: Von Abraham bis Rathenau. Viertausend Jahre jüdischer Geschichte, Berlin 1937.
Bronner, Stephen Eric: Ein Gerücht über die Juden. Die „Protokolle der Weisen von Zion" und der alltägliche Antisemitismus, Berlin 1999.
Browning, Christopher: Die Entfesselung der „Endlösung". Nationalsozialistische Judenpolitik 1939 - 1942, München 2003.
Browning, Christoper R.: Judenmord. NS-Politik, Zwangsarbeit und das Verhalten der Täter, Frankfurt a. M. 2001.
Bruer, Albert: Aufstieg und Niedergang. Eine Geschichte der Juden in Deutschland, Köln 2006.
Brumlik, Micha: „War Marx Antisemit?" In: Blätter für dt. und intern. Politik, Heft 7/2014, S. 113–120.
Brumlik, Micha (Hrsg. u. a.): Umdeuten, verschweigen, erinnern. Die späte Aufarbeitung des Holocaust in Osteuropa, Frankfurt a. M. 2010.
Brumlik, Micha: Deutscher Geist und Judenhass, München 2000.
Büchner, Timo: „Weltbürgertum statt Vaterland". Antisemitismus im Rechtsrock, Münster 2018.
Bühl, Achim: Antisemitismus. Geschichte und Strukturen von der Antike bis 1848, Wiesbaden 2019.
Bühl, Achim: Rassismus. Anatomie eines Machtverhältnisses, Wiesbaden 2016.
Bühl, Achim: Antisemitismus von Beschneidungsverboten, in: Blickpunkt.E. Materialien zu Christentum, Judentum, Israel und Nahost, 10/2012, S. 18–19.
Bühl, Achim: Islamophobie und Antisemitismus, in: Blätter für dt. und intern. Politik 3/2010, S. 17–21.
Bunzl, John; Marin, Bernd: Antisemitismus in Österreich, Innsbruck 1983.
Burckhardt, Jakob: Deutsche Schriften. Kultur und Macht, Potsdam 1934.
Burgauer, Erica: Zwischen Erinnerung und Verdrängung. Juden in Deutschland nach 1945, Reinbek bei Hamburg 1993.
Burrin, Philippe: Warum die Deutschen? Antisemitismus, Nationalsozialismus, Genozid, Berlin 2004.
Burrin, Philippe: Hitler und die Juden. Die Entscheidung für den Völkermord, Frankfurt a. M. 1993.
Cesarani, David: „Endlösung". Das Schicksal der Juden 1933 bis 1948, Berlin 2016.
Cesarani, David: Adolf Eichmann. Bürokrat und Massenmörder, Berlin 2002.

Claussen, Detlev: Vom Judenhass zum Antisemitismus, Darmstadt 1987a.
Claussen, Detlev: Grenzen der Aufklärung. Zur gesellschaftlichen Geschichte des modernen Antisemitismus, Frankfurt a. M. 1987b.
Cohen, Arthur A.: Der natürliche und der übernatürliche Jude. Das Selbstverständnis des Judentums in der Neuzeit, Freiburg 1966.
Cornwell, John: Pius XII. Der Papst, der geschwiegen hat, München 1999.
Culina, Kevin; Fedders, Jonas: Im Feindbild vereint. Zur Relevanz des Antisemitismus in der Querfront-Zeitschrift Compact, Münster 2016.
Dahm, Annkatrin: Der Topos der Juden. Studien zur Geschichte des Antisemitismus im deutschsprachigen Musikschrifttum, Göttingen 2007.
Dahn, Felix: Ein Kampf um Rom, Langenfeld 2009.
Dawidowicz, Lucy S.: Der Krieg gegen die Juden 1933 - 1945, München 1979.
Desbois, Patrick: Der vergessene Holocaust. Die Ermordung der ukrainischen Juden, Berlin 2010.
Diekmann, Irene A. (Hrsg. u. a.): Geliebter Feind - Gehasster Freund. Antisemitismus und Philosemitismus in Geschichte und Gegenwart, Berlin 2009.
Dinnerstein, Leonard: Antisemitism in America, New York 1994.
Dinter, Arthur: Die Sünde wider das Blut, Leipzig 1920.
Dippel, John V. H.: Die große Illusion. Warum deutsche Juden ihre Heimat nicht verlassen wollten, Weinheim 1997.
Dischereit, Esther: Übungen jüdisch zu sein, Frankfurt a. M. 1998.
Dobkowski, Michael N.: The Tarnished Dream. The Basis of American Anti-Semitism, Westport 1979.
Dobroszycki, Lucjan (Hrsg. u. a.): The Holocaust in the Soviet Union, New York 1993.
Dörner, Bernward: Die Deutschen und der Holocaust. Was niemand wissen wollte, aber jeder wissen konnte, Berlin 2007.
Drumont, Eduard: Das verjudete Frankreich. Versuch einer Tagesgeschichte, Berlin 1890.
Dühring, Eugen: Die Judenfrage als Frage der Racenschädlichkeit, Berlin 1892.
Effenberger, Wolfgang: Deutsche und Juden vor 1939, Ingelheim am Rhein 2013.
Elbogen, Ismar; Sterling, Eleonore: Die Geschichte der Juden in Deutschland, Wiesbaden 1982.
Erb, Rainer (Hrsg.): Antisemitismus und jüdische Geschichte, Berlin 1987.

Essner, Cornelia: Die „Nürnberger Gesetze“ oder die Verwaltung des Rassenwahns 1933 - 1945, Paderborn 2002.
Faass, Martin (Hrsg.): Der Jesus-Skandal, Berlin 2009.
Faber, Klaus (Hrsg. u. a.): Neu-alter Judenhass. Antisemitismus, arabisch-israelischer Konflikt und europäische Politik, Berlin 2006.
Fasel, Peter (Hrsg. u. a.): Jüdische Literaturgeschichte in Schwaben, München 2016.
Fassbinder, Rainer Werner: Der Müll, die Stadt und der Tod, Frankfurt a. M. 1980.
Feder, Gottfried: Die Juden, München 1933.
Fein, Helen: The Persisting Question. Sociological Perspectives and Social Contexts of Modern Antisemitism, Berlin 1987.
Fenske, Wolfgang: Wie Jesus zum „Arier“ wurde. Auswirkungen der Entjudaisierung Christi im 19. und zu Beginn des 20. Jahrhunderts, Darmstadt 2005.
Fetscher, Iring (Hrsg.): Marxisten gegen Antisemitismus, Hamburg 1974.
Finkelstein, Norman G.: Antisemitismus als politische Waffe, München 2007.
Fischer, Rolf: Entwicklungsstufen des Antisemitismus in Ungarn 1867 - 1939, München 1988.
Fishberg, Maurice: Die Rassenmerkmale der Juden, München 1913.
Ford, Henry: Der internationale Jude, Leipzig 1922.
Freyenwald, Hans Jonak von: Jüdische Bekenntnisse aus allen Zeiten, Nürnberg 1941.
Freytag, Gustav: Soll und Haben, Leipzig 1906.
Freytag, Gustav: Die Journalisten. Lustspiel in vier Akten, Leipzig 1854.
Friedländer, Henry: Der Weg zum NS-Genozid. Von der Euthanasie zur Endlösung, Berlin 1997.
Friedländer, Saul: Nachdenken über den Holocaust, München 2007.
Friedländer, Saul: Das Dritte Reich und die Juden. Die Jahre der Vernichtung 1939 - 1945, München 2006.
Friedländer, Saul: Das Dritte Reich und die Juden. Die Jahre der Verfolgung 1933 - 1939, München 1998.
Fritsch, Theodor: Handbuch der Judenfrage, Leipzig 1933.
Fritsch, Theodor: Statistik des Judentums, Leipzig 1892.
Fritz, Georg: Die Ostjudenfrage, München 1915.
Fuchs, Eduard: Die Juden in der Karikatur. Ein Beitrag zur Kulturgeschichte, München 1921.
Fuchs, Eugen: Die Zukunft der Juden, Berlin 1924.
Gay, Ruth: Geschichte der Juden in Deutschland. Von der Römerzeit bis zum Zweiten Weltkrieg, München 1993.

Gay, Peter: Freud, Juden und andere Deutsche, Hamburg 1986.
Gay, Ruth: Das Undenkbare tun. Juden in Deutschland nach 1945, München 2001.
Gehrcke, Wolfgang: Rufmord. Die Antisemitismus-Kampagne gegen links, Köln 2015.
Gehrcke, Wolfgang; Freyberg, Jutta von u. a.: Die deutsche Linke, der Zionismus und der Nahost-Konflikt: Eine notwendige Debatte, Köln 2009. von Wolfgang Gehrcke , Jutta von Freyberg , et al. | 1. April 2009
Gerlach, Christian; Aly, Götz: Das letzte Kapitel. Realpolitik, Ideologie und der Mord an den ungarischen Juden 1944/1945, München 2002.
Gerlach, Wolfgang: Als die Zeugen schwiegen. Bekennende Kirche und die Juden, Berlin 1993.
Gidal, Nachum T.: Die Juden in Deutschland. Von der Römerzeit bis zur Weimarer Republik, Köln 1997.
Gilbert, Martin: Das jüdische Jahrhundert, München 2001.
Gilbert, Martin: Endlösung. Die Vertreibung und Vernichtung der Juden, Reinbek bei Hamburg 1982.
Gilman, Sander L.: Jewish Frontiers. Essays on Bodies, Histories, and Identities, New York 2003.
Gilman, Sander L. (Hrsg. u. a.): „Der schejne Jid". Das Bild des „jüdischen Körpers" in Mythos und Ritual, Wien 1998.
Gilman, Sander L.: Freud, Identität und Geschlecht, Frankfurt a. M. 1994.
Gilman, Sander L.: Rasse, Sexualität und Seuche, Hamburg 1992.
Gilman, Sander L. (Hrsg. u. a.): Anti-Semitism in Times of Crisis, New York 1991.
Ginsberg, Benjamin: The Fatal Embrace. Jews and the State, Chicago 1993.
Ginzel, Günther B. (Hrsg.): Antisemitismus. Erscheinungsformen der Judenfeindschaft gestern und heute, Bielefeld 1991.
Glagau, Otto: Der Bankerott des Nationalliberalismus und die „Reaction", Berlin 1878.
Glagau, Otto: Der Börsen- und Gründungsschwindel in Berlin, Leipzig 1876.
Glagau, Otto: Littauen und die Littauer, Tilsit 1869.
Glaser, Hermann: Adolf Hitlers Hetzschrift „Mein Kampf". Ein Beitrag zur Mentalitätsgeschichte des Nationalsozialismus, München 2014.
Globisch, Claudia: Radikaler Antisemitismus. Inklusions- und Exklusionssemantiken von links und rechts in Deutschland, Wiesbaden 2013.

Goldhagen, Daniel Jonah: Die katholische Kirche und der Holocaust. Eine Untersuchung über Schuld und Sühne, Berlin 2002.
Goldhagen, Daniel Jonah: Hitlers willige Vollstrecker. Ganz gewöhnliche Deutsche und der Holocaust, Berlin 1996.
Gollaher, David: Das verletzte Geschlecht. Die Geschichte der Beschneidung, Berlin 2002.
Gordon, Sarah: Hitler, Germans, and the „Jewish Question", Princeton 1984.
Görtemaker, Manfred: Deutschland im 19. Jahrhundert, Bonn 1989.
Goldstein, Julius: Rasse und Politik, Berlin 1924.
Gottwaldt, Alfred: Mahnort Güterbahnhof Moabit. Die Deportation von Juden aus Berlin, Berlin 2015.
Gottwaldt, Alfred (Hrsg. u. a.): NS-Gewaltherrschaft, Berlin 2005.
Grab, Walter: Der deutsche Weg der Juden-Emanzipation 1789 - 1938, München 1991.
Graetz, Heinrich: Geschichte der Juden, Leipzig 1890.
Graml, Hermann (Hrsg.): Vorurteil und Rassenhass. Antisemitismus in den faschistischen Bewegungen Europas, Berlin 2001.
Greive, Hermann: Geschichte des modernen Antisemitismus in Deutschland, Darmstadt 1988.
Grimm, Marc (Hrsg. u. a.): Antisemitismus im 21. Jahrhundert. Virulenz einer alten Feindschaft im Zeichen von Islamismus und Terror, Berlin 2008.
Grossmann, Wassili; Ehrenburg, Ilja (Hrsg.): Das Schwarzbuch. Der Genozid an den sowjetischen Juden, Reinbek bei Hamburg 1995.
Grözinger, Elvira: Die schöne Jüdin. Klischees, Mythen und Vorurteile über Juden in der Literatur, Berlin 2003.
Gross, Jan T.: Angst. Antisemitismus nach Auschwitz in Polen, Berlin 2012.
Gross, Jan T.: Nachbarn. Der Mord an den Juden von Jedwabne, München 2001.
Gross, Raphael: November 1938. Die Katastrophe vor der Katastrophe, München 2013.
Gross, Raphael: Anständig geblieben. Nationalsozialistische Moral, Frankfurt a. M. 2010.
Grossmann, Juna: Schonzeit vorbei. Über das Leben mit dem alltäglichen Antisemitismus, München 2018.
Gruner, Wolf: Die Judenverfolgung im Protektorat Böhmen und Mähren, Göttingen 2016.
Gruner, Wolf: Gedenkort Rosenstraße 2 - 4. Internierung und Protest im NS-Staat, Berlin 2012.
Gruner, Wolf: Widerstand in der Rosenstraße. Die Fabrik-Aktion und die Verfolgung der „Mischehen" 1943, Frankfurt a. M. 2005.

Gruner, Wolf: Zwangsarbeit und Verfolgung. Österreichische Juden im NS-Staat 1938 - 1945, Innsbruck 2000.
Gruner, Wolf: Der geschlossene Arbeitseinsatz deutscher Juden, Berlin 1997.
Grunow, Friedrich Wilhelm: Israel und die Gojim. Beiträge zur Beurtheilung der Judenfrage, Leipzig 1880.
Gubser, Martin: Literarischer Antisemitismus. Untersuchungen zu Gustav Freytag und anderen bürgerlichen Schriftstellern des 19. Jahrhunderts, Göttingen 1998.
Guez, Olivier: Heimkehr der Unerwünschten. Eine Geschichte der Juden in Deutschland nach 1945, München 2011.
Günther, Hans F. K.: Rassenkunde des jüdischen Volkes, München 1930a.
Günther, Hans F. K.: Rassenkunde des deutschen Volkes, München 1930b.
Günther, Hans F. K.: Rassenkunde Europas, München 1929.
Günther, Meike: Der Feind hat viele Gesichter. Antisemitische Bilder von Körpern, Berlin 2012.
Gürtler, Heinz: Deutsche Freimaurer im Dienste napoleonischer Politik, Berlin 1942.
Gutman, Israel (Hrsg.): Enzyklopädie des Holocaust, München 1995.
Hahn, Hans-Joachim (Hrsg. u. a.): Beschreibungsversuche der Judenfeindschaft. Zur Geschichte der Antisemitismusforschung vor 1944, Berlin 2015.
Hammerstein, Notker: Antisemitismus und deutsche Universitäten 1871 - 1933, Frankfurt a. M. 1995.
Hardegen, Friedrich Detlev (Hrsg.): Hingesehen - Weggeschaut. Die Novemberpogrome 1938 in Augenzeugenberichten, Berlin 2008.
Harlan, Thomas: Veit, Reinbek bei Hamburg 2011.
Haumann, Heiko: Geschichte der Ostjuden, München 1998.
Hausner, Gideon: Die Vernichtung der Juden, München 1979.
Hayes, Peter: Warum? Eine Geschichte des Holocaust, Frankfurt a. M. 2017.
Hecht, Cornelia: Deutsche Juden und Antisemitismus in der Weimarer Republik, Bonn 2003.
Heid, Ludger (Hrsg. u. a.): Juden und deutsche Arbeiterbewegung bis 1933. Soziale Utopien und religiös-kulturelle Traditionen, Tübingen 1992.
Heil, Johannes (Hrsg. u. a.): Beschneidung: Das Zeichen des Bundes in der Kritik. Zur Debatte um das Kölner Urteil, Berlin 2012.
Heilbron, Christian (Hrsg. u. a.): Neuer Antisemitismus? Fortsetzung einer globalen Debatte, Frankfurt a. M. 2019.

Heim, Susanne (Hrsg.): Die Verfolgung und Ermordung der europ. Juden, München 2009.
Hell, Esther: Jüdische Apotheker im Fadenkreuz. Ausgrenzung, Pressionen, Verfolgung, Berlin 2007.
Henschel, Gerhard: Neidgeschrei. Antisemitismus und Sexualität, Hamburg 2008.
Hertzberg, Arthur: The Jews in America, New York 1990.
Herzfeld, Erika: Juden in Brandenburg-Preußen, Berlin 2001.
Herzig, Arno (Hrsg. u. a.): Die Geschichte der Juden in Deutschland, Hamburg 2007.
Herzig, Arno: Jüdische Geschichte in Deutschland, München 1997.
Herzog, Wilhelm: Die Affäre Dreyfus, Frankfurt a. M. 1958.
Heuer, Renate (Hrsg. u. a.): Gegenbilder und Vorurteil. Aspekte des Judentums im Werk deutschsprachiger Schriftstellerinnen, Frankfurt a. M. 1995.
Heyden-Rynsch, Verena von der: Europäische Salons, München 1992.
Heymann, Werner Richard: Liebling, mein Herz lässt dich grüßen, Berlin 2001.
Heyworth, Peter: Gespräche mit Klemperer, Frankfurt a. M. 1974.
Hiemer, Ernst: Der Giftpilz, Nürnberg 1938.
Hilberg, Raul: Täter, Opfer, Zuschauer. Die Vernichtung der Juden 1933 - 1945, Frankfurt a. M. 2009.
Hilberg, Raul: Die Vernichtung der europäischen Juden, Berlin 1982.
Hippler, Fritz: Die Verstrickung, Düsseldorf 1981.
Hitler, Adolf: Mein Kampf, München 1936.
Hoffmann, Andrea (Hrsg. u. a.): Die kulturelle Seite des Antisemitismus zwischen Aufklärung und Shoah, Tübingen 2006.
Hollstein, Dorothea: „Jud Süß“ und die Deutschen. Antisemitische Vorurteile im nationalsozialistischen Spielfilm, Frankfurt a. M. 1983.
Hoppe, Bert (Hrsg. u. a.): Die Verfolgung und Ermordung der europäischen Juden durch das nationalsozialistische Deutschland 1933 - 1945, Bd. 7, München 2011.
Horch, Hans Otto (Hrsg. u. a.): Conditio Judaica. Judentum, Antisemitismus und deutschsprachige Literatur vom 18. Jhdt. bis zum Ersten Weltkrieg, Tübingen 1989.
Horch, Hans Otto (Hrsg. u. a.): Judentum, Antisemitismus und europäische Kultur, Tübingen 1988.
Hornshöj-Möller, Stig: „Der ewige Jude“. Quellenkritische Analyse eines antisemitischen Propagandafilms, Göttingen 1995.
Huth, Peter (Hrsg.): Die letzten Zeugen. Der Auschwitz-Prozess von Lüneburg 2015. Eine Dokumentation , Stuttgart 2015.

Ionescu, Dana: Judenbilder in der deutschen Beschneidungskontroverse, Baden-Baden 2018.
Jacobs, Jack: Sozialisten und die „jüdische Frage" nach Marx, Mainz 1994.
Jäckel, Eberhard (Hrsg. u. a.): Enzyklopädie des Holocaust. Die Verfolgung und Ermordung der europäischen Juden (3 Bde.), Berlin 1993.
Jäckel, Eberhard (Hrsg. u. a.): Der Mord an den Juden im Zweiten Weltkrieg, Stuttgart 1985.
Jäckel, Eberhard: Hitler. Sämtliche Aufzeichnungen 1905 - 1924, Stuttgart 1980.
Jaher, Frederic Cople: A Scapegoat in the Wilderness. The Origins and Rise of Anti-Semitism in America, Cambridge 1994.
Jahr, Christoph (Hrsg. u. a.): Feindbilder in der deutschen Geschichte, Berlin 1994.
Jensen, Uffa: Gebildete Doppelgänger. Bürgerliche Juden und Protestanten im 19. Jahrhundert, Göttingen 2005.
Jochmann, Werner: Gesellschaftskrise und Judenfeindschaft in Deutschland 1870 - 1945, Hamburg 1988.
Joseph, Detlef: Die DDR und die Juden. Eine kritische Untersuchung, Berlin 2010.
Jüdisches Museum der Stadt Wien (Hrsg.): Die Macht der Bilder. Antisemitische Vorurteile und Mythen, Wien 1995.
Julius, Anthony: Trials of the Diaspora. A History of Anti-Semitism in England, Oxford 2010.
Kahler, Erich von: Judentum und Judenhass, Wien 1991.
Kampmann, Wanda: Deutsche und Juden. Die Geschichte der Juden in Deutschland vom Mittelalter bis zum Beginn des Ersten Weltkriegs, Heidelberg 1963.
Karady, Victor: Gewalterfahrung und Utopie. Juden in der europäischen Moderne, Frankfurt a. M. 1999.
Katz, Jacob: Vom Vorurteil bis zur Vernichtung. Der Antisemitismus 1700 - 1933, München 1989.
Katz, Jacob: Exclusiveness and Tolerance. Studies in Jewish-Gentile Relations in Medieval and Modern Times, New York 1969.
Kautsky, Karl: Rasse und Judentum, Berlin 1914.
Kertzer, David I.: Die Päpste gegen die Juden. Der Vatikan und die Entstehung des modernen Antisemitismus, München 2004.
Kirschner, Bruno: Deutsche Spottmedaillen auf Juden, München 1968.
Klatzkin, Jakob; Elbogen, Imanuel (Hrsg.): Encyclopaedia Judaica, Berlin 1928 ff..
Klee, Ernst: „Euthanasie" im NS-Staat. Die „Vernichtung lebensunwerten Lebens", Frankfurt a. M. 1991.

Klemperer, Victor: Ich will Zeugnis ablegen bis zum letzten. Tagebücher 1933 - 1945 (2 Bde.), Berlin 1995.
Knilli, Friedrich: Ich war Jud Süß. Die Geschichte des Filmstars Ferdinand Marian, Berlin 2000.
Kohl, Christiane: Der Jude und das Mädchen, Hamburg 2002.
Koop, Volker: Alfred Rosenberg. Der Wegbereiter des Holocaust, Köln 2016.
Kopp, Josef: Zur Judenfrage nach den Akten des Prozesses Rohling-Bloch, Leipzig 1886.
Korn, Karl: Zola in seiner Zeit, Frankfurt a. M. 1984.
Kotowski, Elke-Vera (Hrsg. u. a.): J'Accuse…! …ich klage an! Zur Affäre Dreyfus. Eine Dokumentation, Berlin 2005.
Kotowski, Elke-Vera (Hrsg. u. a.): Handbuch zur Geschichte der Juden in Europa (2 Bde.), Darmstadt 2001.
Krah, Franziska: „Ein Ungeheuer, das wenigstens theoretisch besiegt sein muss." Pioniere der Antisemitismusforschung in Deutschland, Frankfurt a. M. 2016.
Krämer-Badoni, Rudolf: Judenmord, Frauenmord, Heilige Kirche, München 1988.
Kraushaar, Wolfgang: Wann endlich beginnt bei Euch der Kampf gegen die heilige Kuh Israel? Reinbek bei Hamburg 2013.
Kraushaar, Wolfgang: Die Bombe im Jüdischen Gemeindehaus, Hamburg 2005.
Krieger, Karsten: Der „Berliner Antisemitismusstreit" 1879 – 1881 (2 Bände), München 2003.
Kugelmann, Cilly (Hrsg. u. a.): Die Rothschilds. Jüdische Figuren in Film und Karikatur, Sigmaringen 1996.
Kundrus, Birthe: „Dieser Krieg ist der große Rassenkrieg". Krieg und Holocaust in Europa, München 2018.
Lagarde, Paul de: Deutsche Schriften, Göttingen 1903.
Lagarde, Paul de: Schriften für das dt. Volk (zweiter Band): Ausgewählte Schriften, München 1924.
Lamm, Hans (Hrsg.): Vergangene Tage. Jüdische Kultur in München, München 1982.
Lange, Nicholas de: Illustrierte Geschichte des Judentums, Frankfurt a. M. 2000.
Lapide, Pinchas E.: Rom und die Juden, Freiburg 1967.
Lapouge, G. Vacher: Der Arier und seine Bedeutung für die Gemeinschaft, Frankfurt a. M. 1939.
Laqueur, Walter: Gesichter des Antisemitismus. Von den Anfängen bis heute, Berlin 2008.
Lehnstaedt, Stephan: Der Kern des Holocaust. Belzec, Sobibor, Treblinka und die Aktion Reinhardt, München 2017.

Lendvai, Paul: Antisemitismus ohne Juden. Entwicklungen und Tendenzen in Osteuropa, Wien 1972.
Lenk, Kurt: „Volk und Staat". Strukturwandel politischer Ideologien im 19. und 20. Jhdt., Stuttgart 1971.
Leschnitzer, Adolf: Saul und David. Die Problematik der deutsch-jüdischen Lebensgemeinschaft, Heidelberg 1954.
Levinger, Lee J.: Anti-Semitism in the United States. Its History and Causes, New York 1925.
Ley, Michael: Apokalypse und Moderne, Wien 1997.
Ley, Michael: Genozid und Heilserwartung, Wien 1993.
Lichtenstein, Heiner (Hrsg.): Die Fassbinder-Kontroverse. Königstein/ Ts. 1986.
Longerich, Peter: Der ungeschriebene Befehl. Hitler und der Weg zur Endlösung, München 2001.
Longerich, Peter: Politik der Vernichtung. Eine Gesamtdarstellung der nationalsozialistischen Judenverfolgung, München 1998.
Ludwig, Johannes: Boykott - Enteignung - Mord. Die „Entjudung" der deutschen Wirtschaft, Hamburg 1989.
Lustiger, Arno: Rotbuch: Stalin und die Juden, Berlin 1998.
Maerz, Susanne: Die langen Schatten der Besatzungszeit, Berlin 2008.
Maier, Dieter: Arbeitseinsatz und Deportation. Die Mitwirkung der Arbeitsverwaltung bei der nationalsozialistischen Judenverfolgung in den Jahren 1938 - 1945, Berlin 1994.
Mallmann, Klaus-Michael (Hrsg. u. a.): Die „Ereignismeldungen UdSSR" 1941, Darmstadt 2011.
Mallmann, Klaus-Michael (Hrsg. u. a.): Genesis des Genozids. Polen 1939 - 1941, Darmstadt 2004.
Marr, Wilhelm: Lessing contra Sem, Berlin 1885.
Marr, Wilhelm: Der Weg zum Siege des Germanenthums über das Judenthum, Berlin 1880a.
Marr, Wilhelm: Goldene Ratten und rothe Mäuse, Chemnitz 1880b.
Marr, Wilhelm: Der Sieg des Judenthums über das Germanenthum, Bern 1879a.
Marr, Wilhelm: Vom jüdischen Kriegsschauplatz, Bern 1879b.
Marr, Wilhelm: Der Judenspiegel, Hamburg 1862.
Martin, Bernd (Hrsg. u. a.): Die Juden als Minderheit in der Geschichte, München 1981.
Matthäus, Jürgen (Hrsg. u. a.): Deutsche, Juden, Völkermord. Der Holocaust als Geschichte und Gegenwart, Darmstadt 2006.
Matthießen, Wilhelm: Israels Geheimplan der Völkervernichtung, München 1939.
Mayer, Hans: Ein Deutscher auf Widerruf, Frankfurt a. M. 1982.

Mayo, Louise Abbie: The Ambivalent Image: The Perception of the Jew in Nineteenth Century America, New York 1977.
Mazza, Ethel Matala de: Der verfasste Körper, Rombach 1999.
McElligott, Anthony (Hrsg. u. a.): Antisemitism before and since the Holocaust, Basingstoke 2017.
McWilliams, Carey: A Mask for Privilege. Antisemitism in America, Boston 1948.
Meyer, Beate; Simon, Hermann: Juden in Berlin 1938 - 1945, Berlin 2000.
Miedbrodt, Karl: Die Narren des Kaganowitsch, Goslar 1937.
Mönninghoff, Wolfgang: Enteignung der Juden, Hamburg 2001.
Mohrmann, Walter: Antisemitismus. Ideologie und Geschichte im Kaiserreich und in der Weimarer Republik, Berlin 1972.
Molau, Andreas: Alfred Rosenberg, Koblenz 1993.
Mosse, George L.: Nationalismus und Sexualität. Bürgerliche Moral und sexuelle Normen, Hamburg 1987.
Mosse, George L.: Ein Volk - ein Reich - Ein Führer. Die völkischen Ursprünge des Nationalsozialismus, Königstein/Ts. 1979.
Mosse, Werner E. (Hrsg. u. a.): Juden im Wilhelminischen Deutschland 1890 - 1914, Tübingen 1976.
Mosse, Werner E. (Hrsg.): Deutsches Judentum in Krieg und Revolution 1916 - 1923, Tübingen 1971.
Müller, Sabrina (Hrsg. u. a.): Die Mörder sind unter uns. Der Ulmer Einsatzgruppenprozess 1958, Stuttgart 2008.
Nachama, Andreas (Hrsg. u. a.): Juden in Berlin, Berlin 2001.
Nakath, Monika (Hrsg.): Aktenkundig: „Jude!“. Nationalsozialistische Judenverfolgung in Brandenburg 1933 - 1945. Vertreibung - Ermordung - Erinnerung, Berlin 2010.
Nancy, Jean-Luc: Der ausgeschlossene Jude in uns, Zürich 2018.
Naumann, Michael (Hrsg.): „Es muss doch in diesem Lande wieder möglich sein…“. Der neue Antisemitismus-Streit, München 2002.
Nirenberg, David: Anti-Judaismus. Eine andere Geschichte des westlichen Denkens, München 2017.
Noack, Frank: Veit Harlan. „Des Teufels Regisseur“, München 2000.
Nonn, Christoph: Antisemitismus, Darmstadt 2008.
Novick, Peter: Nach dem Holocaust. Der Umgang mit dem Massenmord, Stuttgart 2001.
Nowak, Peter: Kurze Geschichte der Antisemitismusdebatte in der deutschen Linken, Münster 2013.
Obermann, Heiko A.: Wurzeln des Antisemitismus, Berlin 1981.
Offenberg, Ulrike: „Seid vorsichtig gegen die Machthaber“. Die jüdischen Gemeinden in der SBZ und der DDR 1945 - 1990, Berlin 1998.

Oomen, Hans-Gert (Hrsg. u. a.): Vorurteile gegen Minderheiten. Die Anfänge des modernen Antisemitismus am Beispiel Deutschlands, Stuttgart 1978.
Omran, Susanne: Frauenbewegung und „Judenfrage". Diskurse um Rasse und Geschlecht nach 1900, Frankfurt a. M. 2000.
Pätzold, Kurt; Schwarz, Erika: Judenmord. Die Wannsee-Konferenz am 20. Januar 1942, Berlin 1992.
Pätzold, Kurt: Faschismus - Rassenwahn - Judenverfolgung, Berlin 1975.
Pahl, Walther: Das politische Antlitz der Erde, Leipzig 1938.
Parkes, James: Antisemitismus, München 1964.
Paucker, Arnold (Hrsg.): Die Juden im Nationalsozialistischen Deutschland 1933 - 1945, Tübingen 1986.
Pfahl-Traughber, Armin: Antisemitismus in der dt. Geschichte, Berlin 2002.
Pfahl-Traughber, Armin: Der antisemitisch-antifreimaurerische Verschwörungsmythos in der Weimarer Republik und im NS-Staat, Wien 1993.
Piper, Ernst: Alfred Rosenberg. Hitlers Chefideologe, München 2007.
Pohl, Dieter: Verfolgung und Massenmord in der NS-Zeit 1933 - 1945, Darmstadt 2003.
Poliakov, Léon: Geschichte des Antisemitismus (acht Bde.), Worms 1977/1981.
Poliakov, Léon: Der arische Mythos. Zu den Quellen von Nationalsozialismus und Rassismus, Wien 1971.
Pool, James E.; Pool, Suzanne: Hitlers Wegbereiter zur Macht, München 1979.
Prinz, Joachim: Illustrierte Jüdische Geschichte, Berlin 1930.
Romberg, Otto (Hrsg. u. a.): Zeugen der Intoleranz. Antisemitismus, Rechtsradikalismus, Neonazismus, Ausländerfeindlichkeit, Frankfurt a. M. 1986.
Pomerance, Aubrey (Hrsg.): Jüdische Zwangsarbeiter bei Ehrich & Graetz, Berlin-Treptow, Berlin 2003.
Press, Bernhard: Judenmord in Lettland 1941 - 1945, Berlin 1995.
Przyrembel, Alexandra: „Rassenschande". Reinheitsmythos und Vernichtungslegitimation im Nationalsozialismus, Göttingen 2003.
Pugel, Theodor (Hrsg.): Antisemitismus der Welt in Wort und Bild. Der Weltstreit um die Judenfrage, Dresden 1936.
Pulzer, Peter G. J.: Die Entstehung des politischen Antisemitismus in Deutschland und Österreich 1867 bis 1914, Göttingen 2004.
Raabe, Wilhelm: Der Hungerpastor, Berlin 1931.
Rabinovici, Doron (Hrsg. u. a.): Neuer Antisemitismus? Eine globale Debatte, Frankfurt a. M. 2004.

Ranan, David: Muslimischer Antisemitismus. Eine Gefahr für den gesellschaftlichen Frieden in Deutschland? Bonn 2018.
Rapoport, Louis: Hammer, Sichel, Davidstern. Judenverfolgung in der Sowjetunion, Berlin 1992.
Reich-Ranicki, Marcel: Mein Leben, Stuttgart 1999.
Reichelt, Katrin: Lettland unter deutscher Besatzung 1941 - 1944. Der lettische Anteil am Holocaust, Berlin 2011.
Reinke, Andreas: Geschichte der Juden in Deutschland 1781 - 1933, Darmstadt 2007.
Reitlinger, Gerald: Die Endlösung. Ausrottung der Juden Europas 1939 - 1945, München 1964.
Rensmann, Lars (Hrsg. u. a.): Feindbild Judentum. Antisemitismus in Europa, Berlin 2008.
Rensmann, Lars: Demokratie und Judenbild. Antisemitismus in der politischen Kultur der Bundesrepublik Deutschland, Wiesbaden 2004.
Retcliffe, John: Biarritz, Bd. 1, München 1924.
Reuth, Ralf Georg (Hrsg.): Joseph Goebbels Tagebücher 1924 - 1945, Bd. 3: 1936 - 1939, München 1992.
Rhodes, Richard: Die deutschen Mörder. Die SS-Einsatzgruppen und der Holocaust, Bergisch Gladbach 2004.
Ribhegge, Wilhelm (Hrsg. u. a.): Geschichte der Stadt und Region Hamm im 19. und 20. Jahrhundert, Düsseldorf 1991.
Rickert, Heinrich: Antisemiten-Spiegel, Danzig 1890.
Rieß, Volker: Die Anfänge der Vernichtung „lebensunwerten Lebens" in den Reichsgauen Danzig-Westpreußen und Wartheland 1939/40, Frankfurt a. M. 1995.
Rohling, August: Der Talmudjude, Münster 1872.
Rohrbacher, Stefan; Schmidt, Michael: Judenbilder, Reinbek bei Hamburg 1991.
Roseman, Mark: Die Wannsee-Konferenz. Wie die NS-Bürokratie den Holocaust organisierte, München 2002.
Rosenberg, Alfred: Tradition und Gegenwart. Reden und Aufsätze 1936 - 1940, München 1941.
Rosenberg, Alfred: Die Protokolle der Weisen von Zion und die jüdische Weltpolitik, München 1924.
Rosenberg, Alfred: Pest in Russland. Der Bolschewismus, seine Häupter, Handlanger und Opfer, München 1922.
Rosenthal, Jacob: „Die Ehre des jüdischen Soldaten". Die Judenzählung im Ersten Weltkrieg und ihre Folgen, Frankfurt a. M. 2007.
Rosh, Lea; Jäckel, Eberhard: Der Tod ist ein Meister aus Deutschland, Hamburg 1990.
Roth, Joseph: Juden auf Wanderschaft, Köln 1985.

Roth, Cecil: Geschichte der Juden, Köln 1964.
Rübenach, Bernhard (Hrsg.): Begegnungen mit dem Judentum, Stuttgart 1981.
Rürup, Reinhard: Emanzipation und Antisemitismus: Studien zur „Judenfrage" der bürgerlichen Gesellschaft, Frankfurt a. M. 2016.
Rürup, Reinhard: Jüdische Geschichte in Berlin. Bilder und Dokumente, Berlin 1995.
Sallen, Herbert A.: Zum Antisemitismus in der Bundesrepublik Deutschland, Frankfurt a. M. 1977.
Salzborn, Samuel: Antisemitismus. Geschichte, Theorie, Empirie, Baden-Baden 2014.
Salzborn, Samuel: Antisemitismus als negative Leitidee der Moderne. Sozialwissenschaftliche Theorien im Vergleich, Frankfurt a. M. 2010.
Salzborn, Samuel (Hrsg.): Antisemitismus - Geschichte und Gegenwart, Gießen 2004.
Sammons, Jeffrey L.: Die Protokolle der Weisen von Zion, Göttingen 2007.
Sartre, Jean-Paul: Überlegungen zur Judenfrage, Reinbek bei Hamburg 1994.
Schäfer, Julia: Vermessen - Gezeichnet - Verlacht. Judenbilder in populären Zeitschriften, Frankfurt a. M. 2005.
Schneider, Rolf: Süß und Dreyfus, Göttingen 1991.
Schoeps, Julius H. u. a.: Bilder der Judenfeindschaft. Antisemitismus - Vorurteile und Mythen, Frankfurt a. M. 1997.
Schmid, Hans-Dieter (Hrsg. u. a.): Juden unterm Hakenkreuz, Düsseldorf 1983.
Schneider, Wolfgang (Hrsg.): „Vernichtungspolitik". Sozialpolitik und Genozid im nationalsozialistischen Deutschland, Hamburg 1991.
Schoeps, Julius H.: „Du Doppelgänger, Du bleicher Geselle …". Deutsch-jüdische Erfahrungen im Spiegel dreier Jahrhunderte 1700 - 2000, Berlin 2004.
Schoeps, Julius H.: Neues Lexikon des Judentums, München 1992.
Schoeps, Julius H.: Leiden an Deutschland. Vom antisemitischen Wahn und der Last der Erinnerung, München 1990.
Schubert, Kurt: Die Geschichte des österreichischen Judentums, Wien 2008.
Schubert, Kurt: Jüdische Geschichte, München 1995.
Schuster, Dirk: Die Lehre vom „arischen" Christentum. Das Selbstverständnis im Eisenacher „Entjudungsinstitut", Göttingen 2017.
Schwartz-Bostunitsch, Gregor: Jüdischer Imperialismus. 300 Jahre hebräischer Schleichwege zur Erlangung der Weltherrschaft, Berlin 1937.

Schwarz-Friesel, Monika (Hrsg.): Gebildeter Antisemitismus. Eine Herausforderung für Politik und Zivilgesellschaft, Baden-Baden 2015.
Schwarz-Friesel, Monika; Reinharz, Jehuda: Die Sprache der Judenfeindschaft im 21. Jhdt., Berlin 2013.
Schwarz-Friesel, Monika (Hrsg.): Aktueller Antisemitismus - ein Phänomen der Mitte, Berlin 2010.
Schweitzer, Eva: Amerika und der Holocaust, München 2004.
Schwerendt, Matthias: „Trau keinem Fuchs auf grüner Heid, und keinem Jud bei seinem Eid". Antisemitismus in nationalsozialistischen Schulbüchern, Berlin 2009.
Seifert, Hermann Erich: Der Jude zwischen den Fronten der Rassen, der Völker, der Kulturen, Berlin 1942.
Serloth, Barbara: Von Opfern, Tätern und jenen dazwischen. Wie Antisemitismus die Zweite Republik mitbegründete, Wien 2016.
Silberner, Edmund: Sozialisten zur Judenfrage, Berlin 1962.
Simmel, Ernst (Hrsg.): Antisemitismus, Münster 2017.
Steinberg, Jonathan: Deutsche, Italiener und Juden. Der italienische Widerstand gegen den Holocaust, Göttingen 1992.
Steinberger, Petra (Hrsg.): Die Finkelstein-Debatte, München 2001.
Steinke, Ronen: Fritz Bauer oder Auschwitz vor Gericht, München 2014.
Stih, Renata; Schnock, Frieder: Arbeitsbuch für ein Denkmal in Berlin, Berlin 1993.
Stöcker, Adolf: Christlich-Sozial. Reden und Aufsätze, Berlin 1890.
Stöcker, Adolf: Das moderne Judenthum in Deutschland besonders in Berlin, Berlin 1880.
Stoddard, Lothrop: The Rising Tide of Color against White World-Supremacy, New York 1921.
Stoetzler, Marcel (Hrsg.): Antisemitism and the Constitution of Sociology, Lincoln 2014.
Strauss, Herbert A. (Hrsg.): Hostages of Modernization. Studies of Modern Antisemitism 1870 - 1933/39, New York 1993.
Strauss, Herbert A. (Hrsg. u. a.): Antisemitismus. Von der Judenfeindschaft zum Holocaust, Frankfurt a. M. 1991.
Strauss, Herbert A. (Hrsg. u. a.): Der Antisemitismus der Gegenwart, Frankfurt a. M. 1990.
Süß, Peter: Graetz. „Ist Hitler nicht ein famoser Kerl?" Eine Familie und ihr Unternehmen vom Kaiserreich bis zur Bundesrepublik, Paderborn 2003.
Taschwer, Klaus: Hochburg des Antisemitismus. Der Niedergang der Universität Wien im 20. Jahrhundert, Wien 2015.

Tent, James F.: Im Schatten des Holocaust. Schicksale deutsch-jüdischer „Mischlinge" im Dritten Reich, Köln 2007.

Thalheimer, Siegfried: Die Affäre Dreyfus, München 1963.

Thieme, Karl: Judenfeindschaft. Darstellung und Analysen, Frankfurt a. M. 1963.

Thissen, Rolf: Sex verklärt. Der deutsche Aufklärungsfilm, München 1995.

Thurn, Nike: „Falsche Juden". Performative Identitäten in der deutschsprachigen Literatur von Lessing bis Walser, Göttingen 2015.

Toury, Jacob: Soziale und politische Geschichte der Juden in Deutschland 1847 - 1871, Düsseldorf 1977.

Traverso, Enzo: Moderne und Gewalt. Eine europäische Genealogie des Nazi-Terrors, Köln 2003.

Trebitsch, Arthur: Deutscher Geist - oder Judentum! Berlin 1921.

Treitschke, Heinrich von: Aufsätze, Reden und Briefe, Bd. 4, Meersburg 1929.

Treitschke, Heinrich von: Bilder aus der deutschen Geschichte. Zweiter Bd.: Kulturhistorisch- literarische Bilder, Leipzig 1914.

Treitschke, Heinrich von: Politik, Bd. 1, Leipzig 1899.

Trepp, Gunda: Der letzte Rabbiner. Darmstadt 2018.

Treue, Wolfgang: Deutsche Parteiprogramme seit 1861, Göttingen 1968.

Uptrup, Wolfram Meyer zu: Kampf gegen die „jüdische Weltverschwörung". Propaganda und Antisemitismus der Nationalsozialisten 1919 bis 1945, Berlin 2003.

Urban, Monika: Von Ratten, Schmeißfliegen und Heuschrecken. Judenfeindliche Tiersymbolisierungen und die postfaschistischen Grenzen des Sagbaren, Köln 2018.

Volkman, Ernest: A Legacy of Hate. Anti-Semitism in America, New York 1982.

Volkov, Shulamit: Das jüdische Projekt der Moderne, München 2001.

Volkov, Shulamit: Die Juden in Deutschland 1780 - 1918, München 1994.

Volkov, Shulamit: Jüdisches Leben und Antisemitismus im 19. und 20. Jhdt., München 1990.

Wagner, Gerhard: Die Nürnberger Judengesetze. Nationalsozialistische Rassen- und Bevölkerungspolitik, München 1935.

Walser, Martin: Tod eines Kritikers, Frankfurt a. M. 2002.

Wawrzinek, Kurt: Die Entstehung der deutschen Antisemitenparteien (1837 - 1890), Berlin 1927.

Weiland, Daniela: Otto Glagau und „Der Kulturkämpfer". Zur Entstehung des modernen Antisemitismus im frühen Kaiserreich, Berlin 2004.

Weiss, John: Der lange Weg zum Holocaust. Die Geschichte der Judenfeindschaft in Deutschland und Österreich, Hamburg 1997.
Werz, Michael: Antisemitismus und Gesellschaft. Zur Diskussion um Auschwitz, Kulturindustrie und Gewalt, Frankfurt a. M. 1995.
Wiesemann, Falk: Antijüdischer Nippes und populäre „Judenbilder". Die Sammlung Finkelstein, Wien 2005.
Wietog, Jutta: Volkszählungen unter dem Nationalsozialismus, Berlin 2011.
Wildt, Michael: Volksgemeinschaft als Selbstermächtigung. Gewalt gegen Juden in der deutschen Provinz 1919 bis 1939, Hamburg 2007.
Wildt, Michael (Hrsg.): Die Judenpolitik des SD 1935 bis 1938, München 1995.
Wildvang, Frauke: Der Feind von nebenan. Judenverfolgung im faschistischen Italien 1936 - 1944, Köln 2008.
Wippermann, Wolfgang: Agenten des Bösen, Verschwörungstheorien von Luther bis heute, Berlin 2007.
Wippermann, Wolfgang: Vom Historikerstreit zur Goldhagen-Kontroverse, Berlin 1997.
Wistrich, Robert: Der antisemitische Wahn, München 1987.
Wollenberg, Jörg (Hrsg.): „Niemand war dabei und keiner hat's gewusst". Die deutsche Öffentlichkeit und die Judenverfolgung 1933 - 1945, München 1989.
Wroblewsky, Vincent von: Zwischen Thora und Trabant. Juden in der DDR, Berlin 1993.
Wyman, David S.: Das unerwünschte Volk. Amerika und die Vernichtung der europäischen Juden, Frankfurt a. M. 1989.
Yahil, Leni: Die Shoah. Überlebenskampf und Vernichtung der europäischen Juden, München 1998.
Zaremba, Marcin: Die große Angst. Polen 1944 - 1947, Paderborn 2016.
Zimmermann, Moshe: Deutsch-jüdische Vergangenheit. Der Judenhass als Herausforderung, Paderborn 2005.
Zollschan, Ignaz: Das Rassenproblem. Unter besonderer Berücksichtigung der theoretischen Grundlagen der jüdischen Rassenfrage, Wien 1912.
Zuckermann, Moshe: Der allgegenwärtige Antisemit. Die Angst der Deutschen vor der Vergangenheit, Frankfurt a. M. 2019.
Zuckermann, Moshe: „Antisemit!". Ein Vorwurf als Herrschaftsinstrument, Wien 2010.
Zweig, Arnold: Bilanz der deutschen Judenheit, Leipzig 1991.

FSC
www.fsc.org
MIX
Papier aus verantwortungsvollen Quellen
FSC® C083411

Bibliografische Information der Deutschen Nationalbibliothek
Die Deutsche Nationalbibliothek verzeichnet diese Publikation in der Deutschen Nationalbibliografie; detaillierte bibliografische Daten sind im Internet über
http://dnb.d-nb.de abrufbar.

Es ist nicht gestattet, Texte dieses Buches zu scannen, in PCs oder auf CDs zu speichern oder mit Computern zu verändern oder einzeln oder zusammen mit anderen Bildvorlagen zu manipulieren, es sei denn mit schriftlicher Genehmigung des Verlages.

Alle Rechte vorbehalten

Originalausgabe

© by marixverlag in der Verlagshaus Römerweg GmbH, Wiesbaden 2020
Covergestaltung & Satz: Anja Carrà, Weimar
Umschlagabbildung: Foto privat
Der Titel wurde in der Palatino Linotype gesetzt.
Gesamtherstellung: CPI books GmbH, Leck – Germany

ISBN: 978-3-7374-1146-2

Mehr über Ideen, Autoren und Programm des Verlags finden Sie auf www.verlagshausroemerweg.de und in Ihrer Buchhandlung.